Giant Steps in Management
Creating Innovations That Change the Way We Work

管理创新的跃迁

[英] 迈克尔·莫尔（Michael J. Mol） 著
朱利安·伯金肖（Julian Birkinshaw）

祝惠娇 译

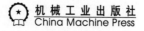

机械工业出版社
China Machine Press

图书在版编目（CIP）数据

管理创新的跃迁 /（英）迈克尔·莫尔（Michael J. Mol），（英）朱利安·伯金肖（Julian Birkinshaw）著；祝惠娇译 . -- 北京：机械工业出版社，2022.7

书名原文：Giant Steps in Management：Creating Innovations That Change the Way We Work

ISBN 978-7-111-70950-3

Ⅰ. ①管… Ⅱ. ①迈… ②朱… ③祝… Ⅲ. ①企业管理 - 创新管理 Ⅳ. ① F273.1

中国版本图书馆 CIP 数据核字（2022）第 100296 号

北京市版权局著作权合同登记　图字：01-2021-3043 号。

Michael J. Mol, Julian Birkinshaw. Giant Steps in Management：Creating Innovations That Change the Way We Work.

ISBN 978-0-273-71292-3

Copyright © 2008 by Pearson Education, Inc.

Simplified Chinese Edition Copyright © 2022 by China Machine Press.

Published by arrangement with the original publisher, Pearson Education, Inc. This edition is authorized for sale and distribution in the Chinese mainland (excluding Hong Kong SAR, Macao SAR and Taiwan).

No part of this book may be reproduced or transmitted in any form or by any means, electronic or mechanical, including photocopying, recording or any information storage and retrieval system, without permission, in writing, from the publisher.

All rights reserved.

本书中文简体字版由 Pearson Education（培生教育出版集团）授权机械工业出版社在中国大陆地区（不包括香港、澳门特别行政区及台湾地区）独家出版发行。未经出版者书面许可，不得以任何方式抄袭、复制或节录本书中的任何部分。

本书封底贴有 Pearson Education（培生教育出版集团）激光防伪标签，无标签者不得销售。

管理创新的跃迁

出版发行：机械工业出版社（北京市西城区百万庄大街 22 号　邮政编码：100037）
责任编辑：李文静　　　　　　　　　　　　　责任校对：马荣敏
印　　刷：保定市中画美凯印刷有限公司　　版　　次：2022 年 7 月第 1 版第 1 次印刷
开　　本：170mm×230mm　1/16　　　　　　印　　张：16.5
书　　号：ISBN 978-7-111-70950-3　　　　　定　　价：79.00 元

客服电话：（010）88361066　88379833　68326294　　投稿热线：（010）88379007
华章网站：www.hzbook.com　　　　　　　　　　　　读者信箱：hzjg@hzbook.com

版权所有 • 侵权必究
封底无防伪标均为盗版

Giant
Steps
in
Management

赞 誉

《管理创新的跃迁》完整地介绍了过去150年里产生的50项最重要的管理创新。莫尔和伯金肖两位作者以其简洁的笔触，让我们对管理创新的起源和发展有了更多了解。他们全面回顾和梳理了管理创新发展历史的脉络，对如何提升组织绩效提出了深刻的见解。

——杰弗里·普费弗（Jeffrey Pfeffer）

斯坦福大学商学院教授

对于现在的管理者来说，创新企业管理方式比以往任何时候都更重要。本书已经有力地说明，管理创新——管理方式的进步——是寻求竞争优势的秘密武器。本书汇集了50项最重要的管理创新，内容非常丰富，相信任何一位需要创新管理方式的管理者阅读本书都会喜出望外。他们不但可以获取自己所需要的信息，还可以得到很多管理上的启迪。

——琳达·格拉顿（Lynda Gratton）

伦敦商学院管理学实践教授，《热点定律》作者这本书可以说包含了"关于管理你想知道但又不敢问的一切"。它真的是一部非常实用的快速指南，几乎涵盖了所有管理技术和管理模式，我想把这本书推荐给所有认真对待管理工作的人。它条理清晰、语言简洁、实用性强，体现了两位作者典型的工作风格。

——蒂姆·布鲁克斯（Tim Brooks）
英国《卫报》新闻与媒体有限公司总经理

这是一部激励人心的作品，能够启发我们思考企业管理的要害之处：哪些创新举措能真正提升组织绩效，哪些只是重新包装和过度吹嘘的炒作概念？然而，正如两位作者指出的，要回答"哪些管理创新有效"这个问题，本身就是一个巨大的挑战，而且两位作者反复提醒我们，历史和背景的影响是无处不在的。

——罗宾·温斯利（Robin Wensley）
华威大学商学院教授兼高级管理研究所所长

对于那些正在思考如何改进和完善管理实践的组织来说，这是一本很好的入门书。瑞银集团正在与这本书的两位作者一起开展管理创新工作，它将会为双方的合作提供很多重要的参考案例。

——玛丽亚·本特利（Maria Bentley）
瑞银集团投资银行人力资源部门全球负责人

Giant
Steps
in
Management

推荐序

加里·哈默（Gary Hamel）

一家公司需要具备什么条件，才能不断地打败竞争对手？一个组织需要怎么做，才能创造前所未有的业绩水平？保持长期领先优势的秘诀是什么？长期以来，商学院研究人员和企业高管一直在思考这些问题——《管理创新的跃迁》的作者迈克尔·莫尔和朱利安·伯金肖认为他们已经找到了答案。在书中，两位作者提出，企业长期保持成功的秘诀在于管理创新——在组织、协调、规划、激励和资源分配等方面取得根本性的突破。

看看下面两个例子吧。在20世纪初，通用电气公司（GE）开始崛起，成为一家偶像级的标志性企业，归根结底，靠的是该公司当时创建的世界上第一个现代研发实验室。通过把管理秩序引入无序的科学发现过程，通用电气公司能够以更快的速度将更多的新产品推向市场，以此打败了早期的竞争对手。作为世界上销量第一的汽车制造商，丰田汽车公司（Toyota）长期在大众汽车消费市场独领风骚，主要归功于该公司能够调动所有员工积极解决问题的本事。

技术创新和战略创新的重要性人人皆知，相关的论述文章和书籍数以千计。然而，管理创新对企业取得持续成功的决定性作用却至今仍然鲜有人提及，实在令人惊讶。事实上，正如本书两位作者所言，比起运营创新、产品创新和商业模式创新，管理创新更有可能为企业创造出长期领先的优势。

近年来，许多研究者都在探索如何将一家公司的创新管理实践运用于另一家公司。然而，尽管人们对**传播**管理学新思想很感兴趣，却甚少对创新管理实践的**产生**过程进行系统性研究，甚至近乎无。《管理创新的跃迁》不但揭开了管理创新发生过程的神秘面纱，而且深入探讨了挑战传统管理观念可能得到的回报或遇到的陷阱，为今后的创新者指明了道路和方向。

阅读本书，你得到的不仅仅是管理思想的历史**轮廓**。如果只是想了解管理思想史，你可以阅读阿尔弗雷德·钱德勒（Alfred Chandler）、丹尼尔·雷恩（Daniel Wren）或其他著名管理史学家的作品。《管理创新的跃迁》不是一部管理**思想**史；相反，它讲述的是现代管理学的历史——也就是说，治理你的公司以及世界上几乎所有其他公司的管理过程和实践是如何产生和发展起来的。书中列举的一些著名案例是众所周知的，比如阿尔弗雷德·斯隆在20世纪20年代引入通用汽车的M型结构㊀，但是大多数案例却鲜为人知。事实上，我们很多重要的管理技术比如战略规划（Strategic Planning）、资本预算、现金流折现分析等究竟源自何处，就算是博学的企业高管和商学院教授都难以明确阐述。

《管理创新的跃迁》一书为我们讲述了过去150年里产生的50项重要的管理创新的起源。你可以用两种方式来阅读这本书。你可以有选择地阅读其

㊀ 即事业部结构。——译者注

中的章节，比如你想了解**平衡计分卡**（Balanced Scorecard）的起源和基本逻辑，直接阅读平衡计分卡那一节便可。或者，你可以整体通读，从头到尾把它读完。每一章的主题都是一个充满挑战的管理活动领域（例如人力资源管理和财务管理），每一章都详细介绍了该领域的管理创新是如何随着时间的推移而不断演变和融合的。例如，你可以了解到为什么质量管理和制造流程方面的创新可以承前启后、相辅相成，而人事管理方面的创新却支离破碎，而且往往无法落地生根。

在新挑战层出不穷的当今社会，回顾和理解现代管理学的起源尤为重要。我们从工业时代早期继承而来的工具和技术，有一些在今天甚至未来都仍然适用，但大多数已经被淘汰。在我看来，总体来说，决定任何一个现代组织绩效上限的首要因素，当属该组织选择的**管理**模式，而不是其运营模式或者商业模式。前人给我们留下的管理思想和理念是一份宝贵的遗产，我们要对其源头深入探究。只有做好了这一步，在通往未来的道路上，我们才能决定哪些应该得到继承和发扬，哪些应该被弃。

因此，可以说，《管理创新的跃迁》是一份十分重要的阅读材料，任何重视管理创新的人都应该好好读一读。

Giant
Steps
in
Management

前　言

你是如何做管理的？你会选择哪些指导思想、技能、工具和方法？在做出选择的时候，你会考虑哪些因素？仔细想想，其实我们管理组织机构（以及我们自己）的方式一直在演变。管理者是不安分的修补者和实验者，他们尝试新的管理方法，试探各方的反应，然后进行试点试验。在此过程中，我们管理组织机构的方式发生了根本改变，今天的管理方式与上一代人的管理方式已经大不相同。

创新是管理的核心，伟大管理的本质在于创新。

《管理创新的跃迁》是一本讲述管理领域如何创新的书。我们选取了150年以来最重要的、具有启发意义的管理创新，剖析这些管理创新对当今企业管理的影响。同时，我们讲述了创新的发生过程和关键创新主体的作用，以及他们是如何攻坚克难，最终完成管理创新的。

撰写本书的过程是曲折的，我们有时候能取得重大进展，有时候经再三考虑还是决定放弃某些内容，有时候甚至将写作计划搁置，转而投身于其他事务。在过去的十年里,我们一直从事与管理创新相关的咨询、教学、写作和演讲工作。一路走来,我们发现,想要进行管理创新的管理者和企业通常面临两大障碍:一是他们有时意识不到前人有何创新,也不一定清楚以前的创新对今天有何影响;二是管理者对管理创新如何发生缺乏深入的了解。本书将会帮助大家攻克这两大障碍。

最终,我们为本书选定了150年来最重要的管理创新,详细介绍了每一项创新的具体情况,包括创新的原因、目的、发生过程、传播过程以及对当前管理实践的影响。

在书中,我们按照管理活动领域分类介绍了过去150年里有哪些重大的管理创新,包括人力资源管理、财务管理、客户关系管理(Customer Relationship Management,CRM)等。当然,这些管理活动领域并非相互隔绝的水密舱室,很多管理创新本身就跨越了多个领域。之所以按管理活动领域对管理创新来进行分类,是因为我们的研究表明,这样做能够使管理创新的发展历史呈现出清晰的脉络。我们按照各大管理活动领域安排章节,每章的第一节会简要介绍该领域管理活动的主要趋势,从第二节开始,会逐一呈现该领域中最重要的管理创新,每一项管理创新都配有一个重要案例。在本书最后,我们将通过总结和归纳不同领域的管理创新活动,设计一份管理创新议程。

我们知道,无论以什么标准来选择列入本书的管理创新,随机性都是不可避免的,这样的选择肯定会引发争论。我们略过不提的管理创新,或者我们觉得对管理实践作用不大的管理创新,有些读者可能会更喜欢。有些人可能认为,我们选取的管理创新数量太多,我们列举的一些案例并不十分新颖,甚至可能与管理毫无关系。还有些人可能觉得,我们的选择过于以美国为中心——这种批评我们认为是合理的,但实在在所难免。让每个人都满意是不可能的，但是我们欢迎一切关于管理创新的讨论，特别是本书提到的管理创新。事实上，我们撰写本书的首要目标就是激发这样的争论。

那么，我们是如何挑选这些管理创新的呢？首先，我们明确界定了管理创新的定义。然后，我们广泛查阅了大量管理文献资料，找到备选的管理创新。我们研究了数份其他学者整理的各领域管理创新清单，比如人力资源领域的，还有《哈佛商业评论》刊登的一份清单。我们还咨询了伦敦商学院及其他院校的专家学者，请他们挑选各自研究领域内的管理创新。然后，我们请有实践经验的管理者前来帮忙，看看他们是否知晓并认可这些创新。通过这样周密的层层筛选，最后我们选定了自工业革命以来最重要的50项管理创新。

在选定之后，我们的工作就是把每一项管理创新都详细地记录下来。这样讲并无夸张——这本书是基于数以百计的资料撰写而成的，包括《哈佛商业评论》等管理类出版物，《商业历史评论》(*Business History Review*)、《运营管理杂志》(*Journal of Operations Management*)等学术期刊，www.schneiderman.com等专注为高管提供帮助的网站，以及许多书籍，如阿尔弗雷德·斯隆的《我在通用汽车的岁月》，米克尔·哈里（Mikel Harry）和理查德·施罗德（Richard Schroeder）合著的《六西格玛：颠覆世界顶级企业的突破性管理战略》(*Six Sigma: The Breakthrough Management Strategy Revolutionizing the World's Top Corporations*)等。从所有这些资料中，我们提炼出了关于世界上主要的管理创新的故事。在每一章的概述里，我们也提及了一些虽然十分重要但未能入选的管理创新。如前所述，这些管理创新可能就是一些读者心目中的"50强"。本书在最后列出了一份参考资料阅读清单。

我们相信，这些管理创新有很多东西值得我们学习。我们的工作方式，我们对管理的认识，都是这些管理创新塑造的结果。你可能对其中一些创新很熟悉，但是对自己专业领域之外的创新不甚了解。你可能想了解管理创新者的工作方式，他们如何克服障碍，以及他们的最终结局。你可能想知道这些管理创新为什么如此成功，其中哪些对今天的管理实践仍然至关重要，哪些已经被后来的管理创新所取代。或许，你只是想找一本值得一读的好书。无论如何，我们都希望本书列出的管理创新能对你有所启发，让你在以后的管理实践中能够换一种思路和做法。在我们看来，世界上没有什么东西比伟大的管理创新更为实用。

在记录和讲述这些管理创新的过程中，我们得到了史蒂夫·孔伯（Steve Coomber）、斯图尔特·克雷纳（Stuart Crainer）、拉奇茨·赫里斯托夫（Latchez Hristov）和伊格纳西奥·瓦卡罗（Ignacio Vaccaro）的帮助，我们非常感谢他们的付出。我们也得到了很多人的建议，这些建议帮助我们把本书修改得更加完善。此外，我们还要感谢为本书相关研究提供主要资助的高级管理研究院（AIM）。

Giant
Steps
in
Management

目 录

赞誉

推荐序　加里·哈默（Gary Hamel）

前言

绪论　管理创新　/ 1

第 1 章　流程　/ 10

    1.1　概述　/ 10

    1.2　科学管理　/ 14

        1.2.1　争分夺秒　/ 15

        1.2.2　作为科学的管理　/ 17

        1.2.3　大众市场管理　/ 18

        1.2.4　传承与发扬　/ 19

    1.3　移动装配线　/ 20

        1.3.1　移动装配　/ 21

1.3.2 40秒大关 / 22
  1.3.3 福特模式的传播 / 23
  1.3.4 持续沿用 / 24
1.4 精益生产 / 24
  1.4.1 精益机器 / 25
  1.4.2 丰田模式 / 27
  1.4.3 普及精益 / 29
1.5 全面质量管理 / 29
  1.5.1 零缺陷 / 30
  1.5.2 持续改进 / 31
  1.5.3 出口质量管理 / 32
  1.5.4 全面质量管理现状 / 33
1.6 单元制造 / 33
  1.6.1 灵活的单元 / 34
  1.6.2 沃尔沃的单元制造 / 35
  1.6.3 单元制造现状 / 36
1.7 大规模定制 / 37
  1.7.1 个性化制造 / 38
  1.7.2 诞生之路 / 38
  1.7.3 大规模定制大众化 / 40
  1.7.4 差异万岁 / 40
1.8 业务流程再造 / 41
  1.8.1 流程再思考 / 41
  1.8.2 再造工程的先驱 / 42
  1.8.3 萧条时期 / 43
  1.8.4 继续发展 / 44
1.9 供应链管理 / 45
  1.9.1 发明供应链 / 45

1.9.2 名词溯源 / 46

1.9.3 链式反应 / 47

1.9.4 链式演变 / 47

1.10 六西格玛 / 48

1.10.1 六倍标准差 / 49

1.10.2 高尔文的推动 / 49

1.10.3 推广六西格玛 / 50

1.10.4 六西格玛的巅峰 / 51

第 2 章 财务 / 52

2.1 概述 / 52

2.1.1 企业财务管理 / 53

2.1.2 金融市场创新 / 55

2.2 成本会计 / 56

2.2.1 成本预测 / 57

2.2.2 芬克的贡献 / 57

2.2.3 钢铁鼹鼠 / 58

2.2.4 成本和约束 / 59

2.2.5 约束理论 / 59

2.3 投资回报率 / 60

2.3.1 投资回报率公式 / 60

2.3.2 完善 ROI / 61

2.3.3 备受推崇 / 62

2.3.4 ROI 的发展 / 62

2.4 现金流折现 / 63

2.4.1 证明未来的价值 / 63

2.4.2 菲什的贡献 / 64

2.4.3 评价 DCF / 65

2.5 超越预算 / 66
    2.5.1 我们的方式 / 66
    2.5.2 广泛传播 / 67
    2.5.3 超越预算的发展 / 68
2.6 作业成本法 / 68
    2.6.1 迎刃而解 / 69
    2.6.2 约翰迪尔的探索 / 69
    2.6.3 ABC 的传播 / 70
    2.6.4 ABC 的挑战 / 71
2.7 平衡计分卡 / 72
    2.7.1 平衡的艺术 / 72
    2.7.2 驯服怪物 / 73
    2.7.3 破解密码 / 74
    2.7.4 驾驶舱管理 / 75
    2.7.5 工具与实践 / 75
2.8 经济增加值 / 76
    2.8.1 EVA 的诞生 / 77
    2.8.2 价值管理体系 / 78
    2.8.3 EVA 的采用 / 79
    2.8.4 最终成效 / 79

第 3 章 人力资源 / 81

3.1 概述 / 81
    人力资源管理的演变：一部三幕剧 / 82
3.2 企业福利制度 / 86
    3.2.1 不仅仅是工资 / 87
    3.2.2 更多福利 / 87
    3.2.3 如今的企业福利 / 89

3.3 职业经理人 / 89
    3.3.1 使命感 / 90
    3.3.2 管理职业化 / 91
    3.3.3 无处不在的经理人 / 92
3.4 商务教育 / 92
    3.4.1 起始阶段 / 93
    3.4.2 更多商学院 / 94
    3.4.3 盛行全球 / 94
3.5 绩效工资制度 / 95
    3.5.1 斯坎伦计划 / 96
    3.5.2 股票期权激励 / 98
3.6 评价中心 / 99
    3.6.1 发现人才 / 99
    3.6.2 军官甄选 / 100
    3.6.3 管理发展研究 / 100
    3.6.4 评价中心发展状况 / 101
3.7 T小组训练法 / 102
    3.7.1 训练时间 / 102
    3.7.2 男孩俱乐部的试验 / 103
    3.7.3 冻结进程 / 104
    3.7.4 边缘化 / 105
3.8 工作生活质量 / 105
    3.8.1 通用食品和托皮卡 / 106
    3.8.2 回到未来 / 108
3.9 导师制和高管教练 / 108
    3.9.1 关系更密切 / 109
    3.9.2 源远流长的导师制 / 110
    3.9.3 从基层到董事 / 111

3.9.4　全球普及　/ 111
3.10　360度反馈评价　/ 112
 3.10.1　只看表现　/ 113
 3.10.2　魏国的手段　/ 113
 3.10.3　广泛应用　/ 114
 3.10.4　全面流行　/ 114

第4章　组织结构　/ 116

4.1　概述　/ 116
4.2　事业部结构　/ 120
 4.2.1　分而治之　/ 121
 4.2.2　斯隆模式　/ 121
 4.2.3　新的标准　/ 123
 4.2.4　事业部制的未来　/ 123
4.3　战略经营单位　/ 124
 4.3.1　良好的意图　/ 125
 4.3.2　新的方案　/ 125
 4.3.3　发展壮大　/ 125
 4.3.4　习以为常　/ 126
 4.3.5　存在问题　/ 127
4.4　矩阵组织　/ 127
 4.4.1　另寻出路　/ 127
 4.4.2　小型试验　/ 128
 4.4.3　矩阵革命　/ 129
 4.4.4　折中方案　/ 130
4.5　群策群力团队　/ 131
 4.5.1　员工代表大会　/ 131
 4.5.2　一起群策群力　/ 132

4.5.3 传播韦尔奇之道 / 133
4.5.4 给员工授权 / 134
4.6 实践社群 / 135
4.6.1 实践出真知 / 135
4.6.2 复印机维修人员 / 136
4.6.3 实践社群的传播 / 137
4.6.4 社群意识 / 137

第5章 客户与合作伙伴关系 / 139

5.1 概述 / 139
5.1.1 客户关系 / 140
5.1.2 分而治之 / 141
5.1.3 继续深挖 / 141
5.1.4 边界：变还是不变 / 142
5.1.5 分拆时代 / 143
5.1.6 混合时尚 / 144
5.2 特许经营 / 145
5.2.1 免费不易 / 145
5.2.2 特许经营的兴起 / 146
5.2.3 合作愉快 / 146
5.2.4 全球推广 / 147
5.3 直接营销 / 148
5.3.1 十分直接 / 149
5.3.2 伟大的伟门 / 149
5.3.3 全球邮购 / 150
5.3.4 电子邮件时代 / 151
5.4 市场细分 / 151
5.4.1 丰俭由人 / 152

        5.4.2 初次细分 / 153

        5.4.3 蚕食市场 / 153

        5.4.4 车企率先采用 / 154

        5.4.5 市场细分的状况 / 155

　　5.5 品牌管理 / 155

        5.5.1 博采众长 / 156

        5.5.2 所向披靡 / 157

        5.5.3 登上品牌之车 / 158

        5.5.4 品牌的威力 / 158

　　5.6 客户关系管理 / 159

        5.6.1 一切在于关系 / 160

        5.6.2 CRM 大受好评 / 160

        5.6.3 直接途径 / 161

        5.6.4 细分到个人 / 162

　　5.7 纵向一体化 / 162

        5.7.1 向上和向下 / 163

        5.7.2 不可思议 / 164

        5.7.3 跨界的福特 / 164

        5.7.4 逐渐衰落 / 165

　　5.8 外包 / 166

        5.8.1 外部力量 / 167

        5.8.2 遍布全球 / 168

        5.8.3 推动转型 / 169

　　5.9 联合体与联盟 / 169

        5.9.1 新的媒介 / 170

        5.9.2 VISA 的诞生 / 170

        5.9.3 混序无处不在 / 171

        5.9.4 有序与混序 / 172

第 6 章　创新与战略　/ 174

6.1　概述　/ 174
- 6.1.1　创新管理　/ 175
- 6.1.2　战略管理　/ 177

6.2　工业研究实验室　/ 179
- 6.2.1　走进实验室　/ 180
- 6.2.2　研究的工作　/ 180
- 6.2.3　实验室兴起　/ 181
- 6.2.4　在实验室工作　/ 182

6.3　臭鼬工厂　/ 183
- 6.3.1　屏蔽臭鼬　/ 183
- 6.3.2　臭鼬的诞生　/ 184
- 6.3.3　臭鼬星球　/ 185
- 6.3.4　现代臭鼬　/ 185

6.4　公司风险投资　/ 186
- 6.4.1　冒险理念　/ 187
- 6.4.2　公司风险投资发展状况　/ 188

6.5　开放式创新　/ 188
- 6.5.1　开放的逻辑　/ 189
- 6.5.2　联系与开发　/ 190
- 6.5.3　市场力量　/ 191
- 6.5.4　也有好处　/ 192

6.6　目标管理　/ 193
- 6.6.1　目标管理的定义　/ 193
- 6.6.2　德鲁克所创　/ 194
- 6.6.3　简化管理　/ 194
- 6.6.4　回到目标管理　/ 195

6.7　战略规划　/ 196

6.7.1 蓝血十杰 / 197
6.7.2 通用电气的战略 / 198
6.7.3 未来如何 / 198

6.8 情景规划 / 199
6.8.1 如果……怎么办 / 200
6.8.2 突破极限 / 200
6.8.3 追逐未来 / 202

6.9 标杆管理 / 203
6.9.1 标杆的激励 / 203
6.9.2 模仿标杆 / 204
6.9.3 寻找标杆 / 204
6.9.4 风靡全球 / 205

第7章 信息效率 / 206

7.1 概述 / 206
7.2 运筹学 / 209
7.2.1 最优解 / 209
7.2.2 赢得战争 / 210
7.2.3 运筹学状况 / 211

7.3 收益管理 / 212
7.3.1 最优收益率 / 212
7.3.2 覆盖全国 / 213
7.3.3 收益管理发展状况 / 214

7.4 物料需求计划和制造资源计划 / 215
7.4.1 闭环系统 / 215
7.4.2 哥白尼式革命 / 215
7.4.3 工具和技术 / 216
7.4.4 MRP 发展状况 / 217

7.5 企业资源计划 / 218

    7.5.1 ERP 意味着整合 / 218

    7.5.2 ERP 的诞生 / 219

    7.5.3 ERP 发展状况 / 220

总结　管理创新议程 / 221

参考资料 / 226

Giant
Steps
in
Management

绪论　管理创新

　　管理学领域从不缺新思想，或者至少是对前人思想的新论述。就在我们撰写本书之时，商业畅销书排行榜的上榜书目仍是一串引人注目的名字，例如《世界是平的》《蓝海战略》和《长尾理论》等，《财富》杂志刊登了关于谷歌企业文化的独家内幕报道，咨询公司麦肯锡（McKinsey）正在推广其关于"全球趋势和企业战略"的新思想。

　　作为一个博学敏思的管理者，你希望全面把握这些最新的思想。你想知道商业格局会如何变化，而且你一直在寻找能给你或你的公司带来竞争优势的思想火花。

　　但与此同时，你对所有这些新思想和新潮流抱有一种合理的质疑态度。这些新思想究竟对**我的**组织有何帮助？这些新概念如何转化为实践操作？这些所谓的新思想与彼得·德鲁克（Peter Drucker）50年前提出的管理思想到底有何不同？

　　其实，大多数管理思想和管理实践都只是昙花一现。有些源于深刻的思考和认识的理论则能流传于世,道格拉斯·麦格雷戈(Douglas McGregor)的激励理论(X 理论与 Y 理论)算一个,迈克尔·波特(Michael Porter)的竞争战略理论也算一个。但事实上,真正创新而且经得起时间考验的管理思想就像英国选手在温布尔登网球锦标赛夺冠一样难得一见。因此,若能掌握这些管理思想,对每个管理者来说都是如虎添翼。

有些管理思想是由技术革新或社会、经济主要发展趋势的推动而产生的。这些新思想只是用于应对商业世界不断变化的现实状况的"新规则",而不是管理学领域的金科玉律。例如,过去十年间冒出了很多测评互联网影响商业模式的新思想,有些很不错,有些则很一般,还有一些关于如何改变管理模式以满足 Y 一代需求的研究。所谓 Y 一代,就是那些刚进入职场的年轻人,他们将逐渐成为企业的重要客户。

其他管理思想不过是新瓶装旧酒罢了。就像好莱坞导演喜欢在当代背景下翻拍经典老电影一样,管理思想家也非常善于将旧思想重新概念化,稍微变换一下说法,然后重新包装呈现给不知出处的读者。当然,也有很多经典的管理思想是今天的管理者需要了解的。但是,管理思想类书籍和文章实在是浩如烟海,这就让管理者更加怀疑这一类作品的价值。简而言之,管理思想类作品已经出现供给过剩,而且其中有太多是经过重新包装再度上市的。

挖掘经典

在浩如烟海的管理思想作品中,你如何才能发现经典呢?管理思想各种各样,有方兴未艾的,有异军突起的,还有一些最初倡导者早已弃之不用却仍被你的公司或其他机构奉为圭臬的……如此种种,怎么做才能更好地理解和辨别?哪一种管理思想适合你公司目前的发展阶段,你又该如何判断?

本书的写作目的就是帮助你重新认识海量的管理思想和实践，从而实现更有效的评估和落实。为此，我们选取了商业历史上最重要的**管理创新**来详细介绍。这些管理创新都是在管理实践上具有里程碑意义的重大变革，对现代企业制度和企业管理方式有着举足轻重的影响。通过记录这些重要的新管理实践的发展历程，我们可以发现，有些企业管理领域取得了巨大的进步，而其他领域则如钟摆一样来回摆动，很难有所突破。

本书讲述的是管理创新的发展史，所以大部分内容都要从历史角度来进行分析，这是不可避免的。不过，在书中我们也考察了许多现代管理创新的起源。诸如六西格玛、平衡计分卡、客户关系管理、企业风险投资、外包（Outsourcing）、供应链管理、导师制、开放式创新等管理工具至今仍然在企业管理实践中广泛使用，只是讨论的语境和用词不断变化。本书说到底就是一部历史书，那么你为什么要读一部历史书呢？为什么一部追溯管理历史的书对现在的你有帮助呢？有以下两个重要原因。

第一，只有了解历史，才能更好地理解现在。用乔治·桑塔亚纳（George Santayana）的名言来说："不能铭记历史的人注定要重蹈覆辙。"因此，学习前几代企业的管理经验和教训，能够帮助我们更好地为我们服务的公司做出明智的决策。

或者更具体地说，了解管理创新的历史能够让你更敏锐地把握未来管理创新的时机。例如，为什么人力资源管理领域每隔30年就会出现一次聚焦于员工福利问题的管理创新（在不同时期被称为人际关系运动、员工福利、工作生活质量和赋能授权），但是员工福利问题却没有得到彻底解决？为什么以客户为中心的问题也从未得到完全解决？要理解任何管理领域的关键议题或矛盾关系，最好的出发点就是学习以前的管理者所经历的困难与挣扎。本书没有将旧酒重新包装到新瓶中，旧瓶还在那里，我们只是从中发掘出了好东西而已。要想成为一个管理创新者,你得知道哪里可以找到最大的机遇,哪里会遭遇最大的陷阱。

第二,今天的管理实践都是建立在前人的基础上的。就像河流入湖或者入海处的泥沙沉积过程一样,新的泥沙总是落在过去的沉积层上,形成新的沉积层,但过去的沉积层仍然对河床的轮廓产生影响,偶尔还会突破新沉积层而露出水面。管理实践也是同样的道理。尽管在工作场所已经不再使用与等级制度相关的说辞,但我们仍然会提到一些军事化专业术语,例如**直线与参谋、管理跨度、高级主管**等。无论今天的管理学界对维多利亚时代的管理思想先驱弗雷德里克·泰勒(Frederick W. Taylor)有何评价,他的科学管理原则仍然在许多组织中发挥着影响力,包括时间和动作研究、甘特图规划等。我们熟悉的一家矿业公司曾经采用埃里奥特·杰奎斯(Elliot Jacques)的"层级系统理论"(SST)。在杰奎斯为该公司的咨询工作结束超过15年之后,公司所有权已经发生了变化,但是组织内部的管理思想仍然深受"层级系统理论"的影响。如果你想在这家矿业公司提出任何新的管理思路,你最好先厘清你的想法与"层级系统理论"的联系!

寻找管理创新

什么**是**管理创新呢?用我们的同行加里·哈默的话来说,管理创新就是能够切实改变管理者的工作内容与工作方式的管理理论创新和管理实践创新。管理创新不同于运营创新或流程创新,后二者关注的是将投入转化为产出的实际操作过程。

在过去的几年里,我们和加里·哈默一起与数百名管理人员讨论了管理创新问题。我们知道,对于管理创新的真正含义,有许多不同的观点。我们很容易就能指出一些公认的管理创新经典案例，例如全面质量管理、M 型结构、资本预算等，但是要为管理创新这一概念划定明确的边界则并非易事。况且，运营创新、流程创新和管理创新之间的界限本来就十分模糊。

我们无意在此进行学术辩论（我们喜欢学术辩论，但是我们不想在这里辩论）。经过多年在管理创新这一新兴领域的研究，我们终于确定了管理创新的四个重要特征。这一步十分关键，以这四个重要特征为标准，我们就可以将管理创新与其他领域的创新区分开来。以下就是我们判断管理创新的四个标准。

▶ **管理创新改变了企业的管理工作，直接引发新的管理实践和流程出现**。例如，全面质量管理对员工和老板的日常工作都具有切实的影响，所以全面质量管理是一项管理创新。但是，有许多管理思想只是停留在抽象的理论层面，不会直接影响管理工作，所以不能视为管理创新，比如波特的"五力"模型、学习型组织和赋能授权等。按理论和实践来划分管理创新的方法较为实用，比如，开放式创新应归于理论探讨领域，而宝洁公司的"联系与开发"模式应归于具体的实践领域。虽然我们经常为了表达上的便利而使用一些"理论标签"，但本书最重视的还是实践。

▶ **管理创新是比"最先进"更先进的新鲜事物**。简单复制六西格玛或平衡计分卡不是管理创新。明显偏离现有做法，在没有任何已知先例的情况下推出的管理举措，才称得上管理创新。这并不是说，必须是世界首创才算是管理创新——要是这样的话，管理创新的门槛也高得太离谱了。相反，管理创新应该是企业打破常规、创造新鲜事物的真实尝试。

▶ **管理创新需要得到贯彻落实**。这可能是一个显而易见的重要特征，但是确实有很多伟大或者平庸的管理思想从未付诸实践。在技术领域，创新注重的是如何利用新思想，而不是率先提出新思想，这个道理在管理创新领域同样适用。

▶ **管理创新是为了推动实现企业的既定目标**。同样，这似乎也是不言自明的，但必须强调，管理创新不是为了创新而创新，而是为了解决管理过程中遇到的实际问题。企业并不出售管理创新，但是企业会利用管理创新来销售其他产品。（当然，很多咨询顾问都知道，管理创新一旦完成，就会具有很大的转售价值。）请记住，"目标"不仅仅是指财务目标，有很多管理创新都是为了让员工更幸福，或者提升企业的社会责任感。

还要注意的是，我们并不以最后的结果来定义管理创新。管理创新有成功的，也有失败的。全面质量管理等管理创新是成功的，但是这样成功的管理创新并不多，失败的反而更加常见。沃尔沃（Volvo）的单元制造（Cellular Manufacturing）实践就是一个失败的案例。当然，我们可以说，本书讨论的管理创新都是成功的，至少在一段时间内是成功的——因为这些管理创新都对企业界产生了巨大影响，在这层意义上，它们是成功的，但这并不代表所有的管理创新都能带来积极的成效。事实上，我们完全有理由认为，管理创新和其他形式的创新一样，也有失败的时候。

管理创新：竞争优势的来源

有一个极其重要却难以回答的简单问题：**管理创新对企业的成功有多重要**？

管理创新确实很重要。如果一家公司真正实施了激进的管理创新，那它可以在未来许多年内获得丰厚的回报。同时，必须承认，企业长期的成功，无论是以盈利能力还是以竞争优势来衡量，都将是无数因素相互作用的结果，其中有许多因素甚至无法管理。

管理创新能够为企业带来长期回报，这一论点有以下三大证据支撑：第一是本书按历史顺序介绍的案例。20 世纪 20 年代，宝洁公司率先实施品牌管理（Brand Management），在市场竞争中抢占了先机。时至今日，宝洁公司仍然被视为品牌管理的黄金标准。创立于 20 世纪 60 年代末的 VISA 是一个由数万家银行达成前所未有的合作而形成的信用卡品牌，至今仍是占据市场主导地位的国际信用卡组织。丰田公司是精益生产（Lean Production）的先驱，精益生产的很多关键要素，都是丰田公司创造的。得益于精益生产方式，丰田公司在大众汽车市场中仍然保持着竞争优势。如果企业的既定目标就是保持**可持续**的竞争优势，那么最有希望实现目标的一个途径就是管理创新。

第二是管理创新难以模仿。为什么管理创新能够带来竞争优势？根本原因何在，值得我们仔细思索。组织内部能力——你的组织所擅长的一切——只有在竞争对手难以模仿的情况下才具有价值，才能成为竞争优势的来源。我们的研究表明，管理创新往往与技术创新不同，因为管理创新难以模仿。多年来，福特汽车公司（Ford）和通用汽车公司（GM）的高管到丰田汽车公司的工厂进行了无数次考察，通用汽车公司甚至与丰田汽车公司共同成立了一家合资公司（新联合汽车制造公司，NUMMI），以便更好地了解和学习日本竞争对手的秘诀，但复制丰田模式的尝试还是失败了。全面质量管理对于员工行为规范的要求极为细致，而且覆盖了整个组织的所有活动和职能，所以也几乎不可能被模仿。模仿管理创新不可能那么容易，不是光靠逆向工程⊖就能实现的，本书讨论的所有其他管理创新都是如此，只是程度不同罢了。

⊖ 逆向工程是指根据已有的东西或结果，通过分析来推导出具体的实现方法。

第三是一份关于信息技术（IT）投资如何提升企业生产效率的重要学术报告。2001年，经济学家埃琳娜·阿纳尔（Elena Arnal）、玉宇锡（Wooseok Ok，音译）和雷蒙德·托里斯（Raymond Torres）发表了题为《知识、工作组织和经济增长》（*Knowledge, Work Organization and Economic Growth*）的研究报告。他们的研究重点关注影响企业生产力提升的两个变量：企业投资IT的资金数额和企业投入开发IT投资配套管理实践的资源（也就是管理创新）。该研究得到了一个很明确的结果：**同时对两个变量**（IT投资和管理创新投入）投资的企业，其生产效率的提升幅度远远大于只投资其中一个变量的企业。报告并没有特别指出企业采取了哪些管理创新，但是提供了从多个行业企业调研得来的翔实证据。所以，技术的发明和应用都变得更加高效的根本原因在于管理创新。

管理创新是如何产生的

管理创新是提升个人和组织绩效的一个重要因素。然而，真正名副其实的管理创新并不多见。当然，公司一直都在调整薪酬制度，重新思考组织结构，不断改进制造工艺。如果给管理创新设置一个尺度，一端是"渐进"创新，另一端是"激进"创新，那么绝大多数企业采取的管理创新应该都偏向于"渐进"一端。真正称得上激进的管理创新——也是本书讨论的管理创新——其实数量非常稀少。所以，本书讨论的管理创新对于今天的管理实践而言是至关重要的。

为什么激进的管理创新如此少见呢？简单来说，在大型组织中发挥作用的社会力量和组织力量都倾向于维持现状。我们都受到工作环境的制约，形成了思维惯性，所以我们很难想象一个没有上下级的组织。资本预算、人才管理等管理程序已经渗透组织肌理，挑战如此根深蒂固的管理程序甚是艰难。就算能够设计一种改变现有思维方式和管理程序的方法，要让人们接受一个风险重重的新事物，仍然是一项非常艰难的任务。

或者换一个角度来思考：如果你的公司面临一个难题，需要对工作方式做出重大改变才能解决，在这个时候，你是愿意寻找像麦肯锡（Mckinsey）这样的咨询公司购买一套别人已经用过的"成熟"的管理模式，还是愿意靠自己摸索出一套全新的解决方案？大多数人认为，采用咨询公司建议的解决方案会让人觉得更安全、更自在。但是，采用这种"渐进"创新，其结果只会导致当前"最佳管理实践"的地位更加稳固，而不可能产生我们所说的"下一代"管理实践。有些公司拥有足够的自信和能力推进自己独创的新做法，而且组织内部也对管理创新持开放态度，例如通用电气公司、宝洁公司等。但大多数公司更倾向于采取规避风险的方法，因此往往会选择偏向于"渐进"一端的管理创新。

那么，要进行管理创新，必须具备哪些关键因素呢？这个问题很难回答，既没有现成的高招，也没有什么灵丹妙药。不过，我们着手对历史上的管理创新进行研究的主要原因之一，就是希望能够从中总结出管理创新产生的共同条件。在接下来的章节中，我们将详细介绍催生每一项管理创新的关键因素。在最后一章本书"总结"中，我们将总结出最重要和最普遍的因素，并讨论管理创新如何发生。

Giant
Steps
in
Management

第 1 章　流程

企业应该如何管理工作流程，才能以最小的投入创造最大的产出，打造出能够吸引客户的产品？企业需要实施哪些流程才能更好地服务客户？这些流程应该如何设计？流程创新的目标就是提升企业运营的效率和可控性。

1.1　概述

每个企业都有许多工作流程，流程的存在是为了将投入转化为产出。一个企业是否具有市场竞争力，往往取决于能否提升其工作流程的效率和有效性。以卓越流程而闻名于世的企业并不少见。

说到流程创新，首先要说**科学管理**（Scientific Management）。科学管理是弗雷德里克·泰勒提出的理论，泰勒被誉为"科学管理之父"，但管理学为人所诟病之处也归咎于他。19世纪末，泰勒曾在美国米德维尔钢铁公司（Midvale）任职，后来加盟伯利恒钢铁公司（Bethlehem Steel）。他工作时尽职尽责，认为浪费人力资源是可耻的。为了改变这种现状，他给每一道工序计时，在此基础上总结出最佳工作方法，并提出绩效薪资方案。科学管理的核心主张十分简单：首先确定完成每一道工序的最佳方法，然后重新设计相应的工作流程。由于泰勒对效率的极致追求，很多人批评他对人性的认识过于片面，罔顾他人的社会和心理动机。虽然如此，泰勒仍然是举足轻重的管理学泰斗，直到今天仍有许多企业受到他的影响。

第一次世界大战前的另一项著名流程创新当属亨利·福特（Henry Ford）于1910年创立的**移动装配线**（Moving Assembly Line）。受到其他行业的启发，特别是受到当地屠宰场"牲畜分割"作业方式的启发，福特利用了传送带技术，把"工作送到工人面前"，使工人不必来回走动就能完成工作。每个工位对应的工作任务都是独立的，每个工人的任务就是完成所在工位的工作任务——福特的流程创新重新定义了工人的角色，大大提升了每个工人的产出。科学管理和移动装配线很快风靡全球，为制造业在接下来几十年的卓越发展奠定了基调。

直到第二次世界大战结束之后，下一项重大的流程创新才出现。面对战后重建的压力，丰田公司和其他日本企业醉心于改进流程，力求最大限度地降低生产成本。改进后的生产流程就是后来为人们所熟知的**精益生产**，这个提法在《改变世界的机器》（The Machine That Changed the World）一书中首次出现，其核心理念是杜绝生产过程中的材料浪费和人力浪费。精益生产总体上是一个比较笼统的概念，真正的管理创新在于具体的操作技巧。其中很多技巧都是丰田公司首创的，例如准时生产（JIT）、**看板管理**（Kanban）和目标成本定价。准时生产的基本思想就是"库存即浪费"，材料或者零部件应该在需要的时候才进入生产流程。看板实质上是一种用于管理零部件进入流水线的信号指示系统。目标成本定价是丰田公司在20世纪60年代发明的一种会计方法，其具体做法就是丰田公司根据供应商的产品设计和生产流程与供应商共同商定产品的成本目标（Cost Target）。

到了20世纪50年代，丰田公司和其他日本企业开始尝试实行**全面质**

量管理（Total Quality Management，TQM），这是质量管理大师戴明（W. Edwards Deming）和朱兰（Joseph Juran）倡导的理念。全面质量管理将质量管理视为每个员工的责任。提高质量，减少残次品，就能进一步减少浪费，因此质量管理自然成为精益生产的一个重要方面。全面质量管理还包括重要的统计过程控制（Statistical Process Control，SPC），通过统计过程控制及时识别工作流程中的异常因素，可以使生产过程更加可靠。

直到今天，精益生产和全面质量管理仍是大多数制造企业运营的核心指导原则。另外，过去30年中也涌现出了不少流程创新，有些成效卓绝，有些却不尽如人意。

其中一个不尽如人意的流程创新就是20世纪70年代出现的**单元制造**，沃尔沃曾经因为采用单元制造方式而备受瞩目。由于工人缺勤率高，加之瑞典政府颁布法令，要求保证工人的工作生活品质，压力之下，沃尔沃公司决定抛弃传统的移动装配线，转而创建汽车装配单元，由具备多种技能的工人在装配单元内完成整车组装。单元制造这一创新使工人的满意度和产品质量都有了切实的提升，但是这些好处并不足以抵消绝对效率下降带来的损失，沃尔沃公司最终还是放弃了单元制造方式。

到了20世纪80年代，传统的大规模生产模式衍生出两种流程创新：大规模定制（Mass Customization）和模块化（Modularization）。这两种流程创新基于同样的出发点：既要满足日益多样化的客户需求，又不能牺牲大规模生产的效益优势。**大规模定制**充分利用了日渐成熟的计算机自动化生产流程，使产品精准符合客户的每一个具体要求，同时仍然可以在生产线上批量生产。模块化生产更适用于软件开发领域。在智能化时代，软件开发越来越重要，模块化生产将系统开发分解成既相对独立又相互联系的模块，每个模块可以根据客户的要求做出修改，而且不会影响到其他模块。

同样在20世纪80年代出现的并行工程（Concurrent Engineering）将精益生产的先进理念引入工程领域，它强调对新产品及其相关过程进行并行、集成化处理。在这个时期，工程领域引入了柔性自动化（Soft Automation）和刚性自动化（Hard Automation）这两个概念，以体现自动机械设备在自动化生产流程中的应用。

业务流程再造（Business Process Reengineering，BPR）由福特公司于20世纪80年代首次提出。这种管理思想可以说是泰勒科学管理理论的一个现代变体，同时融入了精益生产的许多重要理念。除此之外，业务流程再造还借鉴了其他管理技术，例如牛皮纸法（Brown Papering）。牛皮纸法是一种过程分析法，具体做法是用一张大牛皮纸绘制企业工作流程，以此消除不必要的工作环节。业务流程再造在本质上也是将企业的运营活动看作一系列的流程，其中包含一套简化企业增值流程、消除浪费的管理工具。

20世纪八九十年代，供应链领域也发生了重要变革。1982年，博思艾伦咨询公司（Booz Allen Hamilton）提出**供应链管理**（Supply Chain Management，SCM）概念，20世纪90年代初，戴尔（Dell）率先实行供应链管理，后来演变为供应链整合（Supply Chain Integration）。在供应链管理下，实现业务流程高效可控将不再局限于企业内部，而是扩大到供应链上下游合作伙伴。无论是供应链管理，还是供应链整合，两者的目标都是提升整个供应链的效率，而不是只关注企业自身的活动。

20世纪最后一个重大流程创新是**六西格玛**（Six Sigma）。六西格玛是摩托罗拉（Motorola）的工程师比尔·史密斯（Bill Smith）[⊖]在1987年提出的管理策略，随后被通用电气公司采用。六西格玛利用统计过程控制（SPC）来消除生产过程中的浪费，所以可以说，六西格玛是对全面质量管理（TQM）的一种延伸和发展。虽然如此，六西格玛仍然是20世纪90年代最重要的流程创新之一，因为在摩托罗拉公司发展起来的六西格玛是一套科学、有效的管理工具和方法，其他企业可以直接拿来使用。

整体而言，流程管理的发展历程并不复杂，往往具有明显的线性

⊖ 原文为John Smith，有误。——译者注

特征，后续创新通常以借鉴和继承前人的创新为基础。在流程创新的推动下，生产效率和质量在过去 100 年里得到了极大提升，这是确凿无疑的。

1.2 科学管理

管理者追求高效的工作流程的热情永远不会熄灭，20 世纪 90 年代盛行的业务流程再造以及近年来兴起的外包业务都是管理者对效率孜孜以求的例证。控制投入、增加产出、实现投入产出收益最大化，这是企业管理的核心任务。

19 世纪末，几乎没有人提出过管理方面的议题，更不用说对其加以研究了，而弗雷德里克·泰勒是一个例外。他通过仔细观察工友的工作情况，发现了一系列管理上的问题。他注意到，当时的工人经常"磨洋工"。他们不努力抓紧时间干活儿，反而故意放慢速度。他们没有动力干得更快，也没有动力提高生产力。泰勒指出，让"雇主一直搞不懂工作到底可以多快完成"才符合工人的利益。他写道："在整个工业文明世界里，20 个工人里有 19 个都坚定不移地相信，放慢工作速度比加快工作速度更符合自己的利益。他们坚信，付出尽量少的劳动以换取薪酬是最划算的。"

泰勒还指出了另一个关键问题：工人在这场博弈中占据了明显优势，因为监工并不知道完成一项工作任务具体要花多长时间。以前从来没人想过要研究工人的工作过程，而工人如此肆无忌惮地降低工作效率让泰勒感到愤怒，他决定出手解决这种问题。他以秒表为"武器"，仔细测量工作过程的每一个环节所需要的时间。泰勒认为，只要细致入微地观察一项工作，监工就能确定完成这项工作的最佳方法。这样一来，工厂就可以建立一套效率最高的首选工作方法，并在未来严格落实。泰勒后来提出的科学管理就来源于此。

1.2.1 争分夺秒

1856年3月20日，泰勒出生于美国宾夕法尼亚州费城杰曼镇的一个富裕家庭。他的父亲是律师，来自宾夕法尼亚州一个古老的贵格会家族；母亲埃米莉·温斯洛（Emily Winslow），出身于新英格兰一个古老的清教徒家族（其父曾在马萨诸塞州的新贝德福德市从事捕鲸业）。埃米莉也是著名的废奴主义者和妇女权利倡导者。

泰勒在法国和德国接受过教育，曾随父母在欧洲各国旅行，后来到菲利普斯·埃克塞特中学（Phillips Exeter Academy）学习。终其一生，泰勒都跟欧洲保持着紧密的联系。他经常在法国布列塔尼半岛度假，在去世前不久，他还向在第一次世界大战中试图抗击德军的法国和比利时表示敬意。

尽管家境富裕，但泰勒的工程师生涯是从基层开始的。他先是到费城恩特普里斯水压工厂（Enterprise Hydraulics Works）⊖当学徒工。1878年，他跳槽到费城附近的米德维尔钢铁公司工作，一开始担任文职岗位，没过多久，他到车间做了一名车间工人。泰勒的岗位总是在调整：在米德维尔钢铁公司，他当过仓库保管员、助理工长、工长、总技师、研究部主任，最后成为公司的总工程师，前后总共只用了六年时间。在工作之余，泰勒还重拾了学业，攻读学位课程——他在史蒂文斯理工学院上了3年夜校（1880~1883年），主修机械工程学。（他曾考入哈佛大学，但据说因为眼疾而未能入学。）泰勒在米德维尔钢铁公司一直工作到1889年。正是在米德维尔钢铁公司这些年的经历和观察，为他著名的科学管理理论奠定了基础。

离开米德维尔钢铁公司之后，泰勒到许多不同的地方工作过，其中以伯利恒钢铁公司最为出名。在伯利恒钢铁公司，他尝试在多个方面实行改革，但并非所有改革都取得了成功或得到了人们的认可。最终，泰勒于

⊖ 原文为William Sellers Company，有误。——译者注

1901年被伯利恒钢铁公司辞退。

泰勒热衷于解决实际问题，也十分擅长解决问题。事实上，他是一个解决问题的**超级**能手。在一个庸人辈出的年代，泰勒却是一个名副其实的文艺复兴式人物。他博学多才、兴趣广泛，即便在当今这个浮夸的时代，也是一个会令人惊叹不已的全才。

泰勒是个发明家，他最著名的发明成果是跟冶金工程师蒙塞尔·怀特（Maunsel White）合作研制发明的"泰勒－怀特"工具钢炼钢法。这一发明彻底革新了金属切削加工行业，为大规模生产技术的发展铺平了道路。泰勒孜孜不倦地发明创造，贡献了40多项专利，他也因此大赚了一笔。这些专利所涉及的领域极为广泛，其中包括1909年的"移栽活树设备"，19世纪80年代末为米德维尔钢铁公司设计的具有革命性的"动力锤"，1900年的"磨滚珠设备"，以及1907年的"组合葡萄园温室"。

泰勒也是一个运动健将。他可能不是天赋异禀的天才型选手，但运动场上的他竭尽全力，意志坚定且创造力十足。1881年，他拿下了美国网球锦标赛的双打冠军。但他并不满足，后来又给自己设计了一个匙形网球拍。他一生取得的专利众多，其中就包括一个"草地网球专用网"（专利号为401082，于1889年4月9日颁发）。

无论做任何事情，泰勒都不屈不挠，意志坚定，充分发挥创造力。他热爱秩序和效率——在学校的时候，他就倾心于干净利落的杜威图书分类法和主题索引法。"有些人喜欢说他是工作狂，但其实并非如此。"他的追随者亨利·甘特（Henry Gantt）说，"但他确实相信，艰苦奋斗的人生才值得一过，奋斗不但能带来经济收益，而且能让人变得更有用、更幸福。"

泰勒还有超乎常人的毅力。1906年，泰勒向美国机械工程师协会提交了一篇论文——《论金属切削工艺》（On the Art of Cutting Metals），这是他做了26年实验（用实验工具把钢和生铁切削成碎片）才得到的成果。在这26年里，他切削所用的钢和生铁超过80万磅（约合36.3万公斤），实验总共产生了3万~5万条实验记录，花掉了15万~20万美元，那时候这可是一笔巨款。

泰勒不仅仅是发明家和运动健将,更是以分析见长的问题解决专家。正因为如此,人们通常认为他是历史上第一位管理顾问——有一段时间,他名片上所写的职位就是"管理顾问"。泰勒相信,充分利用最新的分析工具,就可以为商业问题找到解决方案——这就是现代管理咨询顾问工作的模板。亨利·甘特曾这样评价泰勒:"他天生精力充沛,分析能力卓绝,能够充分发挥自身所长,心无旁骛地寻找解决问题所需要的事实……他对现有工艺感兴趣,主要是为了寻找改进的方法。"后来,泰勒的另一名追随者哈林顿·爱默生(Harrington Emerson)把管理咨询顾问工作称为"效率工程"。

1.2.2 作为科学的管理

泰勒的"科学管理"(他称之为"75%的科学加25%的常识")来自他对工人工作过程的细致观察。他精心设计实验,为工作过程中的每一个环节测定最佳的执行方式和所需时间,分析所使用的材料、工具和工序,明确管理者与工人各自的分工和责任。

泰勒很早就预料到了还原论(Reductionism)的兴起。作为一种哲学思想,还原论对20世纪的思想界产生了很大影响。还原论认为,如果一个复杂的问题可以分解为多个极小的组成部分,而且我们能够理解、阐明这些部分,那么我们就有可能理解这个复杂的问题。受还原论的影响,科学家们曾经相信,如果他们能够知晓宇宙中最小的粒子是如何工作的,那么他们也能解开宇宙中的其他一切秘密。

泰勒多年以来所做的实验为著名的《科学管理原理》奠定了基础,这部作品于1911年首次出版。科学管理包括工时研究、工具和机器标准化、工作方法标准化、"计算尺及其他时间节省装置"的应用等。泰勒认为这些管理工具"只是管理机制的辅助手段或具体措施",并视其为科学管理以下四项基本原则的延伸。

- 第一，真正科学的发展。
- 第二，科学地挑选工人。
- 第三，对工人进行科学教育和培训。
- 第四，管理者与工人之间亲密无间地合作。

泰勒提醒管理者，改变已形成的组织文化是有风险的。他指出，新的管理制度需要逐步实施，在此期间，管理层的全面配合非常重要，工人也需要加强教育和培训。他说，要改变管理模式，"最关键的问题"在于"彻底改变管理者和工人的思想态度和习惯"。

美国陆军的沃特敦兵工厂采用了泰勒的管理思想后，制造马鞍模具的劳动力成本从 1.17 美元降至 54 美分。制造 6 英寸[一]炮架的劳动力成本从 10 229 美元降至 6950 美元。这笔账其实很好计算。因为科学测量让每个工人都各司其职，工人提高了效率，所以产量也得到了提升。产量的提升是以降低成本来实现的，所以能够产生更大的利润。产量增加所带来的收益，减去给工人增加的工资，就是增加的利润。

1.2.3 大众市场管理

亨利·福特采用了泰勒的管理思想，并以此为基础，进一步提出大规模生产模式。福特创造了一种制造流程，即将汽车固定在托架上，通过人力推动，将汽车从一个工作站移动到下一个工作站，装配工人随着汽车的移动，一窝蜂地将零部件迅速组装到汽车上。为了满足对 T 型汽车的需求，福特不得不放弃这套作业系统。1913 年，他重新设计了生产流程，避免出现装配工人过于聚集的情况。他说："放上螺栓的人不用装上螺帽，装上螺帽的人不用拧紧它。"未完成组装的汽车也用绳子拴在一起，以一定的速度拉送到装配工人面前。一年之后，福特汽车产量翻了一番，达到近 20 万辆，而工人的数量从 14 336 人下降到 12 880 人。现代装配线的雏形

[一] 1 英寸 = 0.0254 米。

就由此诞生了，但是其背后的理念实际上来自泰勒。彼得·德鲁克（Peter Drucker）称赞泰勒的思想是"自《联邦党人文集》问世以来，美国对西方思想做出的影响最为深远的贡献"。他认为，泰勒的影响力甚至超过了亨利·福特，移动装配线只是科学管理理论不断向前发展的结果。

科学管理思想提出之后，很快就取得了巨大的反响。泰勒备受赞誉，受邀出席大规模集会并发表演讲，尤其是在欧洲。一大批追随者对他的理论进行了诠释，英国著名管理学家林德尔·厄威克（Lyndall Urwick）也是其中之一。厄威克在 1956 年指出：

企业管理是一种范围明确、不同于企业其他活动的工作，但是在泰勒之前，很少有人关注企业管理。人们通常以为，管理思想只不过是知识或经验偶尔产生的副产品，是制造过程的一个特殊组成部分，或者是生产香肠、钢铁或衬衫等产品的技术诀窍。

在泰勒不遗余力地把管理作为一门科学进行推广的同时，商学院也在 20 世纪初期迅速发展起来。泰勒使管理成为一门值得研究的学科。但是，科学管理名声大噪之后，泰勒的诋毁者也随之而来。一些批评者将矛头指向所谓科学管理的"不人道"之处，认为科学管理把工人看作机器；还有人攻击科学管理原则被纳粹德国利用。但是说句公道话，这些后果都不是泰勒故意造成或者能够预测的。

1.2.4　传承与发扬

今天，没有一个管理者在与员工沟通时使用科学管理这个名词，我们也不建议使用。但是，泰勒的管理思想和原则却充满活力，而且仍有可取之处。1997 年，《财富》杂志上的一篇文章指出："泰勒的影响无处不在：麦当劳的员工每天要烤制多少个汉堡包，或者电话公司的接线员每天要处理多少个来电，这些决策都需要用上泰勒的思想。"在你自己的公司里，重新设计工作流程基本上是一项持续进行的活动。20 世纪 80 年代末，迈克尔·哈默（Michael Hammer）和詹姆斯·钱皮（James Champy）针对重新设计工作流程提出的业务流程再造，就是另一项得益于泰勒科学管理理论的管理创新。

但是，现在员工在流程再造活动中所扮演的角色已经发生了变化。麦当劳的员工可以对决策规则的制定提出自己的意见。管理人员必须与员工一起设计工作流程。出于对工人健康和生产安全的考虑，政府对工作流程设计方式的限制越来越多。此外，随着经济的发展，工作性质也发生了变化，很多工作难以量化，严格执行"科学"规则反而可能会降低企业生产率。而且，管理知识型员工的方式也应该有所不同。因此，现在泰勒的管理思想也许更适用于低工资国家，因为这些国家还有更多可量化的工作。所以，科学管理原则应该如何实施，必须严格地根据具体的工作内容和员工情况来决定。

1.3 移动装配线

亨利·福特是在农场长大的，最初他想成为机械师和农场主。后来，他进入爱迪生照明公司做工程师，最终晋升为总工程师。在工作时间之余，福特还从事汽车方面的工作，并于1903创办了福特汽车公司。早在汽车工业发展初期，福特汽车公司就是美国汽车行业的领头羊，特别是在打造了著名的T型汽车之后。

T型汽车于1908年问世，福特的合伙人詹姆斯·卡曾斯（James Couzens）通过寻找代理商、开设分店等渠道，建立了一个有效的销售网络。福特与工程师约瑟夫·高隆布（József Galamb）、蔡尔德·威尔斯（Childe Wills）设计了非常适于大规模生产的T型汽车。但是，随着T型汽车越来越受欢迎，供不应求的问题出现了。在高地公园的工厂里，固定式生产线作业无法满足市场对T型汽车日益高涨的需求。

这个问题其实包含两个层面。第一，固定式生产线作业一直运作良好，但是由于市场需求激增，规模不经济问题开始冒头，固定式生产线难以加快汽车生产速度来满足急剧增长的需求。例如，生产汽车底盘的固定装配点有100个，排成两列，每列大约有183米长。各组装配工人在装配点之间移动，搬运车在工厂内马不停蹄地把底盘零部件运送到各个装配点。也就是说，不管是工人还是零部件，只要出现延迟，生产线的后续工序就会中断。汽车在进入装配线之前要先安装好车轮，这样就可以更容易地在各个装配点之间移动。因此，亨利·福特必须寻找另一种方式来增加产能。

第二，福特汽车公司的规模已经十分庞大，对工人工作的监督变得更加困难，如何管理工人成了一个大问题。监督和管理方面的困难又因为持续的劳动力流动和随之而来的混乱而进一步加剧。因此，亨利·福特必须寻找一种完全不同的方式来组织工人。

1.3.1 移动装配

为了解决上述问题，亨利·福特和一个由工长、监工和工程师组成的创新团队设立了一个工作原则，即通过移动装配线"把工作送到工人面前"。福特不再让工人移动到各个装配点工作，而是将物料通过传送带传送至工人面前，工人留在固定的工位上重复执行同样的任务。通过这种方法，福特让工作速度慢的工人提升了生产率，因为他们只需要完成简单快捷的任务便可。按照弗雷德里克·泰勒的科学管理原则，福特简化和标准化所有工作任务，这样就没有必要聘请工资较高的装配工人。事实上，大多数工人不需要事先取得资格，就可以直接进入福特汽车公司的装配线工作。

福特的灵感是从别处得来的。长期以来，芝加哥的肉类加工厂一直使用吊车在福特所说的"拆卸"线上传送肉类。福特汽车公司发动机部门负责人威廉·克兰（William Klann）回忆说，他参观了肉类制品公司斯威夫特（Swift）在芝加哥的牲畜屠宰场，回来之后向主管P. E. 马丁建议："如果他们能用这种方式杀猪宰牛，那我们也可以用这种方式来制造汽车和发动机。"其他灵感来源包括面粉加工和酿造业使用的机械输送系统。西屋空气制动器公司（Westinghouse Airbrake Company）等其他制造企业也在完善类似的生产流程。但没有任何一家企业取得像福特汽车公司那样的成功。在设计过程中，福特汽车公司的工程师把重点放在传送动力、精确性、经济性、系统性、连续性和速度等原则上。

1.3.2　40秒大关

移动装配线作业使福特汽车公司的生产效率得到了大幅度提高。1912年，在引入移动装配线之前，高地公园的工厂每年人均生产12辆汽车。在引入移动装配线之后，每年人均产量持续增加，1913年上升到14.1辆，1914年大幅上升到18.7辆，1915年上升到19.5。生产汽车所需的劳动时间下降得更快。因此，福特汽车公司不仅能够大幅提高产量，而且实际需要的员工也大大减少。每40秒就有一辆新的T型福特汽车生产出厂。在采用装配线之前，福特汽车公司每年生产的汽车已经达到78 000辆，到20世纪20年代初，该数字已经增加到惊人的200万辆。每一辆车都是同一款式、同一颜色，因为福特只想生产黑色的汽车。每辆车的生产成本也急剧下降，使美国大量的普通消费者也能买得起。

但是，实行装配线作业并非没有问题。磁电机生产部门的工人每天站在飞轮面前重复安装一两个简单的零部件。这种工作方式与以往截然不同，工人需要费点功夫才能适应。1913年期间，福特汽车公司的工程师继续改进流水线作业模式，比如使用电动传送带并提高传送带的高度，传送带的速度决定了生产线的生产速度。移动装配线作业十分高效，汽车组件生产效率大幅上升，但是整车组装作业速度跟不上汽车组件的生产速度。于是，整车组装也迁移到移动装配线上完成，刚开始的时候做得比较粗糙，后来不断得到完善。此外，福特还利用秒表测量工作过程，确定了每一项操作所耗费的时间，就像泰勒之前做的一样。

汽车制造过程的每一步似乎都可以改造，都能进一步提高生产效率，所以工程师们不断扩大移动装配线的使用范围，最终将高地公园工厂的所有生产线都改造成移动装配线。有人把这称为"机器芭蕾"，福特自己也说："车间里每一个零件都在移动，可能在钩子上移动，或在高架链上移动……可能随着活动平台移动，也可能在重力作用下移动，而且车间里一辆起重机都没有，也没有卡车……工人完全不需要移动或拿起任何东西。"

1.3.3 福特模式的传播

福特汽车公司的新生产方式一开始也受到了一些抵制。一位工人的太太写信给福特说，"你那连锁系统让更多人沦为了奴隶！"她还写道："天哪！福特先生，我丈夫每天一回家就躺倒在床，连饭都吃不下——真是筋疲力尽哪！这难道没有办法解决吗？"1913年年底，福特不得不大幅提高工人工资，让工人也能分享公司生产率和盈利能力提升带来的收益。那位太太又给福特写信说："日薪5美元真是恩赐哪——比我想象中更多！可这也是他们应得的！"

其他汽车公司也开始积极采纳福特的新方法，甚至连年产量较少的公司也不甘落后，有些年产量1000~2000辆汽车的公司也开始利用移动装配线来生产汽车。在丰田汽车公司实行精益生产方式之前，福特的移动装配线一直是汽车制造业最先进的生产技术，装配线成为生产工程的核心。在10年之内，福特汽车公司的生产方式传到了家用电器等其他行业，最终几乎所有的制造企业都采用了移动装配线。在引入装配线约10年后，福特公司面临着一个比较艰难的时期（参见第4章关于组织结构的相关内容），主要是因为亨利·福特不愿意考虑研发其他车型。

移动装配线的出现正式开启了大规模生产时代。大规模生产对企业的管理模式、员工的工作生活以及消费者的消费方式都产生了巨大的影响。

1.3.4 持续沿用

移动装配线从诞生于福特汽车公司到本书写作之时，90 年已经过去了，它始终是生产过程管理的一个重要组成部分。后来制造业向发展中国家转移，而且自动化生产流程的使用日益普遍，移动装配线的地位和影响力也有所变化，但是变化并不大。移动装配线仍然是一种比较优越的组织人员和工作的方式，尤其是在制造业。

而且，移动装配线作业方式在很多地方都派得上用场——比如机场的行李运输带，甚至还运用于我们以前意想不到的领域，如寿司店。也许你还可以结合自己的工作，联想到更多应用场景。如今，如果你需要建立一条移动装配线，你可以找到大量现成的操作指引和建议。但关键还是要记住亨利·福特提出的基本原则：**把工作送到工人面前，而不是让工人移动到工作面前**。

1.4 精益生产

第二次世界大战后，日本企业从艰难的境地中发展起来。它们资源匮乏，生产效率远低于美国企业，而且生产规模也小得多。20 世纪 30 年代，由丰田英二（Eiji Toyoda）创立的丰田汽车公司计划生产乘用车，但在政府的强令要求下不得不转而生产卡车，使用的方式主要是手工生产。由于资源限制，即便到了 20 世纪 50 年代初，丰田公司的年产量也只有几千辆汽车。美国军队是丰田公司当时最大的潜在客户，但是丰田公司很难达到它们制定的质量标准。

1949 年，由于销售崩盘，丰田公司不得不解雇了近 1/4 的员工。此举引发了工人罢工，随后丰田公司总裁丰田喜一郎（Kiichiro Toyoda）引咎辞职。为了安抚工会，平息罢工，丰田公司不得不承诺实行终身雇用制。大野耐一（Taiichi Ohno）于 20 世纪 30 年代作为工程师加入丰田公司，40 年代晋升为装配经理。到了 40 年代末 50 年代初，他必须解决两大难题：第一，提高生产效率，开展大规模生产；第二，如何在不精减员工的情况下做到第一点。

1.4.1 精益机器

大野耐一用来提高灵活性和效率的方式，就是现在所说的精益生产，又称为精细生产或丰田生产方式。他把劳动力列入固定成本，然后改造生产系统的其他要素。精益生产系统以减少浪费为基础，通过使用更少的劳动时间、材料、空间、工具和工程时间，将所有投入降至最低。最终，精益生产改变了丰田公司的所有活动，包括生产制造、人力资源、采购、工程，甚至财务和营销。

为了保证生产流程最优化，大野耐一将机器设备列入制造流程，灵活地摆放设备并由掌握多种技能的工人来操作，可以大批量地生产各种产品。因此，丰田公司可以充分结合手工生产和大规模生产，而当时美国的竞争对手只能完成大规模生产。大野耐一还引入了**看板**管理系统和准时生产原则。传统的制造企业采用推动式生产，只需要按照生产计划，通过库存系统输送物料到生产现场，而丰田采用的是拉动式生产，物料只有在需要的时候才会送到现场。**看板**是一套在工厂设置可视化工具的管理系统，有助于减少库存和降低次品率。

在精益生产方式下，工人以小组为单位开展工作。大野耐一在回忆录中写道：

> 一支足球队有 11 名球员，球队输赢的关键在于团队合作。即使球队里有一两个明星球员，比赛也不一定会赢。制造产品也是团队合作的结果，完成一个从原材料到成品的任务，可能需要一个由 10～15 名工人组成的团队。其中的关键在于团队合作——重点不是每个工人加工了多少零件或钻了多少孔，而是整条生产线生产了多少产品。

大野耐一还重新设计了供应链关系。福特公司和其他美国生产商已经完成纵向一体化，但丰田公司认为，比起纵向一体化，与供应商密切合作、彼此共享信息的做法更可行，也更可取。丰田公司建立了一个金字塔式的供应商管理模式，将供应商划分为相互联动的层级进行管理。因此，丰田公司能够与供应商建立更为长久的合作关系。

关于创建丰田生产方式的灵感来源，大野耐一是这样说的：

这套生产方式的管理工具是看板，这是我从美国的超级市场（自选市场）得到的灵感……将汽车制造和超级市场零售结合起来，看起来也许是一种不伦不类的结合。但经过很长一段时间的思考之后……我们找到了超级市场零售和准时生产之间的联系。在超级市场里，顾客可以（1）在需要的时候，按照（2）所需要的数量，购买（3）所需要的物品，于是我们就产生了一个想法，即把生产线上的前一道工序看作一家超级市场。那么，后一道工序（顾客）要在需要的时候，到前一道工序（超级市场），获得所需要数量的零件（商品）。后道工序（顾客）取走所需要的零件（商品）后，前道工序立即生产出刚刚被取走数量的零件（商品补货）。

当然，大野耐一的创新生产方式也遭到了工人和其他人员的抵制。他后来写道：

如果没有相当数量的库存，我们总觉得放心不下。从第二次世界大战开始之前到结束之后，人们都喜欢购买和囤积物资，这是极其自然的做法……我们可能会说，这是农耕社会的一种自然反应。我们的祖先耕种稻田以维持生存，还要将稻谷储存起来，以备灾荒……现代工业似乎也无法摆脱这种思维方式。企业里必须储备一些原材料、半成品和产品，否则企业家就会惶恐不安，总觉得自己在这个竞争激烈的社会里难以生存下去。但是，现在囤积物资的做法其实很不切实际。现代企业必须要有勇气只在需要的时候才筹备必要数量的必需品，这也应该成为现代工业社会的常识。

1.4.2 丰田模式

大野耐一的创新试验从改变机器设备的排列次序开始:"这是彻底改变那种把许多工件集中起来加工,然后送往下一道工序的传统做法。1947年,我们把机器排列成二字形或 L 形,并尝试让一名工人操作按加工顺序排列的三台或四台机器。"虽然遇到了一些波折,工人最终还是接受了新的安排。然后,供应商开始参与新产品的开发:

我们想摆脱上半月不能组装、月底才能集中组装的局面,所以我们先从丰田汽车公司内部着手,看一看能否把"月初松、月底紧的生产"转变成均衡生产。然后,需要外部供应商协助的地方,我们首先听取对方的需求,然后请对方与我们合作,帮助我们实现均衡生产。根据不同的时间和情况,双方研究解决人力、物力和财力等各方面的协作问题。

供应商的协作和**看板**管理都有利于减少库存,确保产品能在生产线上顺利流动。1953 年,准时生产开始应用于丰田汽车公司的机械车间,但**看板**管理系统直到 1962 年才在整个公司使用。

刚开始的时候,精益生产方式比较难应付需求量或需求性质迅速变化或者难以预计等情况。实施精益生产方式需要大量的前期部署,即使出现细微的变化,也会对整体业绩产生巨大影响。为了解决这个问题,丰田公司按不同的经销商重新排列了订单顺序,有时候还需要使用较为激进的销售方式。另一个问题是产品质量问题。为了满足美国军队的要求,也为了将销量极高的皇冠车型出口到美国,丰田公司于 1958 年建立了一个全面质量控制系统,也就是后来著名的全面质量管理。

追赶丰田的脚步

精益生产从提出到最终全面实施,丰田汽车公司花了相当长的时间。但是,经过更长时间之后,外界才意识到丰田生产方式的优越性,更不用说模仿了。就算有人模仿了,也只是邯郸学步,学不到家。悄无声息地发展多年之后，到 20 世纪 70 年代末，丰田公司和其他日本汽车品牌纷纷崛起，抢占了全球大部分汽车市场。也正是这时，西方学者才开始关注到日本汽车企业。

1991 年，詹姆斯·沃麦克（James Womack）、丹尼尔·鲁斯（Daniel Roos）、丹尼尔·琼斯（Daniel Jones）三位学者联合出版了《改变世界的机器》一书，正是他们将丰田的生产方式命名为"精益生产"。1986 年，他们到丰田汽车公司位于日本高冈的装配工厂参观。这一趟考察让他们大开眼界：

在焊接车间和油漆车间之间以及油漆车间和总装线之间，几乎没有缓冲区，而且也完全没有零件仓库，相反，零件每隔一小时就会从刚生产完的供应商协作厂直接运送到生产线上。

他们还将丰田公司采用精益生产方式的高冈厂与通用汽车公司采用大规模生产方式的弗雷明汉厂进行了比较：

在生产标准车并完成同样的标准活动时，高冈厂的生产率几乎是弗雷明汉工厂的 2 倍，精确程度几乎是弗雷明汉工厂的 3 倍。在场地利用率方面，高冈厂比弗雷明汉厂高 40%，而高冈厂的库存量还不到弗雷明汉厂库存量的零头。

20 世纪 80 年代初，西方汽车制造商开始尝试复制丰田汽车公司成功的生产模式。新联合汽车制造公司（以下简称新联公司）就是其中一个向丰田公司学习的案例。新联公司是丰田汽车公司和通用汽车公司联合成立的合资企业，其前身是位于加利福尼亚州的一家 60 年代建成的通用汽车工厂。沃麦克、鲁斯和琼斯发现：

新联公司与高冈厂的产品质量相当，生产力也接近。由于通用汽车工厂比较老旧，厂内的平面布局不佳，空间利用效率不如高冈厂。因为几乎所有零件都需要越洋运输，从 5000 英里[⊖]以外的太平洋彼岸送到新联公司，而位于丰田市的供应商协作厂距离高冈厂仅 5~10 英里，所以库存储备量也比高冈厂高得多。到 1986 年底，我们已经清楚地看到，丰田公司确实已经完成了一场制造革命，旧的大规模生产模式无法与之竞争，而新的最佳生产方式——精益生产——可以成功地移植到新的环境中，新联公司就是很好的例子。

但是，通用汽车公司却没有从新联公司学到多少精益生产经验，而其他诸如福特汽车这样的车企也是费了极大的力气才开始向精益生产模式转型。

1.4.3 普及精益

现在，精益生产方式的原理和实践方法已经传到了世界各国，在制造业得到了广泛应用。从中国的自行车生产，意大利的橄榄油提炼机制造，到伦敦地铁网络的升级改造，精益生产方式的影响随处可见。一些政府一直在积极地向当地企业推广精益生产方式，"精益"的概念也应用于创新等其他业务流程中。

小型企业和服务部门也开始逐步采用精益生产方式。有趣的是，50 年前，大野耐一是从超级市场得到灵感，才开始创建精益生产方式，而现在情况反过来了，超级市场也要向丰田公司学习精益生产。精益的概念十分强大，因为它抓住了转型过程的本质：利用尽可能少的投入，取得尽可能多的产出。

1.5　全面质量管理

质量从来都是产品的一个重要特征，一件质量欠佳的产品肯定会无人

⊖　1 英里 = 1609.344 米。

问津。在20世纪50年代的日本，提高产品质量的需求比任何时候都要迫切。由于在第二次世界大战中战败，日本丧失了大部分生产能力和资源，国际地位也一落千丈。战后，日本制造企业从生产军需用品转为生产民用产品。但是，由于日本工业产品粗制滥造，质量低劣，尤其是与强大的美国工业产品相比，"日本制造"更是相形见绌，因此在国外几乎没有市场需求。

而且，日本国内市场需求很小，如果日本公司想要取得成功，关键在于出口。这些问题的存在促使丰田汽车公司和其他日本制造企业发展出精益生产方式。尽管精益生产方式最终提高了效率和生产率，但产品的质量水平并没有因此得到提升。事实上，由于皇冠轿车存在严重的质量问题，丰田汽车公司在日本国内的领导地位被日产汽车公司（Nissan）赶超，在国外也不得不暂时完全退出美国市场。这些日本企业该如何提高其产品质量标准呢？

1.5.1 零缺陷

日本企业采取的应对策略是引入全面质量控制（TQC），现在称为全面质量管理（TQM）。全面质量管理的目的是提高产品和服务的质量以及组织的效率。作为一种综合性的方法，全面质量管理要求企业上下同心协力，持续改进质量，让每一个员工都为实现质量目标负起责任。企业先从客户角度确定产品和服务的质量目标，然后通过"零缺陷"生产来达到质量目标。为了实现"零缺陷"工作标准，企业必须持续改进工作流程，同时充分利用统计学的方法来测量和分析缺陷及其成因。

石川馨（Kaoru Ishikawa）是推行全面质量控制的日本质量管理专家之一，他指出质量管理的五个目标：（1）先保证质量后追求利润；（2）通过开展培训、积极反馈、职责下放来开发员工的潜力；（3）建立一个以客户为中心的长期导向；（4）合理利用测量结果和数据，并在组织内进行通报；（5）开发一个全面质量控制系统，帮助员工理解其工作的质量后果。按石川馨的说法，以最高质量标准进行生产"是企业所有人都应该承担的责任"。因此，与其把资源浪费在生产过程结束后的质检工作上，不如让所有工人和管理人员都努力做好预防工作。无论是生产车间工人、支持职能部门员工，还是供应商组织职员，都要负起预防缺陷的责任。

1.5.2 持续改进

全面质量管理是由不同的人和企业经过多年的努力发展起来的。20世纪20年代，西部电气公司（Western Electric Company，贝尔系统的全资子公司）的霍桑工厂开始使用统计质量控制技术。20世纪30年代出现的抽样检验方法，使产品缺陷的控制水平有了一定的提升。但是直到质量管理专家戴明1950年被美国政府派往日本之后，质量控制才取得了真正的进展。戴明很高兴自己被派往日本，因为他觉得他在美国已无用武之地，美国公司认为自己的业绩已经很好了，不用担心质量问题。在日本期间，戴明会见了日本科学家与工程师联盟（JUSE）的成员，他们向他咨询重建和质量管理问题。戴明告诉他们，许多统计学上的质量波动产生的原因都是一样的，这些都可以解决。他还强调了工人自豪感和满意度的重要性，并指出，质量波动和缺陷的根本来源不是工人，而是系统。

JUSE的成员学习更多质量管理技术的愿望十分迫切，于是他们邀请了其他美国专家前往日本。1954年，曾经亲自参与霍桑实验的朱兰来到日本。他告诉日本同行，最高管理层在规划和控制质量方面必须发挥重要作用，这样才能生产出满足客户需求的产品。朱兰还强调要灵活利用测量技术和解决问题的技巧。其他受邀的质量管理专家还有阿曼德·费根堡姆（Armand Feigenbaum）和菲利普·克罗斯比（Philip Crosby）。其中阿曼德·费根堡姆被称为"全面质量控制之父"，他在1956年提出了全面质量控制这个概念，主张所有职能部门都参与质量管理。随后，JUSE举办大规模质量控制教育培训活动，向广大会员（其中包括各大企业高层管理人员）推广和传播美国质量管理专家的先进理念。经过培训教育，JUSE会员成为其所在企业的质量控制培训导师,将质量控制理念传达给企业的每一个员工。

在随后几年里,全面质量控制成为很多企业的一项公司政策。1958年,丰田公司发现其产品无法满足美国军队的质量标准,便决定在1959年实施全面质量控制。当时的执行副总裁丰田英二说:"最理想的质量检验是不用检验。如果所有的机器和设备都能保证产品的质量,那质量检验就没有必要了。"丰田公司在1961年至1965年期间分三个阶段实施全面质量控制:第一阶段强调需要让所有工人参与进来,第二阶段建立跨职能部门合作,第三阶段围绕质量保证和成本管理建立起一套管理系统。松下电器公司(Matsushita Electric)也同样在20世纪60年代初采用了零缺陷原则。在20世纪60年代,这些公司为全面质量控制系统增加了一项附加工具——质量圈○。质量圈是一种工人和管理人员定期一起开会讨论产品质量问题并提出改进工作办法的措施。

1.5.3 出口质量管理

在实施全面质量控制之后,丰田汽车公司和松下电器公司像其他日本制造企业一样在几年内迅速崛起,并在20世纪60年代和70年代占领了巨大的美国市场份额。讽刺的是,到20世纪80年代初,美国公司在分析日本公司为什么成功时,才发现原因竟然是美国自己发明但出口到日本的质量控制技术。找到被日本公司打败的原因之后,美国公司开始全面实施全面质量管理和质量圈,把更多注意力放在管理而非统计技术上。在全面质量管理最流行的时候,93%的美国500强企业都实施了不同形式的全面质量管理。

全面质量管理催生了一些权威的质量奖项,比如授予质量管理领先企业的马尔科姆·波多里奇国家质量奖。其他国家的很多企业也开始实施全面质量管理。随着全面质量管理的发展,到20世纪90年代,国际标准化

○ 又称为质量控制圈、解决问题组、小组或质量组。——译者注

组织（ISO）认证开始广泛流行起来。ISO认证，特别是ISO9000认证，是企业证明其产品符合重要质量标准的一种方式。但是，许多公司最终还是对全面质量管理感到失望，因为最后交付的货品往往难以达到全面质量管理所承诺的质量标准，对于较晚实施全面质量管理的企业来说尤其如此。在荷兰，获得威廉一世国王质量奖（King William I prize for quality）的公司不到几年就破产了，如航空制造商福克（Fokker）和汽车制造商达夫（DAF）。如此看来，全面质量管理要发挥最大作用，必须具备三个条件：高层管理者强力支持，企业各部门欢迎实施，基层员工得到授权去改变现状。因此，到了20世纪90年代，全面质量管理逐渐销声匿迹。现在说起来，很多人都认为，全面质量管理不过是一次昙花一现的管理时尚罢了。

1.5.4　全面质量管理现状

近年来，全面质量管理这种管理理念已经被六西格玛管理所取代。今天，质量仍然是企业经营的重中之重。得益于全面质量管理，现在每一家企业都意识到，高质量一定是每个人努力的结果，光靠统计学家或工程师这些质量专家是不够的，他们只能在生产过程结束后分析产品已经存在的缺陷。此外，现在的消费者对产品质量标准的期望也更高了。

从各个方面来看，现在企业竞争主要是创新竞争和客户体验竞争。创新，就是一个企业为客户提供差异化产品的能力；客户体验，就是一个企业在交付产品的同时，为客户提供差异化体验的能力。但是，不管是进行创新，还是创造良好的客户体验，都需要企业上下每一个员工的共同努力，而这正是全面质量管理革新坚持的一个原则。虽然全面质量管理本身已不再流行，但全面质量管理的基本原则在今天的管理实践中仍然十分重要。

1.6　单元制造

20世纪70年代的制造业面临着一系列挑战。以汽车制造业为例，70

年代的生产方式依然是 20 年代那种标准化大批量的流水线作业，也就是亨利·福特和阿尔弗雷德·斯隆经营福特汽车和通用汽车时的生产方式。然而，50 年已经过去了，流水线生产方式开始出现效率低下问题。尽管经过了多次更新和改良，但很多人认为流水线已经不能满足现代社会的需求。

首先，流水线工作操作单一、重复乏味，新一代受过良好教育的劳动力不愿在这种环境下工作，很多人更愿意做白领，而且白领的工作机会也越来越多。没有其他选择而只能在工厂打工的工人往往积极性不高，对企业也没有归属感。因此，工人离职率很高，罢工频繁，旷工现象十分严重。在欧洲一些社会民主国家，比如瑞典和德国，这些问题尤为突出，甚至劳动水平极差的工人也认为自己应该拥有一份有趣的工作。

顾客对制造商的要求也发生了变化。制造商需要生产的产品种类更多，数量更少，生命周期更短。包括瑞典汽车公司沃尔沃在内的很多企业意识到，改革势在必行——必须创造一种既能灵活进行多品种、小批量生产，又能提供良好工作环境的制造方法。

1.6.1 灵活的单元

多品种、小批量的市场需求为创造一种新的制造方法提供了可能性：单元制造。这一革命性的概念完全摆脱了传统的流水装配线，取而代之的是一系列以灵活的工作单元为核心的装配系统。

每个单元由工作站和物料区组成，物料根据制造过程的各个阶段分类摆放。这种布局减少了物料在工厂车间运送的时间，节省了时间，从而降低了成本。

除了运作上的影响外，单元制造方式也明显改变了车间工人的工作方式。与单调乏味的流水装配线不同，单元制造方式需要的是能够熟练操作各种不同工具和机器来完成多项任务的高技能工人。单元制造方式对受教育程度较高的现代劳动者更有吸引力，因为工人在工作中可以发挥一定的自主权,这是传统流水装配线所不允许的。因此,工人通常展现出更高的劳动积极性,更愿意为实现企业目标尽心尽力,企业生产率通常也能有所提升。

1.6.2 沃尔沃的单元制造

单元制造方式的诞生与发展,离不开汽车制造商沃尔沃和1971年被任命为该公司首席执行官的佩尔·于伦哈马尔(Pehr Gyllenhammar)。

于伦哈马尔开始执掌公司的时候,沃尔沃汽车公司正处于颓势。尽管汽车制造行业的工资水平相对较高,但是该公司位于哥德堡市的总装厂每年的工人离职率仍然高达41%。

在1974年《时代周刊》刊登的一篇文章中,于伦哈马尔指出:"人们的受教育程度越来越高——要知道瑞典的人均教育支出可能是世界上最高的——但是他们的工作却变得越来越简单,这不符合逻辑。"

工人离职率极高,意味着培训成本增加和产品质量下降。于伦哈马尔必须尽快解决这个问题,否则沃尔沃可靠、耐用、高质量汽车的品牌形象行将不保。因此,于伦哈马尔组建了一支由年轻高管组成的团队,要求他们找到解决问题的办法,并根据"人来操控机器,而不是机器来控制人"的原则设计一间新的汽车制造厂。

两个月后,团队交出了答卷:单元制造方式和沃尔沃卡尔马工厂。卡尔马工厂的建造成本为2300万美元,比传统同类工厂高10%。1973年,卡尔马工厂正式投入生产。

1974年,曾经到访卡尔马工厂的《时代周刊》记者在报道中指出,卡尔马工厂与传统的汽车制造厂截然不同。首先,工厂车间内很安静,安静到工人可以戴上随身听,一边工作一边听音乐。二轮脚踏车在车间内穿梭,准时将零件运送到各个单元。不过,最明显的区别是没有装配线,工人被编成小组,每组15~25人,每次装配一辆沃尔沃264型汽车,车架通过微机控制平台,从一个小组运送到下一个小组——总共有250个小组。

每一个小组负责一部分汽车装配工序。以电气系统为例，小组内每一个成员都可以完成该系统各个方面的装配工作，而不是每天从早到晚都重复相同的工作。

瑞典模式

不出所料，独一无二的卡尔马工厂吸引了来自世界各地的参观者。最初几年前往卡尔马工厂参观的是汽车制造大亨，包括意大利汽车巨头菲亚特（Fiat）的首席执行官翁贝托·阿涅利（Umberto Agnelli）和亨利·福特二世（Henry Ford II），他们都不远万里来到卡尔马这个至今仍以城堡和大教堂闻名的瑞典小城。

一些企业家迅速采用了这种新型制造方式。菲亚特汽车公司在泰尔莫利工厂新建了一套发动机装配流程，放弃了以往惯用的固定装配线，转而采用固定位置的装配岛或装配单元布局。

在美国汽车制造行业，有些企业家对单元制造方式不太感冒。他们觉得，美国企业的生产规模比较大，所以单元制造方式不太适合美国市场。然而，就在沃尔沃自己的工厂里，工会组织正在推动更彻底的变革，例如取消工长制。（1974年，工会终于如愿以偿，沃尔沃新建的乌德瓦拉工厂不设监工，而是由小组申诉专员代替）。

到20世纪90年代中期，日本人开始采用单元制造方式——日本人称之为**单元生产系统**（Seru Seisan Houshiki）。日本人尝试了许多不同的单元布局形式，比如蜘蛛型、螺旋型、蜗牛型、心型，甚至还有花朵型。事实上，自从沃尔沃率先使用以来，选择单元制造方式的企业都在不断地摸索和修改单元布局使工作站之间的距离最短而且最为有效。

1.6.3 单元制造现状

事实证明，单元制造是一种比传统的装配线作业更受欢迎的生产方式。作为精益生产浪潮的组成部分，单元制造在汽车行业内外都拥有大批拥趸。很多支持者认为，单元制造具有其他生产系统无可比拟的灵活性、产品流效率以及工人授权和参与度。虽然如此，单元制造的批评者仍然很多。

2006 年，一篇介绍单元制造方式在日本的发展情况的论文指出，日本一些工厂主管和生产经理对单元制造方式持保留意见，包括：工人的工作状态难以控制和监测，更高的培训要求和更多的相关费用，需要的工具和设备也更多。

那么，沃尔沃的单元制造试验后来有什么进展呢？1992 年 11 月，沃尔沃宣布即将关闭使用单元制造方式的卡尔马工厂和乌德瓦拉工厂，但是保留使用传统流水装配线作业的哥德堡工厂。1993 年，在最后一辆汽车出厂之后，乌德瓦拉工厂关闭，次年卡尔马工厂关闭（乌德瓦拉工厂此后又重新开工）。

1.7 大规模定制

在整个 20 世纪，移动装配线等大规模生产技术的发展，使商品制造的成本大幅降低。通过建立一个稳定、可控的生产系统，企业能够充分发挥规模经济效应，生产效率得到了极大提升。因此，大众消费者也可以购买汽车、电视和音响设备等产品。随着产品销售范围的扩大，生产成本也进一步降低。但是，到了 20 世纪 80 年代中期，有些企业发现，大规模生产模式也并非完美，其固有的弊端开始显现出来。

在大规模生产模式下，竞争主要依靠的是低成本策略，而不是差异化优势，所以产品必须不断降低价格，竞争也日趋激烈。而且，可供选择的产品种类十分有限，已经不能满足消费者的个性化需求。此外，大规模生产系统很容易就可以转移到工资水平较低的国家和地区。在寻呼机业务方面，摩托罗拉公司面临着越来越多日本公司的竞争，因为日本的工资水平比美国低，日本公司生产的传呼机价格只有美国同类公司的一半。在自行车行业，日本松下自行车工业公司（National Bicycle Industrial Company，NBIC）也面临着来自中国台湾等工资水平更低地区的挑战。因此，这些公司的当务之急就是想方设法地提高核心竞争力。

1.7.1　个性化制造

他们采取的办法，是大规模定制——大规模生产个性化的产品和服务。大规模定制利用柔性过程系统和信息技术，以相对较低的成本水平大批量生产个性化商品。因此，几乎所有的客户都能够得到准确符合他们要求的产品。在形式上，大规模定制不仅仅是生产更多种类的商品，更是一个基于客户需求和愿望驱动的生产过程。生产完全根据客户的定制进行，生产出来的成品马上交付给客户，并不需要储存，因此可以降低库存水平。客户收到的产品更符合实际需求，因此也愿意支付更高的价格。此外，因为客户在订购产品的过程中已经向公司明确告知自己的需求，所以大规模定制在一定程度上可以取代市场调查。

1.7.2　诞生之路

大规模定制生产方式并不是 20 世纪 80 年代突然从天而降的。早在 80 年代以前，大规模定制的一些做法在很多公司已经开始运用。例如，20 世纪 60 年代，为了应对行业巨头通用电气公司的竞争和成本压力，路创电子公司（Lutron Electronics）已经开始提供个性化服务，根据室内设计师和建筑师等个人客户的需求，生产品种多样的电器开关。路创电子公司也因此一举成为美国照明控制行业的领头羊，而且还创造出一系列相关专利。最终，通用电气公司不得不退出照明控制业务。同时，柔性制造系统也在 20 世纪 80 年代出现，因此不同行业的公司都可以引入大规模定制。

1986 年，日本自行车市场已经没有任何增长。虽然 NBIC 制造和销售的自行车车型已经超过了 250 种，顾客可以根据自己喜欢的车型、颜色和其他特征来选购。有一次，NBIC 的总裁去大阪参观一家著名的百货公司，看到女士可以向百货公司定制服装，下单后两周内交付成衣。他发现百货公司的服装定制业务与 NBIC 的自行车业务十分相似，于是他开始更加关注高端市场，推出松下订购系统（POS）大力推广松下品牌自行车。起初，公司内部一些高层管理人员反对使用大规模定制方式，认为这样做风险大、成本高。外部行业分析师也对此表示异议，甚至断言大规模定制不可能取得成功。尽管如此，NBIC 还是坚持推进大规模定制项目。

项目负责人 Hata 先生与一个由产品设计师、工艺工程师和一线工人组成的团队共同设计"大规模定制"的实施方略。仅仅四个月后，这个团队就建成了一个试验工厂。不久之后，NBIC 拥有了一个全面投产的大规模定制工厂。从 NBIC 总裁提出大规模定制的想法到大规模定制工厂建成投产，只用了七个月。Hata 先生说：

我们每天的工作时间很长。我们提出了许多新的想法，辩论了好几天。开始时我们的团队只有几个人，但随着项目开始有所进展，更多人加入进来。在几个星期内，我们在工厂旁边的一个空置的大型仓库里建了一个试验工厂。尽管如此，仍有许多问题需要处理和解决，但随着时间的推移，我们相信这个项目是可行的。我们相信自己有这个能力，因为我们许多人大部分的职业生涯都在制造自行车。

事实证明，Hata 先生是对的，松下订购系统帮助公司打了个漂亮的翻身仗，公司市场份额在接下来的几年里大幅上升。

摩托罗拉公司的寻呼机部门也同样引入了大规模定制。1987 年 12 月，摩托罗拉公司成立大规模定制开发项目，由一个 24 人组成的跨职能团队负责，目标是开发一条自动化、计算机集成的小批量装配生产线。摩托罗拉团队复制了世界上最成功的大规模定制生产模式，以免浪费时间做无谓的重复。因为直接使用了外部的经验，所以该项目被称为强盗项目。这种新款的 Bravo 系列寻呼机的生产时间只需要两个小时，生产样式高达 2900 万种。制造总监朗·德巴罗斯（Len de Barros）说："我们不是仅仅改造生产过程，而是要彻底地改造整个交易周期——从销售人员收到订单一直到寻呼机装箱发货的全过程。"经过改造之后，从下订单到发货的时间从两个月缩短到90分钟。摩托罗拉公司的寻呼机很快就成为一种时尚产品，其全球市场占有率也飙升至40%以上，1988年还荣获马尔科姆·波多里奇国家质量奖。

1.7.3　大规模定制大众化

大规模定制大获成功，相关消息迅速传播开来。到1989年，NBIC的故事不仅被日本媒体报道，而且还登上了《财富》《纽约时报》和《华盛顿邮报》等主流报刊，大大提升了松下品牌的名气和价值。1992年，大规模定制已经成为许多企业的发展战略，管理咨询顾问B.约瑟夫·派恩二世（B. Joseph Pine Ⅱ）⊖的《大规模定制：企业竞争的新前沿》一书的出版便是证明。派恩提出，从大规模生产转变为大规模定制，称得上一次企业经营的范式转移。

许多公司已经开始实施大规模定制，但真正操作起来并不容易。对此，路创电子公司创始人乔尔·斯皮拉（Joel Spira）如是说：

路创的大规模定制业务非常成功，但是这成功来之不易。管理人员要做很多决策，从标准模块与工程创意，到定制化与生产成本，再到工程、生产、采购和销售等各个职能部门的秩序和混乱，他们都必须做出取舍并且要处理好因此产生的一切后果。路创实践可以总结出一个经验："混乱会增加新业务，秩序会增加利润。"尽管有时候，这两者之间会失去平衡，这时候管理层必须得采取行动，使之回归到平衡状态。

1.7.4　差异万岁

无论是在制造业还是在服务业，现在许多企业都在使用大规模定制。

⊖ 原文为Joseph Pine，有误。——译者注

星巴克、赛百味等服务行业翘楚采用的就是基于大规模定制的运营模式，按照顾客的要求来提供相应的服务。宝马集团旗下非常成功的微型车品牌MINI也是根据每一个客户的不同喜好来定制生产的。大规模定制在高端市场的效果尤其出色，因为高端市场客户更喜欢个性化定制，而且愿意为此支付溢价。

为了实施大规模定制，企业必须改变营销、生产、物流等职能部门的运作方式。在营销方面，需要建立一种便于顾客表达需求的互动沟通机制。当然，互联网就是收集顾客需求信息的最佳场所。客户关系管理系统可以用来收集和处理顾客需求信息。生产系统要具备较强的灵活性，能够快速响应，可以使用模块化设计和柔性制造系统。在物流和供应链管理方面，供应链设计和供应链关系必须进行相应的调整，在此过程中，信息技术应该发挥更大的作用。

1.8 业务流程再造

任何行业都有领先者和落后者，这是不言而喻的道理。但是在20世纪80年代初，美国普遍产生了一种强烈的焦虑感，因为人们发现，越来越多行业的领导者似乎都是日本人，而落后者似乎都是美国人（和欧洲人），无论是汽车、消费类电子产品，还是半导体，都是如此。在分析各行业美日竞争力差异的原因时，美国人发现了一个共同点：日本企业的业务流程似乎效率更高。在美国企业里，不同部门在业务流程中各司其职，每个部门都是全力以赴，但是没有人对整个业务流程负责。很久以前，在美国的土地上曾经诞生了泰勒的科学管理思想。现在，要提升业务流程的效率，美国需要发动一次新的管理思想革命。

1.8.1 流程再思考

新的管理思想革命就是"业务流程再造"（BPR）。有几年时间，业务流程再造这个概念几乎占据了商务类杂志的大部分版面。业务流程再造理论是美国著名企业管理大师迈克尔·哈默提出的。在哈默看来，所谓业务流程再造，就是"彻底重塑核心业务流程，使生产效率、生产周期、质量等关键指标得到显著的提高"，是"对业务流程进行根本性的再思考和彻底性的再设计，使企业绩效大幅度提升"。从本质上说，业务流程再造就是先了解和分析客户需求，然后确定满足客户需求需要哪些流程，最后将所需要的全部流程重新设计。再造流程往往需要突破原有的思维方式，才能精准地找出客户的需求点。

另一个方面，业务流程再造要的是**彻底的变革**，而不是在以往基础上的**零碎修补**。业务流程再造要利用最新的信息技术，尽可能改造所有可能且有必要实现自动化的流程。正如哈默所说："如果我要把一家公司推倒重建，以我所知道的流程再造知识和当前的信息技术条件，我应该将这家公司的业务流程设计成什么样子呢？"业务流程再造的实施有一套完整的技术方法，例如图解法。它通常需要得到高层管理人员和专家的支持，是一个自上而下的改造过程。先剔除不必要的工作环节，撤除相关员工和管理层级，达到降低成本、缩短周期的目标，再重新整合工作流程，明确各流程的职责关系，从而提高生产质量。

1.8.2　再造工程的先驱

1980年，唐纳德·彼得森（Donald Petersen）出任福特汽车公司总裁兼首席运营官，当时福特公司每年亏损高达15亿美元。为了扭亏转盈，彼得森决定实行改革，以便降低成本并削减开支。首当其冲的部门是应付账款部，该部门仅在北美地区的员工就超过500人，冗员严重、效率低下。福特公司最初的改革方案是利用现代信息技术，整合和优化一些业务流程，使应付账款部的员工减少20%。但是，日本马自达汽车公司的应付账款部门只雇用了5个员工。马自达公司还是福特控股的公司，就算马自达公司的规模较小，相比较之下也是一个巨大的差异。因此，福特公司大幅度地调整了改革方案。

对应付账款部门的业务流程进行分析后发现，该部门的大部分时间都浪费在解决票据核查不匹配的问题上。业务流程再造后，福特公司采用一个基于数据库的"无发票处理"流程。实行新流程后，票据匹配过程大部分实现了自动化，以往应付账款部门需要核查14项内容，如今只需要核查3项。因此，福特公司将应付账款部门的员工缩减了75%，业务流程也更加准确可靠。流程再造也间接地降低了库存，增加了现金流。

互惠人寿保险公司（Mutual Benefit Life，MBL）的保险申请流程也运用了业务流程再造。现有的申请流程十分烦琐，需要经过30个步骤，涉及5个部门的19名员工，审核期长达5~25天，整个流程既复杂又费时，对客户来说十分麻烦。MBL的总裁要求把流程效率提高60%。为了实现这一目标，MBL引进了共享数据库、专家系统和计算机网络，对公司各部门的业务流程进行了重塑，并增设了一个职位"个案经理"，负责操作和协调整个流程的各项工作。在少数情况下，如果出现无法解决的问题，个案经理可以向高级核保人员咨询。完成业务流程再造之后，投保申请时间只要4个小时，审核期下降到2~5天，整个过程涉及的员工数也大大减少。

1.8.3 萧条时期

哈默和其他学者在1990年开始发表关于业务流程再造的文章，他们有时把业务流程再造称为再造工程。事实证明，这是提出业务流程再造理论的最佳时机，因为美国经济和世界经济从90年代初进入了衰退期，正是需要反思和改革的时候。该理论提出后引起了巨大反响，并掀起了一股再造浪潮，被认为是解决业绩不佳、低利润率、官僚主义和其他企业问题的好办法。通过业务流程再造取得成功的案例也陆续出现，比如美国运通公司（American Express）。确实，很多公司的业务流程都累积了太多冗余和浪费问题，他们迫切需要精简流程，而业务流程再造正是他们所需要的工具。

但是，到了 90 年代中期，形势发生了变化。经济开始复苏，大多数公司的业绩也有所改善。更糟糕的是，业务流程再造成了"裁员"的代名词。很多公司想通过裁员来缩减开支，但是苦于没有借口，现在他们干脆借业务流程再造之名，行裁员之实。哈默一直希望能改变人们将业务流程再造等同于裁员的认知，甚至在 1999 年直言不讳地称赞道：

业务流程再造使企业的运营节奏更快、效率更高，信息技术的运用也更有成效。它改善了员工的工作，赋予他们更多权力，让他们更清楚地看到自己的工作在整个公司的运营中发挥了什么样的作用。它以更高质量的产品和更及时的服务来回报客户。它给股东带来巨大红利，降低了企业经营成本，增加了他们的收入，并提高了他们的股价。

1.8.4 继续发展

就像"科学管理"一样，"再造工程""业务流程再造"这样的说法，现在的高管也很少使用了。但是，在 20 世纪 90 年代初至 21 世纪初，大多数大公司都经历了某种形式的业务流程再造，业务流程再造理论的很多原则仍然适用。经过业务流程再造，企业变得更精简，生产效率更高。与 20 世纪 90 年代初相比，非必要流程已经大大减少。随着信息技术的深度应用，个案经理和类似角色也越来越普遍，他们负责整个流程的操作和协调工作，具有相当高的自主性。

与此同时，也有很多人认为，企业现在面临的真正挑战是如何加强创新，而不一定是如何精简流程，过于注重流程的效率反而不利于创新。在瞬息万变的市场环境里，以流程为核心的策略可能会导致企业抗拒改变，削弱企业适应变化的能力。

还有一点值得注意：业务流程再造理论几乎不谈流程再造之后的管理任务、管理技能问题。后来，詹姆斯·钱皮撰写《再造管理》（*Re-*

engineering Management）一书试图对此做出解答，但是到这本书出版的时候，业界对业务流程再造理论的热情早已消退。

1.9 供应链管理

20世纪80年代，随着经济全球化进程不断推进，在合适的时间与地点为客户提供适当的产品和服务已经成为一个越来越重要的发展趋势。精益生产方式的准时原则就是这一趋势的重要组成部分。但是，消费者的喜好也变得很快，商家持有库存终究不是一个好策略，哪怕是少量库存，也最好是能免则免。因此，企业必须与时俱进，做到按需生产、快速交付。

同时，在经济全球化背景下，企业间的竞争愈加激烈，如果企业能够以更低的成本实现增值或者获得专业技术，那么企业就会选择将业务外包给第三方供应商，而最好的供应商大多数都在其他国家。因此，企业供应链不断延长、分散，直至遍布全球各地。

在这样的趋势下，很多企业都意识到必须尽量提高对市场、对客户的反应速度。但是，如果企业不再主导或者控制生产过程的所有环节，那企业如何才能做到根据市场需求的变化，在正确的时间和地点，以适当的方式和价格，为目标客户提供适当的产品或服务呢？这正是博思艾伦咨询公司（Booz Allen Hamilton）在20世纪80年代初为荷兰电子产品厂商飞利浦等公司提供咨询服务时遇到的难题。

1.9.1 发明供应链

解决这个难题的办法被称为供应链管理（SCM）。供应链管理将物流管理与战略管理相结合，涉及对物料、资金、人员、信息等资源在供需链条上双向流动的管理与控制。在现代社会，从物料到商品的供需链条通常跨越国界，甚至跨越大洲。所谓供应链，就是把所有供给阶段看作一条首尾相连的长链。速度和灵活性是现代供应链管理理念的核心。

有效的供应链管理能够提高生产流程、人员配置和物料使用的效率，可以极大地降低成本。通过技术手段简化供应链，可以帮助企业以极具竞争力的价格提供更优质的服务。例如，计算机制造商戴尔公司选择去掉分销商和零售商，直接向客户销售电脑。对于大型跨国公司来说，全球供应链管理毫无疑问是一个非常复杂的挑战，但对其竞争力却至关重要。

1.9.2　名词溯源

供应链管理这个概念最初是由美国博思艾伦咨询公司的管理顾问基思·奥利弗（Keith Oliver）提出的。1982年《金融时报》的一篇关于奥利弗的报道介绍了供应链管理这一说法的来由。

当时，博思艾伦咨询公司的战略咨询团队（其中包括奥利弗）与该公司的客户荷兰电子产品厂商飞利浦的团队召开了一次战略会议。在20世纪70年代，奥利弗在与客户接触的过程中逐渐形成了关于供应链管理的观点，即消除"职能阻隔"，打破企业不同职能领域的相互独立性，整合和优化生产产品或提供服务的全过程。

奥利弗的团队将这一概念命名为"综合库存管理"，即I2M。然而，飞利浦公司的团队对这个新名词却不那么感冒，其中一名成员请奥利弗解释一下I2M的实际含义。奥利弗后来回忆了当时讨论的情景：

奥利弗先生解释说："我们的意思是把供应链当作一个整体进行管理，而不是几个分散的功能。"

飞利浦团队的成员范托夫（Van t'Hoff）先生说："为什么不用那个名称呢？"

"哪个名称？"奥利弗先生问。

"全面供应链管理。"

就这样，他们给这套管理方法起了名字，供应链管理这个名词由此诞生。

1.9.3 链式反应

在"供应链管理"这个名称出现之前,奥利弗已经在工作中把供应链管理的理念传递给博思艾伦咨询公司的很多客户,其中包括吉百利史威士股份有限公司(Cadbury-Schweppes)、喜力啤酒公司(Heineken)、赫斯特公司(Hoechst)等制造企业,当然还有飞利浦公司。

其他较早采用供应链管理模式的企业也有文献记载,我们从中可以看到供应链管理概念的普及过程。全球零售巨头沃尔玛是供应链管理模式的早期采用者。沃尔玛与供应商合作,让供应商来管理沃尔玛的库存,这种策略称为供应商管理库存。沃尔玛希望通过这种管理模式达到100%或接近100%的订单完成率。

20世纪90年代初,美国惠普电脑公司(Hewlett-Packard)开始实施分销需求计划系统,将分销活动与制造活动联系起来。其竞争对手戴尔电脑公司则更进一步,在供应链管理的基础上提出**供应链整合**,将供应商视为戴尔公司的一部分,使供应商与货物流、信息流的关系更加紧密。

家用电器制造商惠而浦(Whirlpool)于1992年推出其供应链管理系统,并提出愿景:"成功将属于那些建立跨企业拉动式生产系统、以更短的时间周期响应顾客需求的企业。"

随着供应链管理的成功案例不断曝光,以及博思艾伦等咨询公司的大力推广,加上全球化市场带来的竞争压力,供应链管理理论开始迅速地发展起来。

1.9.4 链式演变

很明显,供应链管理从问世之初就是企业提升核心竞争力的一大利器。作为早期实施供应链管理的企业之一,惠而浦公司率先创设了一个物流副总裁职位,专门负责供应链管理业务。从此以后,供应链管理在企业的发展议程上占据了更加重要的位置。

采购职务在企业的地位不断提升。正如奥利弗和蒂姆·拉塞特（Tim Laseter）指出，许多公司都把采购主管擢升至"首席"级别，设置了与首席运营官（COO）、首席财务官（CFO）等职务同级的采购职务首席采购官（CPO），例如雪佛龙德士古公司（ChevronTexaco Corporation）和亨氏集团（HJ. Heinz Company）。杜邦公司（DuPont）任命了一位负责全球采购和物流的副总裁和一位首席采购官，而 IBM 则新增了高级副总裁一职，专门负责供应链整合。

随着时间的推移，供应链管理实践也在不断演变，现在物流体系已经逐渐成为企业运营的核心。TNT 物流公司是荷兰 TNT 邮政集团（TNT Group）的分支机构，该公司承担了宝马在美国的斯帕坦堡工厂的供应链管理业务，从零件离开供应商，一直到零件在工厂里安装到汽车上，其间所有供应过程都由 TNT 公司负责处理。也就是说，连在工厂车间里将零件运送到装配线上的叉车司机都来自 TNT 公司，而不是宝马公司。由此可见，传统供应链体系中的不同角色也变得越来越模糊了。

1.10 六西格玛

到 20 世纪 80 年代，大多数高管已经深刻认识到质量的重要性，企业要取得成功，必须提高质量。很多公司尝试通过实行全面质量管理来彻底地解决质量问题。事实证明，全面质量管理在某些方面是成功的，但是在其他方面还存在不足。其中经常遭人诟病的一点就是全面质量管理仅注重内部的技术革新和改善，从根本上缺乏"以客户为中心"的理念。另外，全面质量管理衡量产品质量的指标是每 1000 件产品的缺陷率，但是产品的缺陷率应该远远低于 1‰。

摩托罗拉公司曾经陷入质量问题的泥潭苦苦挣扎。由于通讯产品缺陷率较高，投诉索赔量居高不下，一线销售人员经常向通讯部门抱怨。摩托罗拉的产品质量也远远落后于日本的竞争对手，而运营部门的管理人员并不认为全面质量管理能够解决公司面临的全部质量问题。在他们看来，摩托罗拉公司的质量管理模式还有进一步改进的余地。

1.10.1 六倍标准差

为了解决质量问题，摩托罗拉公司提出了一项质量提升计划，这项计划逐渐演变成一套根据硬性数据和统计分析技术来持续改进质量的方法——六西格玛。六西格玛管理的重点是识别工作流程中的质量差异和错误，找出其背后的原因并予以消除。六西格玛的意思是6倍标准差，在质量上表示每百万机会缺陷数（DPMO）不超过3.4，这被视为可接受的误差范围。当然，最终目标仍然是实现零缺陷。六西格玛是一套根据客户要求改进业务流程的科学管理方法，其中最为著名的方法是DMAIC法（D——界定机会，M——测量绩效，A——分析机会，I——改善绩效，C——控制绩效）。需要分析的数据包括输入数据和输出数据，全面分析这些数据，就可以找到产品出现质量缺陷的根本原因。

六西格玛管理与全面质量管理有几个不同。全面质量管理的工具比较灵活，而六西格玛管理要求按照明确的次序来使用工具。全面质量管理的目标是组织目标，而不是最终利润或商业目标。六西格玛管理是自上而下的管理模式，非常需要企业高层领导的重视和支持，而全面质量管理主要依赖自我管理的质量团队。六西格玛管理与企业整体战略的关系更密切，能够实现跨部门的团队协作。目前，六西格玛管理已经建立一套规模庞大的管理人员培训体系，并借鉴武术的段位制度，根据管理人员的技术水平等级颁发腰带。

1.10.2 高尔文的推动

比尔·史密斯（Bill Smith）是摩托罗拉公司通讯部门的一名顶级工程师和科学家。面对大量的保修索赔问题，史密斯知道，现有的质量管理方案不足以解决如此严重的产品质量缺陷。经过仔细思考和研究，他重新设计了一套用于改进质量的统计方法和计算公式。史密斯意识到，复杂的系统会增加出现故障的机会，这很可能是造成质量问题的一个重要原因。他把自己的研究和建议写成详细的报告，提交给摩托罗拉首席执行官鲍勃·高尔文（Bob Galvin）。1981年，鲍勃·高尔文曾经许诺要将摩托罗拉的产品质量改进十倍，所以他很赞赏史密斯对提高质量的用心，也十分认同他的建议。史密斯根据流程的平均无故障时间[⊖]来衡量流程的可靠性，根据流程的变异性和缺陷率来衡量流程的质量。

随后，摩托罗拉开始在位于伊利诺伊州绍姆堡镇的公司总部实施六西格玛管理。在接下来的10年里，摩托罗拉的生产率每年增加12%，不良质量成本下降了80%，流程缺陷率下降了90%，生产成本累计节省了110亿美元。1988年，摩托罗拉公司获得了马尔科姆·波多里奇国家质量奖，主要也是归功于实施了六西格玛管理。史密斯与米克尔·哈里联手，进一步发展六西格玛。哈里是世界上最著名的六西格玛专家，后来担任摩托罗拉六西格玛研究所所长。另外，20世纪80年代，摩托罗拉公司邀请了朱兰、艾利·高德拉特（Eliyahu Goldratt）等质量管理专家前来指导工作，史密斯和哈里听取了这些专家的建议和想法。

1.10.3　推广六西格玛

摩托罗拉公司对外公布了六西格玛管理的全部内容。但在20世纪90年代，在史密斯英年早逝之后，摩托罗拉公司对六西格玛的重视程度不如从前。在实施六西格玛管理之后的那几年里，尽管公司在手机市场上竞争力不足，但摩托罗拉仍然是一家非常成功的公司。但六西格玛并没有消亡，反而像野火一样蔓延。米克尔·哈里于1994年离开摩托罗拉公司，创立了六西格玛学院（Six Sigma Academy），由此得以继续传播六西格玛管理而不受制于他在摩托罗拉公司的身份限制。1994年，美国联合信号公司（Allied-Signal）率先采用了六西格玛管理，通用电气集团旗下子公司

⊖ 指可修复产品故障之间的平均工作时间间隔。——译者注

GE 金融集团也于 1995 年开始采用。通用电气公司首席执行官杰克·韦尔奇（Jack Welch）看到了六西格玛的巨大潜力，他将六西格玛列为公司的一项重大管理举措，这也让更多人认识了六西格玛。六西格玛在 GE 金融集团的成功实施证明，六西格玛管理不但适用于制造业，而且也适用于服务业。从此之后，六西格玛成为一个广受欢迎的质量改进工具，实施六西格玛管理的组织遍布世界各地。很多相关书籍相继问世，行业咨询公司和普通管理咨询公司都能提供六西格玛管理咨询服务。

1.10.4　六西格玛的巅峰

今天，六西格玛管理的发展浪潮可能已经达到了巅峰，但企业界仍然对其十分感兴趣。企业家已经认识到，实施六西格玛管理是一项长期而艰巨的任务，需要面对诸多挑战，其中包括难以收集高质量数据、如何确定改进任务的优先次序、如何使服务接近零缺陷、六西格玛和段位系统的使用方式难以统一、管理顾问言过其实等。六西格玛管理的启动成本比较高，不太适合小型企业。实施六西格玛能够使流程更加高效，就像业务流程再造一样，员工可能会因为担心失业而抵制实施。尽管如此，六西格玛也帮助很多公司大幅度提高了质量水平，是一项非常有用的质量管理创新。

Giant
Steps
in
Management

第 2 章 财务

企业该如何将财务资源有效配置给新机遇？如何衡量和评估现有业务的绩效？财务管理创新的目标就是实现企业及其股东的经济目标。

2.1 概述

财务领域的创新是一个极具争议性的话题：投资银行家热衷于金融创新，开发各种烦琐复杂、晦涩难懂的金融衍生产品，并借此为自己创造巨额财富，但同时也给了冒险家和不法分子可乘之机，英国巴林银行（Barings）倒闭、美国安然公司（Enron）破产等事件就是最好的例证。

金融工程创新确实更引人注目，但是本章的重点是财务与会计的变革与创新，相对来说比较平淡和实际。我们的目标是理解企业如何更好地做出财务决策——也就是企业如何创造最大的整体价值回报，包括：如何合理地分配资源，将稀缺的资本分配给最有前途的项目；如何控制不同业务的盈利能力；如何评估不同风险状况的投资机会。与我们介绍的其他领域的管理创新一样，很多重要的财务管理创新也可以追溯到很久以前。

2.1.1 企业财务管理

普遍认为，财务与会计创新肇始于1494年的威尼斯。那时候，被誉为现代会计之父的卢卡·帕乔利（Luca Pacioli）发明了复式记账法。运用复式记账法，企业不仅能够记录现金收支情况，还可以清晰地了解自己的资产与负债情况。

会计领域的下一波创新可以追溯到19世纪。首先是成本效益分析法。在决定投资一个新项目之前，企业可以运用成本效益分析法来全面评估该项目的成本和效益。其次是**成本会计**（Cost Accounting），企业可以借此追踪各项生产经营活动的成本动因的详细信息。到20世纪初，美国化学制造商杜邦公司提出了**投资回报率**（Return on Investment，ROI）这个概念，以此作为评估指标可以客观比较公司不同的经营活动，这在历史上尚属首次。几年后，**现金流折现**（Discounted Cash Flow，DCF）模型问世，将货币时间价值这一因素纳入投资决策过程中。现金流折现的概念可以追溯到19世纪70年代，美国电话电报公司（AT&T）在20世纪20年代首次将其付诸实践，多数大公司在第二次世界大战后才开始采用。

20世纪30年代，跨国公司——特别是石油巨头——开始研发复杂的内部转移定价系统，以便在同一公司的不同单位之间进行交易，并引导内部利润向那些税收政策最为优惠的国家转移。

到20世纪60年代，管理会计和资本预算的基本技术已经得到了广泛应用，但是仍然面临着许多挑战。企业的治理变得越来越复杂，在不同经营活动之间公平分摊成本变得更加困难。企业的资产日益多元，为了更好地实施资产管控，企业需要运用高度标准化的预算系统。而且"知识资产"越来越重要，但是知识资产不如厂房、设备等有形资产那么容易定价，因此企业估值也变得更加困难。为了应对这些挑战，企业管理者和管理学研究者尝试了很多管理创新技术。

财务管理创新可以分为三条路线。第一条创新路线追求，是更准确地掌握企业经营活动的真实成本，20世纪80年代初问世的**作业成本法**（Activity-based Costing，ABC）就是其中一项创新成果。第二条创新路线关注的是如何克服传统预算系统的限制。例如，德州仪器公司（Texas Instruments）在1969年引入了零基预算的概念，即管理人员以"白纸一张"作为出发点来编制费用预算，而不是在以往会计期间所发生的费用数额的基础上继续调整。最近，杰里米·霍普（Jeremy Hope）和罗宾·弗雷泽（Robin Fraser）在英国成立了"超越预算"圆桌会议（Beyond Budgeting Round Table），致力于探索彻底摆脱传统的预算编制过程的新方法，其理论渊源可以追溯到瑞典商业银行（Handelsbanken）于20世纪70年代首次付诸实践的预算理念。另一个相关的会计创新就是开卷管理，这是春田再造公司（Springfield Remanufacturing）于1983年开创的管理方法，主张把公司的财务信息传达给所有的员工，让他们充分了解公司的财务状况，进而更加努力地提升公司的业绩。

第三条创新路线，致力于创建监测和评估企业无形资产的系统。**平衡计分卡**是其中最为著名的创新，由美国亚德诺半导体技术有限公司（Analog Devices）在20世纪80年代末首创，随后罗伯特·卡普兰（Robert Kaplan）和戴维·诺顿（David Norton）在全球范围内进行推广。大约在同一时间，智力资本（Intellectual Capital）运动也开始发展起来，主要归功于瑞典第一大保险和金融服务机构斯堪迪亚公司（Skandia）的开创性实践以及该公司创建的"斯堪迪亚导航仪"模型。平衡计分卡和智力资本模型的目标都是提供可靠有效的测量指标，用来衡量企业的非财务绩效，特别是在客户关系、员工能力和内部流程方面。

如今，财务管理创新仍在不断涌现，主要是因为企业生产运营的很多方面都难以准确量化，例如新出现的机遇与风险、无形资产等，而且这些难以量化的方面对于企业的未来发展越来越重要。正如加里·哈默所说："衡量企业有多成功的标准不是它能否持续经营与盈利，而是它错过了多少次机会。"

2.1.2 金融市场创新

金融市场创新并非我们要讨论的重点，但是有些金融市场创新塑造了企业与金融市场的关系，所以我们在此做一下简单介绍。金融市场创新并没有明显的起点：无论在任何时候，企业的投资活动都或多或少地依赖银行资本的支持。经过几个世纪的发展，已经形成了一套成熟缜密的制度，以满足储蓄者和借款者的各种需求。例如，股份公司在1856年被确立为法人实体就是一项重大的制度创新，从此以后，个人可以投资任何一家股份公司，而不一定非得在自己投资的公司任职。19世纪后期，美国和欧洲企业的规模能够大幅度增加，也是得益于此。

在20世纪，比较重要的金融市场创新多半与企业治理方式的变革有关。第二次世界大战结束后，股份制企业成为市场主流，企业集团也随之涌现（见第六章），但是由于规模庞大，企业集团逐渐变得结构臃肿，导致业绩下滑。KKR公司（Kohlberg Kravis Roberts）等产业投资机构伺机推出了杠杆收购模式，利用借贷资金收购企业股东的股份，再通过高价出售所收购公司的股权以获取巨额利润。普遍认为，KKR公司于1976年收购比阿特丽斯食品公司（Beatrice Corporation）是第一个成功的杠杆收购案例，该案例也引发了整个80年代的杠杆收购潮。垃圾债券作为一种高风险/高收益的投资类型，也直接诞生于这一波杠杆收购潮中。毒丸计划也是杠杆收购浪潮的产物。所谓毒丸计划，就是许多公司为了使其股票对恶意收购者丧失吸引力而建立的一种防御机制。

其他类型的财务管理创新也源自治理变革。20世纪80年代，玛格丽特·撒切尔（Margaret Thatcher）推行经济变革，开启了英国国有企业大规模私有化进程，很多其他国家也纷纷效仿。私有化往往也需要纵向分解，例如将英国天然气公司（British Gas）的零售业务与分销和生产业务分离开来。近期以来的大趋势是私人权益资本的兴起。由于上市公司的监管负担日益繁重，加上21世纪初金融市场的流动性极大扩张，私人权益资本投资模式已经成为股份公司的有效替代方案。

另一类金融市场创新是关于评估和重组资产方式的创新。1952年，美国经济学家哈里·马科维茨（Harry Markowitz）提出投资组合分析理论，认为有效的分散化能够帮助投资者优化投资组合。威廉·夏普（William Sharpe）等学者在20世纪60年代提出的资本资产定价模型（CAPM），用来计算出理论上最合适的资产回报率。美国经济学家罗伯特默顿费希尔·布莱克（Fischer Black）与迈伦·斯科尔斯（Myron Scholes）提出了布莱克-斯科尔斯模型，用以为期权等金融衍生工具定价。这些金融市场创新使人们对资本市场的风险和收益有了更深刻的认识。到20世纪80年代末，计算能力提升和金融市场管制放松还催生了一系列令人费解的创新金融产品，从信用衍生工具到担保债务凭证，种类十分繁多，令人眼花缭乱，直到今天仍然在不断演变。

最后，还有用于衡量企业真实盈利能力的**经济增加值**（Economic Value Added，EVA），这是管理咨询和资本顾问公司思腾思特（Stern Stewart）于20世纪80年代提出的经营业绩考核工具。经济增加值有助于提高对盈利能力的分析质量，对企业管理者和金融市场分析师都有很大的帮助。其核心观点就是企业的资本成本应该是企业盈利能力分析的重要因素之一，其实这个观点至少在CAPM问世之后就已经存在了，所以提出经济增加值也谈不上什么创新。尽管如此，思腾思特公司推动了经济增加值概念的传播与发展，并开发出一套行之有效的方法来帮助企业实施经济增加值评估，使之成为20世纪90年代最知名的金融创新之一。

2.2 成本会计

在工业革命期间，公司组织发展成为规模更大、结构更复杂的企业。例如，铁路公司变成企业集团，采用分权管理系统，将管理决策权分散，开创了一个新时代。

因此，为了做出明智的商业决策，企业的所有者和管理者必须全面收集和掌握所有与企业生产运营相关的信息，这种信息的收集涉及记录和跟踪成本。

在此之前，经营企业的本质，就是管理者根据企业的可变成本，运用经验法则做出商业决策。顾名思义，可变成本是变化的，通常与产量成正比。例如，一家铁路公司生产的火车越多，使用的原材料、能源和劳动力就越多。

然而，随着企业组织变得更加复杂，其他成本也需要计算在内。在结构复杂的组织里，固定成本（如储存及其处理、供暖和照明、质量控制、工厂和设备的折旧等）在决策过程中发挥了更重要的作用。这是摆在很多企业面前的挑战，路易斯维尔和纳什维尔铁路公司（Louisville and Nashville Railroad）正是其中之一。

2.2.1 成本预测

成本会计的出现，使跟踪、记录和分析企业的产品或活动成本成为可能。成本会计也在实践中不断地得到发展，一开始只是简单地记录产品的历史成本，后来演变为将一段时间内的固定成本分摊给该时间段内生产的产品。这样一来，企业就能够评估生产的总成本。

企业可以先进行成本预测，根据可接受的劳动力、管理费用及其他成本等因素，设定一个预测成本作为标准成本。然后，以标准成本为基准来判断和测量企业的业绩水平和生产效率。因此，如果我们对所有成本因素进行测算之后，认为在一定时间内完成某项任务所耗费的标准成本为X，就可以根据X这个标准成本来衡量在这项任务上的表现。于是成本会计便成为一种很好的管理工具，"管理会计"一词也应运而生。

2.2.2 芬克的贡献

成本会计的出现与英美两国企业错综复杂的发展历史有关。早在几百年前，英国不少企业就开始考虑成本问题，无论是1598年已经出现在英格兰凯西克镇的铜银制品厂，还是苏格兰哈丁顿镇的纺织厂，其经营者在决策时都会把成本信息考虑在内。

在美国，约 19 世纪中叶时，位于马萨诸塞州斯普林菲尔德市的春田兵工厂（Springfield Armoury）是最早采用会计控制的企业，其会计控制方法和手段也是当时最先进的。马萨诸塞州霍利奥克市的莱曼纺织厂（Lyman Mills）则率先将成本会计系统并入财务会计系统。

然而，出生于德国的工程师兼铁路建筑师艾伯特·芬克（Albert Fink）才是现代成本会计发展历程中的开创性人物。芬克身高 1.95 米，身材十分魁梧。19 世纪 70 年代初，他在路易斯维尔和纳什维尔铁路公司（L&N）担任主管。他将日常运营数据一丝不苟地记录下来，并在此基础上开发了一套成本分析系统，运用可变成本和固定成本等因素来分析和衡量铁路运营的盈利能力和效率，这在当时是前所未闻的做法。

芬克创造的成本会计制度为他赢得了"铁路经济之父"的美誉。1876 年，他首次以单行本的形式出版了作品《美国铁路客运成本调查报告——与邮政服务成本相对照》（*Investigation into the cost of passenger traffic on American railroads with special reference to the cost of mail service and its compensation*）。

2.2.3 钢铁鼹鼠

19 世纪 70 年代，成本会计系统在美国的铁路行业传播开来，然后通过阿勒格尼山谷铁路公司（Allegheny Valley Railroad）副总裁兼炼钢厂财务主管威廉·希恩（William Shinn）传入安德鲁·卡内基（Andrew Carnegie）的钢铁公司。

卡内基写道，在引入成本会计系统之前，"我们是在黑暗中挖洞的鼹鼠"，成本会计揭示了"每个人都在做什么，谁节省了材料，谁浪费了材料，谁创造了最好的效益"。

虽然成本会计法在铁路行业取得了成功，但是其他行业仍然不愿意采用这种新的会计方法。例如，亨利·福特从来不喜欢会计，认为会计就是一个"银行阴谋的肮脏产物"。

在英国，《成本会计师》杂志第一期于1919年出版。该期杂志的头版文章作者认为第一次世界大战促进了成本会计的使用，并指出："许多制造企业聘用的成本会计师五年前几乎连成本会计的存在都不知道。"

随着英美两国会计从业人员之间的交流越来越多，成本会计在英国也开始广泛使用。1950年，作为英美生产率委员会一项交流活动，一个由成本会计师组成的英国代表团对美国进行了正式访问，标志着成本会计在英国的地位正式确立。

2.2.4 成本和约束

日本公司在20世纪80年代的优异业绩表现证明，自上而下的成本控制不一定是制造企业取得成功的最佳途径。相反，日本公司采用了诸如全面质量管理、持续改进等自下而上的质量管理工具和技术，成功在美国企业面前抢占先机。人们也发现，备受瞩目的标准成本会计方法在某些情况下也很难让人满意，因此其他基于成本会计的成本管理方法就顺势而生。

2.2.5 约束理论

作业成本法（ABC）是20世纪70、80年代发展起来的成本管理方法。20世纪80年代，艾利·高德拉特（Eli Goldratt）提出了约束理论，即所有企业都受到瓶颈的制约。当明确地识别了影响绩效的制约因素之后，企业就会清楚地看到，如果把产销率考虑在内，那仅仅依靠标准成本会计是不足以做出合理商业决策的。

因此便产生了一种新型的成本会计，即产量会计。企业可以运用这种成本核算方法管理和控制约束产量的制约因素，并最大限度地提升每单位瓶颈资源的收益。产量会计要核算三个相互关联的会计变量：产销率（销售收入）、运营费用（用于维持企业运转的资金）、投资（用于创造价值的资金）。

产量会计对企业管理方式也产生了深远的影响。虽然产量会计越来越受欢迎，但是标准成本会计还是使用得更为普遍。

2.3 投资回报率

在 1900 年以前，企业的经营活动比较单一，一家企业只生产一样产品也是很常见的事情，评估绩效通常看的是企业的净收益和总体成本。其他业绩指标还有经营比率、单位成本、库存周转率等。至于要具体投入多少资金才能获得盈利，这个问题对于那个时代的企业家来说并没有那么重要。

但是，到了 20 世纪初，美国政府陆续出台反托拉斯法控制垄断活动，再加上很多企业成立工业研究实验室来开发新技术，企业的经营活动日益多元化。为了准确地做出追加投资决策，企业必须找到有效的方法对多种经营活动的绩效加以比较。同时，企业各部门的预算控制也非常重要。这些就是杜邦公司在 1912 年前后迫切需要解决的问题，当时这家以生产炸药类产品起家的企业正准备扩大经营范围，向新兴的化学产品领域进军。

2.3.1 投资回报率公式

有一个既简单又有效的方法就可以解决上述问题，那就是杜邦公司首创的绩效评估方法——投资回报率（ROI）。投资回报率测算的是企业或项目投资得到的利润与所投入资本之间的比率。杜邦公司使用的计算公式十分简单：$R = T \times P$，其中 R 代表投资回报率，T 代表周转率（资产周转率），P 代表销售利润率。后来人们还发明了一种更简单的计算方法：从投资收益中扣除投资成本，再除以投资成本，得出的结果就是投资回报率。管理者需要判断应该把资源投放在哪一个备选投资项目上时，他们可以通过计算投资回报率来找到答案。

利用投资回报率作为绩效评估指标，可以更直观地比较企业内部各部门、各分公司的业绩，就算行业不同，也可以比较。泰勒的科学管理理论十分重视劳动生产率，但是投资回报率看重的不是劳动生产率，也不是企业的其他资源，而是创造和发展企业资源所需资本的生产率。一旦企业新部门或新公司建成运营后，也可以将投资回报率作为评价标准比较它们对企业整体绩效的贡献。投资回报率是一个比较客观的评价标准，能够降低评估投资方案时的主观性。

2.3.2 完善 ROI

皮埃尔·杜邦（Pierre du Pont）和其他同事都认为，通用电气公司发明的企业收益标准计算方式存在不足之处。这种计算方式用成本百分比或销售收入百分比来衡量企业收益，没有把实施经营活动所需要的资本考虑在内。于是，皮埃尔·杜邦从 1903 年就开始安排员工研究资本收益率，但是这个方法的计算公式还需要正式确定和完善。

后来，唐纳森·布朗（Donaldson Brown）担起了这项重任。布朗是毕业于弗吉尼亚理工大学的电气工程师，在 1909～1914 年间一直在杜邦公司的销售部门工作。他没有接受过正式的会计培训，但这反而可能是好事情，因为他是利用自己的数学技能找到的解决方案。布朗的研究表明，如果价格保持不变，销售利润率就会保持稳定，那么销售量越大，资本收益率就会越高。根据这个思路，他提出了 $R = T \times P$ 的计算公式。他后来说，R 就是"工业效率的最终和基本的衡量尺度"。

布朗把计算公式设计出来后，杜邦公司总裁科尔曼·杜邦（Coleman du Pont）于 1914 年任命布朗为杜邦公司的财务部副主任。杜邦公司的管理人员认为投资回报率是十分合理的评估指标，他们指出："一种制造成本低廉的产品，只要以高于成本 10% 的价格出售，其投资回报率就可以超过另一种以双倍成本价出售但制造成本高昂的产品。"随着公司业务日益多元化，杜邦公司把组织结构改为 M 型结构，公司高层管理可以运用投资回报率这个绩效评估工具比较各事业部的预期业绩和实际业绩，能够更好地规划、评估和管理公司的各项经营活动。

2.3.3 备受推崇

杜邦公司通过投资回报率分析法取得了巨大成功，其内部结构也改成了 M 型结构。其他公司也开始注意到投资回报率的重要作用，衡量经济回报的杜邦分析体系也成为管理会计信息系统的事实标准。投资回报率分析法并不局限于任何企业或行业，所有类型的公司都可以使用这种方法。在得到广泛推广和运用之后，投资回报率分析法为杜邦公司创造的竞争优势就完全消失了，投资回报率成为任何企业都能获得和理解的计算公式，很容易就可以复制运用。投资回报率分析法有助于企业对不同的经营活动进行规范化管理，因此很多人将其誉为会计行业有史以来最重要的创新之一。投资者也注意到了投资回报率的作用，开始将投资回报率作为衡量投资活动是否有效的一种手段，这在后来对现代投资组合理论的发展产生了促进作用。

2.3.4 ROI 的发展

时至今日，企业在对投资项目进行规划和控制时，仍然热衷于使用投资回报率分析法。投资回报率是评估运营活动有效性的总体标准，企业可以以此为标准来比较所有类型的运营活动。投资回报率还衍生出其他财务分析法，如资产收益率（ROA）、净资产收益率（ROE）等，能够提供更多绩效信息来帮助企业做出决策。投资回报的概念也得到了丰富和完善，增加了息税前利润（EBIT）等概念。企业也围绕这些财务分析和绩效评估工具改造自身的会计和财务部门。

但是，这并不是说投资回报率及类似的绩效评估方式完全没有缺点。有人认为，投资回报率过分关注企业的短期财务指标，忽略了体现企业成功的其他重要指标，如市场份额、客户满意度及员工满意度等。此外，如果只用一个财务指标来评估管理者和员工的绩效,那评估结果就很容易被人为操纵。平衡计分卡的出现,可以说就是为了弥补投资回报率只重视财务指标的缺陷。尽管如此,杜邦公司和布朗开创的投资回报率工具仍然是一项划时代的财务管理创新。

2.4 现金流折现

杜邦公司发明的投资回报率让企业能够客观比较同时进行的多个投资项目,这意味着企业的投资价值评估能力有了很大的进步。然而,到了20世纪20年代初,美国电话电报公司等企业开始意识到,投资回报率方法并不能解决投资价值评估的所有问题。投资的货币在不同时期产生收入和回报,而且每年的收入和回报也很可能不一样。很多决策者已经清楚地看到,当前拥有的货币比明天或一年之后收到同样金额的货币更有价值,因为当前拥有的货币可以马上进行再投资,而且没有因为通货膨胀而产生贬值(这个问题持续困扰美国、德国等国家的经济)的风险。那么,我们应该如何计算一年后收到的货币在今天的价值呢?

2.4.1 证明未来的价值

现金流折现法(DCF)的出现就是为了解决上述问题的。现金流折现就是将未来可能收到的货币按某种利率(一般称为贴现率)折现,以计算货币在今天的价值。贴现率应该在某种程度上体现了货币贬值的速度,而贬值的速度取决于货币是否有机会通过再投资来创造价值。

只要存在投资机会,货币的现值就一定大于未来的价值,这就是现金流折现的理论基础。也就是说,未来的收入和支出要比现在的价值低。这样一来,现金流折现法可以用来区分预期总体利润相同、但利润发生时间点不同的投资项目。有些项目直到结束时才产生利润,有些项目在开始之初就能盈利,按照现金流折现法的估值方式,前者的估值情况看上去比后者要差。此外，无论项目期限长短，都可以运用现金流折现法估值。使用现金流折现法对一个项目进行估值，最后只需要计算出一个金额：项目的净现值（NPV）。计算出项目未来预期报酬的总现值之后，再减去项目的初始投资现值，就得到项目的净现值。

2.4.2 菲什的贡献

在学术界，经济学家早在 19 世纪初就已经开始讨论贴现问题。在企业界，虽然美国铁路工程师阿瑟·韦林顿（Arthur Wellington）曾在 19 世纪 70 年代著文指出财务决策需要"分析和证明当前的投资成本是否合理"，并尝试通过贴现法来选择铁路投资项目，但是直到 20 世纪 20 年代初，现金流折现的概念才得到企业界的重视。

美国电话电报公司聘请了美国斯坦福大学铁路工程教授约翰·菲什（John Fish）和正在哥伦比亚大学攻读学位的尤金·格兰特（Eugene Grant）到纽约总部为该公司开发资本预算程序。菲什和格兰特十分熟悉韦林顿在投资估值方面的探索工作，计划将其理论应用于美国电话电报公司。1923 年，菲什写了一本书，专门讨论如何从货币的时间价值角度来进行投资分析，但最终是格兰特将现金流折现法引入美国电话电报公司。随后，格兰特对菲什的作品进行了全面的修订和完善。1930 年，格兰特被聘为斯坦福大学工程经济学教授。

论证与传播

事实证明，虽然学者的研究成果很有价值，但是却很难得到管理者的信任。格兰特写道："特别是创新性比较强的研究成果，因为不太容易与标准做法进行比较，在短期内难以产生说服力，所以就算采用也是浅尝辄止，很少有能够长期坚持下去的。"韦林顿说："做得好的人不知道自己做得有多好。"做得糟糕的人也不知道自己做得有多糟糕。**平均业务水平的高低不是取决于全体从业人员的能力总和，而是取决于他们的知识和能力的平均水平。**

无论是在美国还是在其他国家，现金流折现法都是在20世纪50年代之后才引起企业界重视，到60年代才得到广泛应用。之所以如此，也可能是因为现金流折现法的计算公式相对比较复杂，而经济学家又无法将其简化到人人都能轻易理解和掌握的程度。早期采用现金流折现法的企业主要是石油公司，包括大西洋石油公司（Atlantic Oil）、印第安纳标准石油公司（Standard Oil of Indiana）、大陆石油公司（Continental Oil Company）等。大陆石油公司的一位高管解释了采用现金流折现法的理由：

因此，在石油行业，资本投资决策是最高管理层的工作职责之一，其重要性远比其他行业要大得多。在我们自己的公司里，很明显，在引导新资金投资我们的业务时，管理层做出的每一个判断都事关公司当前和未来的每股收益，对我们公司的长期增长和发展也会产生深远的影响。因此，我们决定，应该尽最大努力制定最佳的评估标准，对备选投资机会逐一详细比较，并仔细估算股东的投资可以从中获得多少回报。

2.4.3 评价DCF

事实证明，现金流折现法是一项很有价值的投资决策工具，可以广泛运用于不同行业、不同企业。现金流折现法让企业的长期项目投资决策过程变得不那么复杂，投资者在做出合并和收购等重要决策的时候，也会利用现金流折现法进行估值。例如，许多矿业公司都对现金流折现法深信不疑，认为这是唯一能够决定新矿体是否值得投资的可靠估值方式。

运用现金流折现法需要具备以下关键因素：首先，决策者必须能够对项目未来的现金流和未来的利润做出合理的预测。项目期限越长，复杂程度越高，预测就越难。其次，需要设定一个合理的贴现率。设定贴现率不仅要考虑通货膨胀和利率等环境因素，而且还要考虑其他投资机会和承担风险的意愿。说到底，即使是现金流折现法这样的技术性管理创新，管理者也需要具备大量的专业知识才能真正地使其发挥作用。

2.5 超越预算

第二次世界大战结束后的几十年里,很多企业迅速发展起来,经营业务也越来越多样化,需要建立相应的制度和系统来加以管控,战略规划制度就应运而生。同时出现的还有一系列预算编制系统,其目的都是为了向企业高管提供企业运营相关的详细信息。这些信息可以有很多用途:企业可以用来预测未来业绩并向股东提供投资指引;高层管理人员可以依据这些信息做出投资决策;企业可以通过这些信息评估管理人员的绩效,并据此奖励他们。

但是,预算编制过程也引发了一些问题:管理人员只关注企业内部因素,忽视客户的需求;管理人员往往厌恶风险,在自己的绩效受到影响的时候就会变得尤其保守;编制预算需要投入大量时间。以上就是瑞典商业银行在 20 世纪 60 年代末面临的问题。其时,该银行的新任首席执行官简·沃兰德(Jan Wallander)刚刚为银行解决了一场财务危机,正在摩拳擦掌,准备继续巩固银行的财务基础。但是,在那之前,他必须解决两大问题——严重的官僚主义作风和低下的客户响应能力。

2.5.1 我们的方式

沃兰德对瑞典商业银行进行了改造,彻底推翻了该银行以前的基本商业原则。这一场大刀阔斧的改革被写入了《我们的方式》(*Our Way*)一书中。沃兰德深信,只要专注于客户和客户服务,其他一切问题都会迎刃而解。因此,他放弃了销售目标,要求分支机构经理将注意力集中于为客户服务,同时把权力下放给各地分支机构,鼓励每个员工为自己的行为负责。

1970 年,沃兰德的改革思路进一步向前推进,他发布了以下指令:公司将不再参与任何正式的战略规划过程,也不再制定任何年度计划或预算。

沃兰德认为，预算是一种思路狭隘、只关注内部的防御型财务管理工具。他后来评论说："预算在一开始大抵是正确的，然后很快就跟不上形势，或者变成一个灾难性的错误，到了这个地步，预算就变得非常危险。因此，我的结论就是，放弃预算！"

放弃预算编制系统后，分行经理需要制定一个运营计划，提供几个关键绩效指标数据或者"直观的实际数字"，包括成本收入比率、股本回报率、员工人均利润等。他们还要按季度提供现金收入滚动预测，针对可能出现的问题及时向沃兰德和首席财务官汇报发出预警。对分支机构和地区的考核依据是他们实际完成的业绩（而不是依据预算业绩）。每季度业绩最高的地区会获得一个奖杯，各分支机构也将根据业绩高低进行评比排名，鼓励业绩落后的分支机构改进业务。不过，沃兰德认为，给管理人员提供高额奖金起不了什么激励作用。因此，大多数员工平常拿到的只有工资。当然，奖励计划也有的，但是只有在银行的税后收益高于所有北欧银行平均水平的时候，员工才可以拿到奖金。

2.5.2 广泛传播

这一套全新的内部预算与控制方法奠定了瑞典商业银行长盛不衰的基石。2000年，瑞典商业银行的成本收入比率和成本资产比率已经达到了世界一流的水准，被美国债券评级机构穆迪公司（Moody's）评为"欧洲十大银行之一"，并为其股东提供了高达20.3%的复合年化回报率，而其主要竞争对手瑞典北欧斯安银行（S-E Banken）的回报率仅有16.8%。

虽然沃兰德乐于公开自己的创新管理方法，但是很少有竞争对手愿意接受和复制。有些人认为这套方法太激进了。很多人都难以理解瑞典商业银行的成功，在他们看来，没有丰厚的奖金激励，公司怎么可能创造出如此出色的业绩表现？

直到20世纪90年代末，这种情况才发生了明显改变。当时，两位英国管理咨询顾问杰里米·霍普和罗宾·弗雷泽创立了**"超越预算圆桌会议"**

（BBRT）。他们从自己的经验出发，指出传统预算编制过程只专注内部和费用昂贵等问题，积极呼吁向超越预算转变，并开始收集有关该领域新兴的最佳实践的数据。沃兰德 20 世纪 70 年代在瑞典商业银行的创新成果一直被视为最全面、最有影响力的超越预算管理模式。

在霍普和弗雷泽的领导下，超越预算的运动迅速升温。截至 2002 年，BBRT 已经有 60 多个成员。许多知名公司也根据自身实际情况实行自己版本的超越预算制度。例如，2003 年，瑞士联合银行（UBS）的财富管理和商业银行部门取消了传统的预算系统，使银行的增长水平大幅提升。

2.5.3　超越预算的发展

超越预算的发展势头十分强盛，但是完全接受超越预算概念的企业仍然寥寥无几。虽然超越预算的原理很诱人，但是实施超越预算管理并不是听上去那么简单。伦敦商学院会计学教授安德鲁·里奇尔曼爵士（Sir Andrew Likierman）指出，企业不可能彻底取消预算管理，因为预算管理的一些做法是任何公司都不可或缺的，例如跟踪业绩表现、监测未来增长前景等。里奇尔曼认为，预算管理有好的做法也有坏的做法，我们要做的是鼓励和发扬好的做法。

至于为什么有那么多公司不愿意接受超越预算管理模式，仍然是一个谜。不过，问题的核心应该可以用马基雅维利（Machiavelli）的分权制衡思想来理解：对于高层管理人员来说，放弃预算管理是一种反常行为，因为降低了他们对全局的掌控感，而且还会削弱他们手中的权力。所以，企业要完全接受这种创新管理模式，还需要有一个开明的领导者。

2.6　作业成本法

在核算成本的时候，传统的会计系统首先评估直接成本，例如从外部购买的原材料或服务的成本，然后根据各部门和其他组织单位产生的管理费用，按一定比例计算间接成本。这就是两阶段成本分析系统。因为该系统假定资源消耗与产品数量有直接关系，所以经常出现成本扭曲的现象。

如果根据扭曲的成本估算来确定产品的价格，就会出现很多潜在的问题。例如，产品售价过低导致利润率过低，或者产品售价过高导致销量过低，对利润率也会造成极其糟糕的影响。

20世纪80年代初，日本制造商的低价产品开始涌入西方市场，把美国本土制造商打了个措手不及。很多公司开始反思和改革自己的成本核算系统，农机和其他机械设备制造商约翰迪尔公司（John Deere）就是其中之一。

2.6.1 迎刃而解

作业成本法就是解决这个问题的方法。作业成本法通过从总账中提取出间接成本，再将其分配到具体的作业活动中，可以计算多产品企业任何一个产品的真实成本。如果一个产品对某一项作业活动产生需求，例如产品需要进行广告推销，那就根据成本动因提取广告推销作业需要耗费的资源，最终将这个广告成本分配给这个产品。因此，作业成本法能更好地将投入的资源分配给产出。换言之，作业成本法使资源的供给与消耗之间的联系更清晰，产品的定价也会更加准确，而且还可以计算出哪些产品利润高，哪些产品利润低，然后企业再根据这些信息调整产品组合。

2.6.2 约翰迪尔的探索

成本会计的发展史可以分为两个阶段，第一阶段的成本核算只包括直接成本，第二阶段则增加了间接成本。但对约翰迪尔公司来说，依靠成本会计法已经不能解决当前面临的问题。20世纪80年代初，农机产品价格暴跌，二手农机产品市场开始蓬勃发展。面对严峻的市场形势，约翰迪尔公司开始寻求多元化经营，计划对公司零部件分部加大投入，为其他企业、其他行业提供零部件产品。齿轮和特殊性产品部门经理弗兰克·史蒂文森（Frank Stevenson）说："我们必须迅速提高在全球市场的竞争地位。要做到这一点，需要在提升质量和降低成本方面实现巨大的飞跃。"

成本会计服务部经理基思·威廉斯（Keith Williams）知道，公司现行的成本会计系统对整体机械产品的成本核算还是很有成效的，但是如今公司寄望于通过发展零部件制造业务寻求突破，现行的成本会计系统恐怕不能满足零部件产品的成本核算要求。因此，威廉斯想到了将间接成本分配给产品的成本核算方法。1984年11月，公司计划通过实验来验证这个新方法，齿轮和特殊性产品部门就成了最好的试验场。整个部门团队紧锣密鼓地工作起来，6个月之后，基于作业的成本核算研究报告已经成形。当时没有专门的术语字典，为了解决术语统一问题，他们还编写了一本作业术语字典。1986年，约翰迪尔公司开始正式实行作业成本法，并于1987年在全公司所有部门推行。

基思·威廉斯指出：

作业成本法在公司引起少有的轰动。虽然作业成本法说到底也是一种成本分配法，但是却可以引发极其明显的改进。我们原来觉得成本过低的零件，结果却比我们想象中还要贵得多。作业成本法证实了我们对物料处理成本和运输费用过高的怀疑是正确的，所以我们要改变一下车间里的布局。作业成本法向我们揭示了后续加工处理增加的成本，所以我们就尽量减少后续加工程序。

正因为实行了作业成本法，约翰迪尔公司不但提高了决策效率，而且改变了产品组合，成功实现了多元化经营。

2.6.3　ABC 的传播

约翰迪尔公司实行作业成本法之后，其他公司也紧随其后，其中包括惠好公司（Weyerhaeuser）和通用汽车公司。通用汽车公司也做过产品成本核算试验，其背后有两个方面的诱因，一是公司的产品成本核算出了问题,这是该公司的会计部门承认的;二是公司掌握了新的转移式压力机技术。通用汽车公司指派一位高管和一位专家作为主持人,一共进行了五次不同的试验。这位高管不懂会计,但是支持作业成本法,而这位专家则是一位精通作业成本法设计的会计师。在刚开始的时候,通用汽车就遇到了推行变革时经常面临的问题,例如非我发明症[一]、对变革措施缺乏理解、持有等待和观望态度等。事实证明,支持作业成本法的高管发挥了十分关键的作用。最后,试验取得了巨大成功,通用汽车公司开始全面实行作业成本法。

完成试验之后,这些公司还在学术界发布试验报告,详细介绍了作业成本法的试验情况,吸引了不少学者的关注,其中最为知名的是哈佛商学院教授罗伯特·卡普兰和罗宾·库珀(Robin Cooper)。卡普兰也是发明平衡计分卡的关键人物。卡普兰和库珀将这一成本核算方法正式命名为"作业成本法",并通过著书立说和讲课教学来大力传播作业成本法。20世纪90年代初,美国管理会计师协会资助了一个作业成本法的研究项目,通用汽车公司的高管也在各种会议上分享实行作业成本法的经验及教训,从此以后,作业成本法就风靡起来。人们开始将作业成本计算的数据用于战略规划,作业管理(ABM)的概念也应运而生。在一定程度上,作业管理跟作业成本法一样,已经广泛应用于全球商业领域。

2.6.4 ABC 的挑战

作业成本法是管理会计发展史上的一次飞跃。因为作业成本法的出现,企业在制定发展战略的时候,成本分析成为一个不可或缺的重要环节。如果一个企业组织特别重视成本问题,而且正在实施业务流程再造或全面质量管理,作业成本法就能够发挥重要作用。但是,实施作业成本法本身就是一个挑战,因为设计一个合适的成本模型十分费时费力,而且设计者需要对企业组织有深入的理解。有些组织机构在推行作业成本法时遇

[一] 即认为其他地方开发的产品、系统等不可能像公司自己开发的产品一样好。——译者注

到了很大阻力，甚至有人认为作业成本法就是大裁员、炒鱿鱼的代名词。因此，实行作业成本法不但需要有专业的会计师和负责完成具体作业的人员，而且还需要聘请组织变革专家坐镇。

2.7 平衡计分卡

管理学界有一句人人耳熟能详的名言："工作能够量化才能完成（what gets measured gets done）。"过去一个世纪里产生的诸如比率、指标、分析工具、应用软件等众多量化工具正是这句名言最好的体现。大多数量化工具测量的都是企业的财务表现，而其他更抽象的企业绩效要素则往往不受重视，如客户忠诚度、员工满意度等。

平衡计分卡的设计初衷，是要作为一种战略管理和绩效测量系统，将企业战略目标与综合绩效指标直接联系起来。企业在评估业绩时往往侧重于少数几个财务指标，但是这样做会导致企业对整体绩效缺乏清晰的认识。平衡计分卡使企业管理层关注几个平衡的关键绩效指标，以达到全面地评估企业绩效的目标。

2.7.1 平衡的艺术

阿特·施奈德曼（Art Schneiderman）是美国模拟器件公司（Analog Devices，ADI）的一名经理。他本来是一名航天研究科学家，在麻省理工学院斯隆管理学院接受MBA培训时，接触到杰伊·福里斯特（Jay Forrester）的理论，深受其系统动力学概念的影响。随后，他到战略咨询机构贝恩公司（Bain）做了6年战略顾问，负责日本的质量管理咨询项目。

他对日本的持续改进技术有着十分深刻的见解，对组织运作形成了系统化的管理理念，随后他毛遂自荐，前往ADI公司面见首席执行官雷·斯塔塔（Ray Stata），希望能在ADI公司施展拳脚。他对时机的选择堪称典范，当时ADI公司有一批重要货物延迟发货，让一位大客户大发雷霆，雷·斯塔塔刚刚平息这位大客户的怒火。施奈德曼回忆说："雷·斯塔塔是非常欢迎新想法的。一个不欢迎创新的环境是不可能出现创新的，而创造一个欢迎创新的环境需要从最高层开始做起，从首席执行官到基层员工，整个组织自上而下共同努力。很明显，斯塔塔对我的想法很感兴趣，因为他知道全面质量管理的重要性。对我来说，这是一个一展身手的环境，对他来说，这也是一个实行改革的良机。"斯塔塔让施奈德曼设计一个质量改进流程，作为公司五年战略计划的组成部分。

施奈德曼开发了一个称为"企业绩效审计"的年度考核方案，明确指出要实现五年质量目标必须达到的非财务绩效指标，当时决定这些指标要每年考核一次，后来改成每季度考核一次。

2.7.2 驯服怪物

ADI公司还有一个与斯塔塔平起平坐的高管杰里·菲什曼（Jerry Fishman），他是ADI公司的首席运营官，后来成为ADI公司总裁兼首席执行官。斯塔塔比较重视创新、组织运作和员工表现，而菲什曼则更关注财务业绩和盈亏情况。公司内部将斯塔塔和菲什曼的合作关系称为"双头怪物"。施奈德曼回忆说："对立可以互补，合作效果其实挺好的。但是，如果你夹在中间，那就不好办了。从一开始我就知道，我就是夹在中间的那个人，我得做好协调工作，不仅要安抚好斯塔塔，还要安抚好菲什曼。"

公司每个月举行一次业务会议，会议通常由施奈德曼主持。公司两位领导截然不同的管理思路在会议上也可以看得一清二楚。施奈德曼说："在主持会议的时候，我总是先安排讨论非财务指标放，然后才是财务指标。菲什曼则反过来，要求先看财务指标。"

施奈德曼曾访问过摩托罗拉公司。据他观察，摩托罗拉公司在召开财务业务会议的时候，也会审核非财务业绩指标。菲什曼要求他找到一种让大家都满意的解决方案，这时候他访问摩托罗拉公司的经历就派上了用场。几天后的一个晚上，施奈德曼在家里看电视，看到一个糖果广告，广告强调糖果是由花生酱和巧克力两种不同产品组合而成的。他回忆说：

突然间，我脑海里灵光一闪：可以把财务指标和非财务指标合并在一起。于是我在记分卡顶部增加了几个的关键财务指标，问题就这样得到了解决，大家都很满意。

大家一致同意，一张幻灯片上最多只能出现三个财务指标，其他的是非财务指标。有人建议将"企业绩效审计"改为"企业计分卡"。很快，公司每个部门都制作了自己的计分卡，以表示对建立计分卡制度的支持。施奈德曼说："ADI 公司的计分卡制度就是这样诞生的。随着时间的推移，计分卡也经历了一些变化，但是变化并不大，而且改变的不是财务指标，而是非财务指标。"

2.7.3 破解密码

施奈德曼于 1987 年开发了企业计分卡，并在 ADI 公司全面实施。由于肩负重任，施奈德曼向哈佛商学院马文·鲍尔领导力开发专业教席教授罗伯特·卡普兰求教，想得到他对作业成本法的见解。卡普兰随后访问了 ADI 公司，施奈德曼向他介绍了公司的背景情况。后来，卡普兰在课堂上介绍了 ADI 公司的案例，邀请施奈德曼前来参加。企业计分卡并不是讲解的重点内容，但却引起了很多学生的兴趣。

罗伯特·卡普兰和戴维·诺顿合作，以 ADI 公司为例撰写了一篇文章（但是公司的名字并没有出现），发表在《哈佛商业评论》上。卡普兰认为，这篇文章的发表使施奈德曼开创的企业计分卡有了更大的影响力，因为在文章中，"企业计分卡的概念得到了整理、概括，而且文章面向更广阔的受众，使之不仅限于发源公司而是能适用于更多行业"。施奈德曼自己也承认，如果没有遇到卡普兰，他的创新恐怕走不出 ADI 公司，只会江河日下，直至消亡。

1993 年，卡普兰和诺顿合著的文章《平衡计分卡》发表在《哈佛商业评论》的 1、2 月合刊上。这篇文章是全面推广和普及平衡计分卡概念的第一步，成千上万的公司以不同的形式实行了平衡计分卡绩效考核。而且，平衡计分卡考核还传播到了政府组织和其他非营利组织。这些组织并不看重财务绩效表现，因此特别适合使用平衡计分卡考核制度。

2.7.4 驾驶舱管理

卡普兰和诺顿把经营企业比作驾驶飞机，如果飞行员只依靠一个表盘来控制飞机，那飞行是不可能安全的。要飞得安全，飞行员必须利用驾驶舱内所有表盘的信息。他们指出："在当今，管理一个组织是非常复杂的工作，管理者必须同时考虑多个领域的业绩表现。通过实行平衡计分卡考核制度，高层管理者必须全面考虑所有重要的运营指标，这样他们就可以看到，一个领域的绩效改进很可能是以牺牲另一个领域的绩效为代价得来的。"

卡普兰和诺顿提出四个需要达成平衡的维度，包括客户维度（客户如何看待公司）、内部维度（公司的优势是什么）、创新和学习维度（公司如何持续改进）、财务维度（股东如何看待公司）。

卡普兰和诺顿认为，把人力、物力、财力集中在这四个维度上，企业管理层就会注重实现长期目标使命，而不是只盯着短期的财务业绩。要做到这一点，关键在于使绩效考核成为实施企业战略的工具。平衡计分卡考核制度认为，绩效考核不能背离企业战略，即企业战略必须成为一切绩效考核过程的核心——"一张成功的平衡计分卡应该充分体现企业的发展战略"。

2.7.5 工具与实践

平衡计分卡的出现相对较晚，所以，无论是最初在 ADI 公司使用的企业计分卡、卡普兰和诺顿提出的平衡计分卡，还是今天企业使用的平衡计分卡，都没有太大区别。现在，大规模实行平衡计分卡的浪潮早已过去，但是卡普兰和诺顿提出的平衡四个维度的管理思想并没有过时，只是各维度的优先等级有所不同而已。至于如何实行平衡计分卡考核制度，一些重要的经验教训确实值得一学。

计分卡概念的创始者施奈德曼于 1993 年离开了 ADI 公司。提起计分卡，他百感交集：

在后来的咨询工作中，我发现企业组织在实施平衡计分卡时遇到的最大问题就是没有实现目标的工具。关键不在于有没有计分卡，而在于你要如何实施变革——这才是最重要的。你必须建立一个有据可查、理解透彻的流程，每个周期都要改进这个流程，你要完善计分卡的考核指标，思考如何完成每一个绩效指标，然后如何实现你提出的目标。

后来，卡普兰提出，企业应该把平衡计分卡提升到企业发展战略的核心地位，成为企业决策的最重要依据。只有如此，平衡计分卡的实施才能真正取得成功。相反，如果仅仅因为股东或其他人向管理层施压而采用平衡计分卡，那就不太可能取得成功。因此，如果你在考虑采用平衡计分卡系统，一定要准备好合适的实施工具，并确保它适配你的发展战略。

2.8 经济增加值

20 世纪 80 年代，上市公司的角色越来越重要，先进的金融技术大量涌现，企业的权力开始转移到股东手上。在这种背景下，企业是否能为股东创造价值，如何衡量为股东创造的价值，这些问题在企业绩效评估中的分量越来越重。企业高管和股东一直在寻找能够有效衡量和管理企业业绩的指标，但有些指标并不能反映企业创造价值能力的真实水平。然而，如果没有一个真实反映价值创造能力的衡量标准，股东就很难做出投资决策，企业高管也同样很难解释他们的项目决策会如何影响股东投资的价值。

除此以外，薪酬也是一个相关的问题。如果企业的经营目标是为股东创造价值，那么企业该如何设计薪酬方案，以激励员工努力实现这个目标？员工的行为决策可能创造股东价值，也可能破坏股东价值，如果不能明确行为决策与结果的关系，那就可能会出现破坏股东价值的员工反而得到奖励的情形。可口可乐公司就是面临以上问题的企业之一。显然，解决问题的办法就是找到一个将个人绩效与创造股东价值挂钩的评价指标。

2.8.1 EVA 的诞生

可口可乐公司前首席执行官罗伯特·戈伊苏埃塔（Roberto Goizueta）曾经这样描述公司的经营目标："我们先要筹集资金来制造浓缩液，再将浓缩液出售以获得营业利润，然后支付所筹资金的成本，两者的差额归股东所有。"

如果句话反映了企业经营的最终目标，那么，要判断企业是否为股东创造价值，首先要核算资本的成本。核算资本投入的成本就是经济增加值的核心思想。企业创造的经济增加值等于税后净营业利润与全部资本成本之间的差额。但令人惊讶的是，很多公司根本不知道自己的资本是如何使用的，更不用说运用资本的成本了。

借入资本的成本很容易理解。在短期内，借入资本的成本就是利息，而且因为债务利息均在税前支付，实际上的成本就是按税率扣除后的利息额。但是，计算股权资本的成本就没有那么简单了。

乍一看，很多人会说，股东提供的资金是免费的，公司不需要为之付费。但是股权资本是有成本的。如果没有投资 A 公司，股东也可以把资金投资在其他公司。因此，股权资本的成本是一个机会成本，相当于股东把资本投资在其他与 A 公司同等风险的公司可以获得的资本增值和股息。

要算出资本成本，还需要知道公司有多少资本。按照一般公认会计实务统计方式，企业的资本包括财产、厂房、设备、运营资本等，但是经济增加值等注重股东价值计算的财务工具把研发、营销、培训及类似投资所占用的资本也包括在内。这种统计方式不仅提高了资本基础，而且还调整了营业利润的计算方式。然后，将营业利润减去资本成本，就可以计算出经济增加值。

2.8.2 价值管理体系

1982 年，本内特·斯图尔特（G. Bennett Stewart）与乔尔·斯特恩（Joel Stern）联合成立了思腾思特咨询公司，致力于为客户建立企业价值管理体系。"经济增加值"这个名词于 20 世纪 80 年代中期被思腾思特咨询公司注册为商标，然而它的基本概念在此之前很多年就已经广泛出现在学术文献中。

1994 年，斯图尔特在《产业周刊》（*Industry Week*）的一篇文章中说道："回顾 20 世纪 80 年代，重组和杠杆收购（LBO）曾经是主流，人们从未听说过什么经济增加值。后来，LBO 不再流行，我们重新调整了做法，提出了经济增加值。正所谓'能衡量的东西才能管理'，如果你改变了衡量企业业绩的标准，你就会改变企业（执行）行为方式。大多数企业都不知道如何核定资本的流向与回报，也不太关心如何管理资产负债表上的资产。"

以下是斯图尔特对经济增加值的理解：

从销售收入中扣除运营费用，剩下的就是收益。然后再减去一项费用，即资产负债表上的资产融资成本，就可以得到经济增加值。经济增加值是企业经营效率的衡量指标，也是新资本项目的评估手段。

罗伯特·戈伊苏埃塔很早就开始倡导以经济增加值来衡量业绩。1987 年，可口可乐公司开始使用经济增加值评价指标。1993 年，罗伯特·戈伊苏埃塔在发表于《财富》杂志的一篇文章中说："我经常打高尔夫球，我的平均得分是 90 分，所以每一个洞的标准杆都是五杆。我希望采用经济增加值能让我们打出低于标准杆的成绩。事实的确如此，可口可乐公司的业绩表现远远低于标准杆，从而实现了巨大增值。"

罗伯特·戈伊苏埃塔以经济增加值为指标，制定和实施了可口可乐公司的发展战略，放弃了一系列投资收益低于资本成本的业务，包括葡萄酒、意大利面和塑料餐具等产品，转而投资软饮料业务，其资本收益率高达 29.4%，几乎是资本成本的 2.5 倍。同时，由于当时的借款成本比股权成本更便宜，他还增加了借款，并最大限度地利用现有资产来提高生产率。

2.8.3　EVA 的采用

经济增加值很快就得到了广泛应用。到 1997 年，美国至少有 300 家公司已经采用了经济增加值。制造商联盟 1996 年的一项调查结果显示，30% 的受访高级管理人员表示已经落实了经济增加值，还有 10% 正在评估经济增加值。

20 世纪 90 年代初，除了可口可乐公司，经济增加值还得到了很多企业的支持，包括美国电话电报公司和桂格燕麦公司（Quaker Oats）。然而，企业采用的不仅仅是经济增加值这个评估指标。经济增加值的概念本身也是来源于以前的绩效评估指标，例如沃顿商学院前教授戴维·所罗门斯（David Solomons）于 20 世纪 60 年代提出的剩余收益指标，甚至可追溯到英国经济学家阿尔弗雷德·马歇尔（Alfred Marshall）于 1890 年提出的理论。

其他管理咨询公司也提出基于价值的绩效评估指标，为企业提供价值管理服务，包括波士顿咨询集团（Boston Consulting Group）的现金流投资回报模型（CFROI）和麦肯锡咨询公司的现金流折现估值模型。有了大型管理咨询公司的支持，加上来自股东的压力越来越大，越来越多企业开始采用价值管理系统，基于价值的管理原则在全球范围内迅速传播开来。

2.8.4　最终成效

作为一种价值管理工具，经济增加值直至今天仍然十分流行，得到很多机构的支持和采用。尽管也有一些批评的声音，但有研究表明，采用经济增加值的公司的业绩表现往往更加出色。例如，有一项研究比较采用者与非采用者的业绩表现，结果显示，在采用经济增加值之前的三年里，两者的股票市场表现不分上下，而采用经济增加值之后的四年里，采用者的表现比非采用者平均高出 28.8%。

经济增加值也广泛应用于制定员工薪酬制度，将个人业绩与薪酬挂钩，每个员工都设定了经济增加值绩效指标。例如，全球领先的软件公司印度塔塔咨询服务公司（Tata Consultancy Service）于 1999 年开始使用基于经济增加值的薪酬制度。

很多大型跨国组织继续坚持基于价值的管理原则，依据有效利用资本创造股东价值的能力来制定企业的发展战略，例如美国大型联合企业 3M 公司。于 2005 年出任 3M 公司首席执行官的乔治·巴克利（George Buckley）是经济增加值的坚定支持者。

Giant
Steps
in
Management

第 3 章　人力资源

企业如何招募最优秀的人才？如何才能让员工提高工作效率，并对企业的经营目标产生认同感？人事管理创新的目标，就是最大限度地发挥企业人力资源的作用。

3.1　概述

在错综复杂的人力资源管理领域，管理创新并不是那么容易识别与把握。本书介绍的各领域管理创新，大部分都经历过循序渐进的演变过程。但是人力资源管理领域不一样，从我们查阅的资料来看，人力资源管理领域的变革十分复杂，又相当微妙，有关论述也总是含糊其辞、语焉不详。

人力资源管理领域之所以与众不同，是因为有以下两个特征。首先，人事管理创新具有很明显的周期性，我们时不时看到的所谓人事管理新思想，其实都可以追溯到以前的思想浪潮。例如，20 世纪 90 年代的赋能授权运动与第二次世界大战时期的参与管理学派思想几乎没有明显的区别，而 20 世纪 60 年代的工作生活质量的概念明显来自 19 世纪 90 年代的企业福利运动。

其次，人事管理管理创新似乎只是光说不练，很多时候只停留在字面上，少有实实在在的行动。梳理激励或赋能授权**理论**历年来的演变历程相对而言比较容易，但要建立起理论创新与改进管理**实践**之间的联系却困难得多。事实上，有很多例子表明，人力资源管理领域的一些新理论并没有给实际的管理工作带来明显的变化。比如，1924 年至 1927 年，伊利诺伊州西部电气工厂举行了著名的"霍桑实验"，在人类动机的认识上引发了一场革命，至于这项研究对具体的管理实践有什么促进，相关记录却非常有限。

我们在此指出以上两个特征，是为了提醒读者，本章所讨论的管理创新并没有十分确切的起源，而且其历史往往比我们在本书其他章节讨论的管理创新更为悠久。对于部分人事管理创新，我们会用一个案例来说明当时正在进行的变革——例如，在介绍"工作生活质量"激励机制的时候，我们举的例子是美国通用食品公司（General Foods）的托皮卡工厂。对于其他人事管理创新，我们更注重探讨具体管理实践的创始过程，例如美国电话电报公司就为创建**评价中心测评体系**（Assessment Centre）做了大量开创性的工作。

人力资源管理的演变：一部三幕剧

为了帮助读者更好地理解本章要介绍的人事管理创新，我们先对组织人力资源管理发展历史进行简单的梳理。只是人事管理创新的演变并没有什么规律可循，一路走来称得上是步履维艰，在一个时代取得的进步，往往到下一个时代又发生倒退。根据人力资源管理的兴衰，我们可以把人力资源管理发展史划分为三个部分，类似于一部三幕剧。

第一幕的主题是员工福利待遇和激励制度。雇主开始认真对待员工福利和激励的详细记录，最早见于 19 世纪。当时在不同国家都有知名企业大幅地提高了员工福利待遇，后来发展成为**企业福利制度**（Corporate Welfarism）。在企业福利制度一节，我们会详细讨论德国克虏伯公司（Krupp）在19世纪30年代的创新举措。当然也有其他企业采取了类似做法，包括19世纪80年代英国利物浦的威廉·利华（William Lever）、19世纪90年代英国伯明翰的理查德·吉百利（Richard Cadbury）和乔治·吉百利（George Cadbury）、20世纪初美国宾夕法尼亚州的米尔顿·赫尔希（Milton Hershey）。这个时期还诞生了诸如养老金计划、医疗保健计划、公司住宅制度和其他福利等管理创新，其目的都是为了更好地照顾员工，使他们工作起来更快乐，工作效率更高，同时也能够提高公司的道德标准。至于为什么阿尔弗雷德·克虏伯（Alfred Krupp）等企业大亨愿意投入资金发展企业福利制度，人们议论纷纷。有些人认为这是出于深刻的"社会良知"，另一些人则冷嘲热讽，认为这完全是因为想进一步榨取员工的劳动力，达到提高生产率的目标。无论他们出于什么动机，企业福利运动都是一种进步，催生了许多前几代员工无法获得的福利待遇。变革首先是从少数知名企业开始，随后逐渐扩展到工业部门的其他领域。

19世纪末诞生的很多管理创新构成了现代企业组织的重要基石。其中之一就是美国铁路公司首创的**职业经理人制度**（Professional Managers）。在此之前，大多数企业的所有者就是企业的管理者。另一项重要创新是约瑟夫·沃顿（Joseph Wharton）在19世纪80年代开创的**商务教育**（Business Education），职业经理人制度的崛起也得益于此。

到20世纪初，随着**科学管理**时代的到来，企业对员工福利待遇的重视程度有所下降。正如本书其他章节所述，科学管理成为美国和欧洲各地提高生产率和绩效的主要方式，在此期间，流程方面的创新突然变得更加重要，而人力资源管理方面则没有任何值得一提的创新。

第二幕的主题是人际关系运动。人际关系理论成形于20世纪20年代末，尽管其发展历程几经波折，但是直到20世纪60年代之前，人际关系理论都是人力资源管理领域的主流思想。人际关系运动时代开始于著名的霍桑实验，也就是西部电气公司在伊利诺伊州工厂进行的员工激励研究。该研究通过仔细观察一小组员工在不同工作环境条件下的生产效率，弄清楚工作环境对生产效率的影响。从那时起，学术界对霍桑实验的解释一直争论不休，但这项研究激发了关于如何让员工更积极地投入工作的新管理思想。霍桑实验一开始是美国管理学家乔治·埃尔顿·梅奥（George Elton Mayo）、弗里茨·罗特利斯伯格（Fritz Roethlisberger）和西部电气公司高管威廉·迪克森（William Dickson）一起完成的。此后，亚伯拉罕·马斯洛（Abraham Maslow）、弗雷德里克·赫茨伯格（Frederick Herzberg）和道格拉斯·麦格雷戈等众多重要思想家对人类动机兴趣大增。

然而，尽管20世纪30年代冒出了很多关于激励、员工参与等方面的新理论，但却很少有证据表明它们使实际管理工作方式产生了实质性改变。美国的**绩效工资制度**（Performance-related Pay）或收益分享计划是一个例外，其中最著名的是**斯坎伦计划**（Scanlon Plan），该计划试图在工会环境内弥合工人和管理者之间的分歧。

第二次世界大战结束之后，人际关系领域开始快速发展起来。斯坦福大学教授斯蒂芬·巴利（Stephen Barley）指出："一夜之间，企业纷纷开始了关于如何提高忠诚度、激励员工、提升满意度的实验。"美国国家培训实验室（NTL）也在这一时期成立，催生了将社会心理学原理应用于群体动力学的**T小组训练法**（T-groups），很快就被埃克森（Exxon）等公司采用。评价中心也在同一时期出现。在二战期间，英国和美国军队曾经把正式评估候选管理者的想法付诸实践；后来美国电话电报公司采纳了这种做法，成为首家推行评价中心技术的私营企业。

人际关系运动在英国也产生了很大影响，主要得归功于英国塔维斯托克研究所。该研究所成立于1947年，致力于从事工作场所的社会动力学的应用研究。在埃里克·特里斯特（Eric Trist）的领导下，该研究所因为提出社会技术系统理论而声名鹊起。该理论认为，要提高组织效益，必须理解组织内技术和社会两方面的相互作用。社会技术系统思想对英美两国的管理实践都产生了深远的影响。埃里奥特·杰奎斯（Elliot Jacques）根据自己在冰川金属公司（Glacier Metal Company）的研究提出了层级系统理论。作为一种管理模式，该理论认为，员工在层级制度中的位置，与员工长期以来形成的处理复杂工作的能力相称。塔维斯托克研究所因此项研究而声名在外。

在人际关系运动后期，工厂工作的性质出现了重大的革新。斯堪的纳维亚半岛涌现出一系列新举措，包括挪威的产业民主项目和瑞典的工作生活质量运动，其中最著名的例子当属沃尔沃汽车公司的**单元制造**实验。另一部分创新是美国工厂在20世纪60年代围绕着"**工作生活质量**"的概念开展的一系列改革倡议，其中最著名的例子就是美国通用食品公司在堪萨斯州托皮卡市的狗粮工厂。虽然托皮卡工厂并不是第一家实行社会技术系统原则（Socio-technical principles）的工厂，但却是最典型的一家，从中我们可以看到社会技术系统原则的执行过程以及公司在坚持这些原则时可能面临的挑战。

跟其他创新一样，这些创新思想在20世纪60年代和70年代陆续形成，但是后来逐渐让位于理性派或者基于系统的管理理论。由于计算机的出现以及冷战时期主导政府政策的技术官僚思想等种种因素，**运筹学**（operations research）、**战略规划**和管理科学等学科也逐渐兴起。当然，人力资源管理问题在这一时期仍然存在很多争论。但是，无论如何争论，人力资源管理也无法摆脱由技术发展和系统理论引发的管理思想运动的影响。

第三幕始于20世纪80年代初。当时，美国人开始担心日本崛起为经济强国，导致美国整体竞争力明显下降。这种不安情绪充分体现在一些影响力巨大的作品中，比如汤姆·彼得斯（Tom Peters）和罗伯特·沃特曼（Robert Waterman）合著的《追求卓越》，其销量达到500万册。与其他书籍一样，《追求卓越》反复提醒管理者，在组织中，人的因素十分重要，尤其要形成一种支持性组织文化。**导师制与高管教练**（Mentoring and Executive Coaching）和 **360 度反馈评价**（360-degree Feedback）这两大管理创新体现了企业对软性管理的重视。这两者都兴起于 20 世纪 80 年代，但是其核心理念都可以追溯到更早的管理思想。

20 世纪 90 年代，人力资源管理仍然是企业十分重视的议题，通常打着"赋能授权"的旗号，而事实上赋能授权的概念与更早以前的参与管理也并无差别。虽然这一时期不乏创新活动，但大多数的新做法都可以追溯到几十年前的管理创新，如巴西塞氏公司尝试实行的工作场所民主和开卷管理。

3.2 企业福利制度

在工业革命的影响下，到 19 世纪初，真正意义上的制造业企业诞生了，作为企业雇员的工人阶层也随之产生。传统观念认为，企业只需要给雇员发工资就行，但是除了工资，雇员还有更多需求。政府、教会和其他机构无法满足，可能也不愿意满足这些需求。因此，一些工业重镇在 19 世纪出现了严重的社会问题，比如位于德国鲁尔工业区中部的城市埃森，消防设施不足、卫生状况恶劣、教育水平低下、住房条件欠缺等问题普遍存在。

阿尔弗雷德·克虏伯（Alfred Krupp）的父亲生前经营一家名为克虏伯的小型钢铁公司，父亲病逝后，阿尔弗雷德从学校退学，在艰难的环境下继承父业，肩负起继续经营公司的责任。但是，克虏伯公司的产品种类繁多、需求旺盛，包括铸钢、制革工具、铸造模具和轧辊等。1827 年，埃森－克虏伯公司要加快发展，但是公司只有 7 名工人。如果要扩大经营，克虏伯公司必须得找到一种可持续的方法来招募雇员。那么，克虏伯公司能提供什么样的条件来吸引工人呢？这就是阿尔弗雷德要解决的问题。

3.2.1 不仅仅是工资

到 1836 年,克虏伯公司已经认识到,公司需要为员工提供的不仅仅是工资。除了工资之外,公司还必须开始关心雇员的福利。因此,克虏伯公司成立了一个疾病和丧葬福利基金,资金主要来自公司的拨款和工人违反规则的罚款,还有少量由工人自己支付。福利基金最初是自愿性质的,但在 1853 年被定为强制参与。这些做法就构成了企业福利制度,又称为福利事业、福利资本主义、工业家长制和工业改良。企业福利制度缓和了埃森市的社会问题,使克虏伯公司与当地社会共同发展,1860 年克虏伯公司在埃森雇用了 1800 名员工,1913 年上升到 41 500 人。

企业福利主义的概念后来又扩展到更多领域。1919 年,美国劳工统计局将企业福利定义为"在非行业必须和法律要求的前提下,企业在工资之外为员工的身心舒适、智力技能或社会技能的提升所提供的一切好处"。企业福利制度能够提高员工的忠诚度,降低员工的流动率,而且还有利于加强员工的积极性和责任心,最终将有利于企业降低劳动成本并增加产出。此外,企业福利制度还可以减少罢工,抑制工会的发展和影响力,降低政府出手调节劳动力市场的频率,并帮助改善企业的公共关系。再往后,对社会主义思潮的恐惧是企业福利制度继续大受欢迎的另一个原因——特别是在美国。

3.2.2 更多福利

克虏伯公司并非从一开始就刻意要建立企业福利制度。相反,该公司采用了一种零星渐进的处理方式,随着时间的推移,根据实际情况来逐渐增加工人的福利。建立疾病和丧葬基金之后,克虏伯公司从 1860 年开始提供了更优惠的医疗方案,医生费用由公司支付,并提供了 30% 的药品折扣。1872 年,公司建造了一家克虏伯医院。1885 年,养老基金规模有所扩大,公司的支付比例大幅增加。1892 年,退休员工可以免费住在克虏伯公司提供的房子里。1895 年，公司开始实施 65 岁退休方案，1896 年开始实行残疾扶持计划，1899 年开始提供雇员餐食，1900 年开始为雇员建造学校和住房，1903 年甚至开设了自己的牙科诊所。可以说，从雇员进入公司的那一刻起，克虏伯公司就开始保障他们的幸福、安全与健康，直到他们死亡的那一天。

企业福利制度不但在德国和欧洲其他国家迅速蔓延开来，而且在美国也是如此。19 世纪 70 年代，范德比尔特和其他美国铁路大亨建立了基督教青年会（YMCA）。班克罗夫特公司（Bancroft company）为工人提供廉价住房和食物。美国沃伦公司（S. D. Warren）实行八小时工作制，并为员工提供了体育运动设施。普尔曼豪华车厢公司（Pullman Palace Car）的老板乔治·普尔曼（George Pullman）甚至建造了一个完整的员工社区。恩迪科特－约翰逊公司（Endicott Johnson）后来实施的企业福利方案包括收益分享和员工持股等。这家鞋业公司把企业福利制度比作一个幸福家庭，因为"经营企业应该尽量跟经营家庭一样"，并以幸福和谐的家庭形象给公司做广告，老板乔治·F. 约翰逊（George F. Johnson）被描绘成一家之主。正因为如此，公司的人员流动率相当低，只有行业平均水平的 40%～60%。

但是，有些人出于道德原因或自身利益，反对企业福利制度的实施。例如，制鞋业工人联合会表示：

> 我们的制鞋业有几个像墨索里尼那样的独裁者，其中最为突出的一个就是恩迪科特－约翰逊鞋业公司的老板。这位老板把几千名雇员及其家庭的收入和生活控制得死死的。所有的权力都集中在老板手上，然而这位老板似乎希望向他的员工推销超级管理理念，好让他们对他的独裁统治更有信心。

也有人质疑，实行企业福利制度的公司是否能真正改善经济效益。因为福利制度使公司承担的成本更高，因此这些公司的经济效益看上去似乎没有比竞争对手高出多少。而且，员工的工作承诺是否因为企业福利制度而得到加强，也很难说得清楚。

3.2.3 如今的企业福利

如今，商业界已经不再使用企业福利制度这个概念，曾经属于企业福利制度的一些员工福利计划，现在已由政府或保险公司接管。然而，企业应该为员工提供非工资性福利，这一原则直到现在仍然存在，尤其是在缺少技术工人的高度发达国家。人才争夺战迫使企业拿出福利待遇远远超过工资的合同报价。商业杂志经常发布"最适合工作的公司"名单，评选的标准基本上就是如今员工非常看重的福利和补贴。

今天，企业的福利待遇可谓无所不包，例如公司汽车、保险交易、假期待遇、公司餐厅、私用互联网服务等。但是，有了这些还不够，企业还需要成为一个有趣的工作场所，并提供个人发展机会。尽管家长式的态度已经遭到摒弃，但对很多人来说，公司俨然已经成为另一个家了。

3.3 职业经理人

在1845年以前，管理企业一直是企业所有者的责任。企业所有者可能会雇用工头来分担工作，但他们会保留所有的管理责任。然而，到了1845年，一些企业的规模已经大幅增长，在历史相对较短的铁路行业尤其如此。在旺盛的需求和先进的新技术支持下，铁路行业发展迅猛，每年建造的铁路里程越来越长，大量货物通过铁路长途运输，越来越多旅客乘坐火车长途旅行。而铁路长途运输是一项复杂的工作，需要更高的管理水平和更多的决策过程。也就是说，铁路公司需要更复杂的管理结构，而且需要具有一定能力的管理人员来执行任务。

此外，铁路线路四通八达，在地理上非常分散，地方铁路线路的运营必须由地方管理，才能满足快速决策的需要。因此，铁路公司是多部门单位组织，采用区域分部模式，可以说是 M 型结构的先驱。但是，企业所有者分身乏术，只能坐镇一方，不可能同时出现在所有区域分部。因此，英国的伦敦和西北铁路公司（London & North Western Railway）①以及美国的宾夕法尼亚铁路公司（Pennsylvania Railroad）都面临着如何管理业务的困境。在英国，政府刚刚颁布了《铁路条款合并法》（*Railways Clauses Consolidation Act*），降低了铁路货运费用和客运票价上限，对于一个已经产能过剩、竞争激烈的行业来说，这无疑是雪上加霜。

3.3.1 使命感

历史证明，解决上述问题的最佳办法是雇用职业经理人。关于职业经理人的定义，《经济学人》记者约翰·米克尔思韦特（John Micklethwait）和阿德里安·伍尔布里奇（Adrian Woolbridge）认为："职业经理人是在工作的组织没有所有权，但却把整个职业生涯都奉献给这个组织的专业管理人员，他们对自己的事业有一种很强的使命感（有些职业经理人甚至看不起创办公司的管理者，觉得他们只是业余经理人）。"当然，经理人不是什么新鲜事物，以前也有经理人，但他们的身份更多是企业的老板，或者在某些情况下是贵族。现在，经理人变成了一种职业，就像医生或律师一样。

早期的职业经理人有一个典型例子，他的名字叫马克·休伊什（Mark Huish）。休伊什曾经从军，军衔至陆军上尉，在多家铁路公司担任过秘书。1846 年，他被任命为伦敦和西北铁路公司的总经理。他并非公司的所有者，但是他手中所掌握的权力和责任是前所未有的。他的任务是"让全部铁路线路交通保持顺畅"。几年后，宾夕法尼亚铁路公司和其他美国铁路公司纷纷效仿英国同行的做法，任命职业经理人管理铁路交通运营。

---

① 伦敦和西北铁路公司是西海岸主线（West Coast Main Line，WCML）的前身，运营时间从 1846 年开始，至 1922 年结束。——译者注

权力游戏

任命休伊什为总经理对伦敦和西北铁路公司具有重大影响。在任职期间，他积极推动新技术的发展，发展了铁路管理的概念，撰写文章来分析铁路事故，并率先为铁路配备安全系统，采用电报作为铁路内部行政管理的通信工具。然而，眼看着休伊什和公司其他职业经理人手握大权，实力日益强大，曾经任命他们的董事心有不甘，想要收回权力。这一类董事往往出身贵族，所以在某种程度上说，这也算是一种社会阶级冲突。然后，其他铁路公司开始反对休伊什，非议他的权力地位，迫使他在1858年辞去了职务。

1850年，宾夕法尼亚州铁路公司董事会发现，光靠董事会已经无法有效地处理公司的所有业务，只好任命了几十个职业经理人来管理公司，他们很快也会晋升高位、大权在握。从理论上说，职业经理人的唯一目标就是努力实现公司的长期绩效，确保公司长盛不衰。但是，现实问题很快又出现了：随着职业经理人手中的权力越来越大，企业所有者不知道如何才能确保他们听命行事，也很难保证他们不会仗着手中的权力来谋取私利，而非为公司的利益工作。

3.3.2 管理职业化

随着雇用职业经理人的铁路公司越来越多，受雇的经理人数量也迅速增长。职业经理人的作用是巨大的，他们不但推动了很多技术创新，而且还对会计系统和信息系统等组织变革做出了贡献。总体来说，雇用职业经理人的公司在业绩上都有所提升。事实证明，雇用职业经理人使铁路公司之间的协调更加有效，有利于提高铁路交通系统的安全性和互操作性。关于职业经理人的贡献，伟大的企业史学家阿尔弗雷德·钱德勒（Alfred Chandler）评价说：

美国第一批现代多部门单位企业的管理人员之间的紧密合作，为铁路运输降低成本、提高速度和规律性做出了不可磨灭的贡献。

职业经理人制度迅速传播到其他行业，经理人成为一种职业，由此也激发出市场对商务教育的需求。

3.3.3 无处不在的经理人

在当今时代，还有谁不是个经理呢？除了公司的总经理，还有足球经理、幼儿园经理、餐厅经理、火车经理，甚至还有危机经理、重建经理或临时经理。我们知道，企业管理方式各种各样，有些效果比较理想，有些效果则不太理想。没有职业经理人和商务教育，我们这本书就不可能存在，因为正是这两项管理创新创造了对管理创新知识的需求。市场对于职业经理人的旺盛需求将一直存在，对此我们已经不再怀疑。

然而，作为管理者，他们永远无法从"火线"上轻易地撤离下来，因为所有者与管理者之间的矛盾——也就是所谓的代理冲突——永远不会消失。如果绩效评估不达标，管理者就会被解雇。员工对管理者的态度也各不相同，有些人赞美，有些人批评。管理这个词本身也被赋予了丰富的价值。

今天，要成为一个有效的管理者，需要具备同时处理好多项任务的能力：要处理好与各方面的关系，包括与公司上下级的关系，与外部合作伙伴的关系，与股东和政府、非政府组织、媒体等利益相关者的关系；要激励其他人完成预期的任务；要做出有望为公司带来收益的风险决策。每一项任务都是十分艰难的挑战，只有训练有素或运气极好的少数人才能完全胜任。

3.4 商务教育

职业经理人问世约30年后，由于科学技术的快速发展，美国制造业的面貌焕然一新，企业数量不断增加，企业规模持续扩大，劳动力的规模也大幅增长，此时的制造业比以往任何时候都需要大量的专业管理人员，企业比任何时候都需要能够出色完成任务的优秀管理人才。那么，如何才能培养出更优秀的管理者呢?

约瑟夫·沃顿（Joseph Wharton）一直在思考这个问题。他的职业生涯从一个实习簿记员开始，最终在金属行业赚取了可观的收入。他曾经是索康钢铁公司（Saucon Iron Company）的董事，该公司后来改名为伯利恒铸铁公司，之后又改为伯利恒钢铁公司，也就是弗雷德里克·泰勒日后探索科学管理理论的地方。在为伯利恒钢铁公司招聘领导人才的时候，他发现很难找到合适的人选。那时候也有所谓的"商业学校"，提供为期三个月的培训课程，教授商业算术、简易簿记和书法培训等技能。在他看来，这些学校培养的是文员，而不是训练有素的企业领导者。在他看来，"在美国商业界，商务教育是严重缺失的"。

3.4.1 起始阶段

约瑟夫·沃顿深信，美国需要一种以人文科学为基础、以社会科学为重点的新型商务教育，为未来的美国商界培养学识渊博、胸怀宽广的企业领导者。因此，1881年，沃顿决定向宾夕法尼亚大学捐赠10万美元，建立一所培养商界能手和公众领袖的学院，大企业和政府机构在招聘员工的时候，就会有大量的人才可供选择。就这样，宾夕法尼亚大学沃顿商学院成为第一所真正意义上的商学院，与当时已有的商务教育模式截然不同。沃顿认为，比起技术技能，财务管理、社会技能和人际关系技能对企业取得成功更为重要。因此，沃顿商学院要以此为重点来培训学生。在沃顿看来，正规商务教育的出现，是职业经理人制度兴起的自然结果，正规商务教育可以培养出更优秀的经理人，应该也能够提高其任职企业的业绩。

捐赠款项到位之后，沃顿商学院开始正式运营，但是也遇到了一些麻烦。学院的部分教师是从文科院系调过来的，他们沿用了原来在文科院系的教学方法，与沃顿要求的强调实践的教学方法相去甚远。两年后，他们当中有许多人被大学管理部门解聘，取而代之的是更熟悉商业科目的教师。这些教师建立了一套别具特色的商务经典课程，与其他学科领域的经典课程大相径庭。师资缺乏问题在很长一段时间内都无法解决，特别是商务经济学这样的科目，很难确定属于哪一个研究领域。

除此之外，沃顿商学院还面临着其他问题。文理学院曾经提出要限制沃顿商学院教授的课程。在创办之初，沃顿商学院也遇到了资金短缺问题。虽然商学院得到的捐款数额很大，但是如果没有其他收入来源，光靠捐款也难以长期发展下去。此外，还有人担心沃顿商学院的学术水平和奖学金标准会低于大学的其他院系。

3.4.2　更多商学院

克服了创办初期遇到的问题后，宾夕法尼亚大学沃顿商学院取得了巨大成功。然而，建立商学院需要耗费庞大的资金，还需要克服其他传统学科的强大阻力。所以，经过很长时间之后，其他大学才陆续开设商学院。1900 年，在获赠捐款之后，达特茅斯大学成立了埃莫斯·塔克工商管理学院。在此之前，达特茅斯大学校长威廉·杰威特·塔尔（William Jewett Tucker）发现，以前大学有 90% 以上的毕业生从事法律、医学、牧师、教学等工作，但是到了 1899 年，这一比例下降至 64%，选择商务职业的毕业生比例大幅增加。他认为这个趋势将会持续下去，所以决定在达特茅斯大学开设一所商学院。

在商学院经过正式培训的大学毕业生十分受欢迎，市场对管理人才的需求不断增加，其他美国大学也效仿宾夕法尼亚大学成立商学院，包括芝加哥大学（1898 年）、加利福尼亚大学伯克利分校（1898 年）和哈佛大学（1908 年）。但是在其他国家，还要再过几十年之后，商学院才正式出现。例如，英国的第一所商学院直到 20 世纪 60 年代才成立，英国最顶尖的两所大学在 20 世纪 90 年代才成立了商学院。

3.4.3　盛行全球

如今，商务教育行业在持续地快速增长，几乎所有大学都设有一所商学院或者管理学院。但是，商务教育的蓬勃发展并非只局限在高等院校内，许多私人企业现在也提供商务教育，有的只面向内部员工，有的还面向其他公司。随着时间的推移，商务教育的课程设置也在不断演变，有效的管理者需要具备的能力结构也在持续发生变化。今天，获得商务教育的一个主要途径是攻读工商管理硕士（MBA）学位。但是，MBA学位经常因为各种理由而遭到批评，有人认为MBA教授的内容过于肤浅，或者传授的技能组合跟不上时代。尽管如此，很多学生还是非常乐意投入大笔资金攻读MBA学位，其他学位和非学位的商务教育也是如此。要是约瑟夫·沃顿看到现在商务教育的蓬勃发展，一定会感到非常高兴。

3.5 绩效工资制度

制定薪酬标准对于任何组织来说都是一个挑战。从历史经验来看，在劳动力过剩时期，企业可能只愿意支付劳动力市场可接受的最低工资。但是，在劳动力短缺时期，权力平衡发生了转移，企业需要从更小的人才库中吸引到最好的员工。

同时，无论外部市场条件如何，企业都需要采取措施，激励现有员工充分发挥潜力。如果不考虑业绩水平，所有员工的薪酬都一样，那么最优秀的人才很可能会失望离去。因此，长期以来，为了最大限度地提高个人绩效，从而提高组织绩效，不同的组织机构已经尝试过各种各样基于产出的薪酬计算方式。例如，在16世纪，有些行会曾经用"计件"的方式给工人结算工资，也就是说，支付薪酬的依据是工人生产的产品数量，而不是工作的时长。在工业革命时期，大西洋两岸的英国和美国都采用了不同形式的计件工资制。

在20世纪20~30年代，为员工制定合理的激励方案已经成为一项迫在眉睫的任务。利用科学管理技术，企业能够提高员工的劳动生产率，但往往以牺牲员工的利益为代价。根据新的管理思想，企业工作流程设计的重点应该重新回到人的因素上，人际关系运动尤其强调人的作用。此外，此时工会的力量已经变得十分强大，经常抵制企业管理者提出的生产率提升举措。鉴于这些紧张关系，企业该如何制定一个将员工的薪酬收入与企业的绩效挂钩的薪酬制度呢？

3.5.1 斯坎伦计划

最著名的解决方案——当然绝不是唯一的解决方案——当属约瑟夫·斯坎伦（Joseph Scanlon）的天才之作。斯坎伦的职业生涯相当丰富多彩，他曾经是一名拳击手，担任过成本会计师，当选过工会主席，后来成为麻省理工学院的讲师，讲授劳资关系课程。在此过程中，他发明了斯坎伦计划，旨在让工人能够分享自己的劳动成果，同时激励他们更加努力地工作。

当时，俄亥俄州有一家濒临倒闭的钢铁工厂，斯坎伦正是当地钢铁工人工会的主席。斯坎伦把工人和管理层召集到了一起，商议制定了一个工会和管理层共同协作的生产率计划。工会和管理层就生产率的提升幅度达成一致，如果工人能够降低单位成本，提高生产效率，那他们就可以从节省下来的费用中分得一份奖金。最重要的是，这个计划不是竞争性的，不会将个人激励置于集体报酬之上，而是根据集体努力的成果予以奖励。

这个劳资协作计划成功了，工厂不但没有破产，而且还转亏为盈。来自工会生产委员会的一个提议，竟然在一年内就节省了15万美元的资金。于是，斯坎伦被调到工会总部，以便指导其他钢铁厂实施他提出的生产率提升计划。

在工会总部，斯坎伦就像一个故障检修员，哪家企业出了问题，他就带着这个劳资协作计划去解决问题。1945年，他在俄亥俄州的一家钢罐制造商亚当森公司（Adamson Company）实施了这个计划。一年后，亚当森公司的生产率提高了5倍，按计划分配奖金之后，管理人员发现自己的收入比以前翻了一番。

机床厂的激励制度

接下来，斯坎伦来到了马萨诸塞州的拉普安特机床公司（Lapointe Machine Tool），帮助该公司在 20 个月内将生产率提高了 61%。不久之后，斯坎伦在一家已经很成功的公司实施了他的劳资协作计划。这家公司并没有受到工会问题的困扰，但是由于采用了当时惯用的激励计划，即奖励个人表现而不是团队业绩，因此出现了员工激励问题。在头 12 个月里，除了一个月之外，工人每个月都获得了奖金，在奖金最高的那个月，工人的收入比平时工资增加了 27%。

到 20 世纪 50 年代，60 家不同行业的工厂都成功实施了斯坎伦计划。斯坎伦因此大受鼓舞，便接受了麻省理工学院的教职。在麻省理工学院，斯坎伦能够与道格拉斯·麦格雷戈等当时最著名的管理思想家直接交流、讨论。后来，麦格雷戈出版了影响力巨大的《企业的人性面》一书，并在书中高度赞扬了斯坎伦计划。斯坎伦于 1956 年去世，他的管理思想由弗雷德里克·勒西厄尔（Frederick Lesieur）整理为《斯坎伦计划：劳资合作的前沿》（*The Scanlon Plan: A frontier in labour-management cooperation*）一书，于 1958 年出版。

更广泛的影响

斯坎伦计划体现了绩效工资制度的两个重要原则：集体（如工厂）绩效与个人奖金直接挂钩；制定劳资合作计划，鼓励工人和管理层共同努力以实现共同的目标。然而，作为一种薪酬制度，斯坎伦计划并未区分勤奋的员工和懈怠的员工，没有解决个人绩效工资问题，具体实施起来相当笨拙。正因为如此，斯坎伦计划并没有得到广泛采用。直到写作本书时，斯坎伦计划研究所还有 25 家付费会员企业，对于大多数企业来说，斯坎伦计划只是一个有趣的历史故事，而不是当前要实施的管理方案。

不过，斯坎伦的管理思想在管理学界具有十分重要的地位，其影响之广泛绝不是斯坎伦计划研究所就能够说明的。第二次世界大战结束之后，人际关系运动正如火如荼，很多企业都采用了不同形式的绩效工资制度，其理论基础显然就是斯坎伦的管理思想。

斯坎伦的管理思想是他在担任工会主席的时候提出的。到了20世纪后半叶，企业高管的薪酬方案往往还包含高倍杠杆收益。20世纪80年代的兼并收购风潮进一步推动了高管薪酬方案的变革，高管的薪酬收入不再是达成财务目标以赢得奖金，而是直接与公司股价挂钩。这种做法也逐步开始用于制定其他级别员工的薪酬方案，而且现在越来越多企业将股票期权列入员工总体薪酬。

3.5.2 股票期权激励

以股票期权作为激励手段，是希望通过给予高管个人在公司中的股份，使他们的利益与公司的利益保持一致。然而，有批评者指出，在一个处于上升期的股票市场，例如在20世纪90年代，即使公司业绩远低于所在行业的平均水平，公司高管仍然可以获得股票期权收益。

1990年，《哈佛商业评论》刊登了一篇文章《CEO激励机制——关键不是支付多少，而是支付方式》。文章认为，首席执行官的薪资收入与公司的业绩几乎没有联系。克兰菲尔德管理学院教授鲁思·本德（Ruth Bender）2004年发布的更多研究表明，很多企业之所以采用绩效工资制度，只是因为同行采用了，而不是为了激励员工。

进入21世纪，一桩股票期权的回溯日期丑闻浮出水面，某些公司高管更改股票期权的授予时间，选择一个过去股价更低的日期，以获得更高的期权回报，最终事情败露。这样的违规丑闻破坏了人们对高管绩效工资制度的信心。

从以上种种现实情况反映出绩效工资制度的一个根本问题：在大型企业里，制定一个既能激励所有员工，又符合公平原则，并且保障股东利益的激励机制是不可能的。很多企业还在继续摸索，不断尝试新的激励方式，以弥补现有激励机制的缺陷。我们也看到，越来越多的企业开始采用更强烈的使命感等非财务手段来激励员工，例如美体小铺（the Body Shop）①、巴塔哥尼亚（Patagonia）②、全食超市（Whole Foods Market）③等。

3.6 评价中心

20世纪50~60年代，随着管理越来越专业化，企业面临着一个新的挑战——为管理岗位寻找合适的人才。问题是，很多岗位的候选人都来自专业领域，几乎没有常规管理经验。如果一个管理岗位所需要的技能与候选人用于完成现有工作的技能不同，那怎么样才能判断候选人是否适合这个管理岗位呢？此外，如果候选人也没有机会展示完成现有工作的技能，例如一个销售员申请转岗为销售经理，或者一个科学家申请担任管理职位，在这种情况下，申请人的综合能力该如何评估呢？

即使申请人接受过管理工作培训，或者有过管理经验，那么，光看申请人的简历，我们又能在多大程度上推断出他们在未来的实际表现呢？这不仅是填补现有职位空缺的问题，因为企业还需要创造一个良好的渠道，为未来的发展选拔储备人才。因此，企业需要设计一个高效的人才甄选流程，以便迅速识别高潜力的候选人，帮助他们快速地获得晋升，并为承担高级管理职责做好准备。那么，什么才是评估人才技能和潜力的最佳方法呢？

3.6.1 发现人才

为了满足甄选人才的需要，企业组织开发了一个综合测评体系——评价中心。评价中心是甄选管理人员的一项人事评价过程，通过一系列测验（客观测验、投射测验及情景测验）、面试和其他方式来判断评估对象的能

---

① 英国化妆品公司。
② 美国户外时尚品牌。
③ 美国有机食品零售商。

力。用于识别组织内部高潜力人才的评价中心，也称为发展中心。

通常情况下，申请管理岗位的候选人或者人力资源部门认定的高潜力人才会参加评价中心，并接受一系列测试，整个过程通常需要几天时间。评估对象的测试结果被整理成评估报告提交给管理层，由管理层来做出最终的聘用决定。

把经过评价中心甄选之后聘用或晋升的管理人员作为试验组，另一组通过其他方式选拔聘用或晋升的管理人员作为对照组，在未来某个时候再比较试验组与对照组的发展情况。在理想情况下，试验组管理人员的发展情况将会比对照组更好。

3.6.2 军官甄选

有人认为，"评价中心"的概念可以追溯到哈佛大学教授亨利·默里（Henry Murray）在20世纪30年代进行的人格研究。

然而，第一次大规模地使用多重评估程序是在第二次世界大战期间。军事组织为了挑选和培养优秀的军事人才，使用多项评价程序来筛选士兵，这就是评价中心的雏形。德国军官招募计划和英国陆军部评选委员会（WOSB）都曾经通过这种评估方式来甄选军官。第二次世界大战期间，美国战略情报局（OSS）1943年制定的情报人才甄选程序或许最为著名，美国战略情报局的测评工作人员还将甄选程序和过程撰写成文，出版了《人员评估》（*The assessment of men*）一书。

这些军事组织为评价中心贡献了不少测评技术和手段，包括无领导小组讨论、多种测试方式、多名评价者和综合书面报告、各种情景模拟演练等。

3.6.3 管理发展研究

与战略规划和运筹学等其他在军事领域发起的创新一样，评价中心很快地便进入了商业领域。第一个例子是1956年美国电话电报公司开展的管理发展研究项目，其目的是通过研究来自六个贝尔系统运营公司的422人，发现决定职业成功的因素。

研究人员运用评价中心技术对研究对象的管理潜能进行了评估。评估分组进行，每个小组约有12人。在为期三天半的测评中，研究人员采用的心理学评估方法包括：临床访谈、样本调查、书面测试、小组问题和无领导小组讨论等。该研究项目从1956年开始，到1960年结束，历时四年。研究报告发表之后，"评价中心"一词才确定为管理学专有名词。

该项目的研究成果给美国电话电报公司留下了深刻的印象。因此，1958年，该公司决定以此项目作为人事测评方案（PAP），将项目范围扩大到密歇根贝尔电话公司（Michigan Bell Telephone Company）。随后，评价中心技术迅速推广到其他贝尔公司。很快，标准石油公司、通用电气公司、西尔斯罗巴克公司（Sears Roebuck）等企业也意识到评价中心技术的作用，并成立相应的机构来评价和甄选人才。

3.6.4 评价中心发展状况

后来，评价中心成为应用十分普遍的人才测评技术。威廉·白翰姆（William C. Byham）为评价中心法国际大会撰文时提到，正在使用或曾经使用过评价中心技术甄选员工的制造工厂已多达数百家。在文章中，白翰姆援引日本汽车制造商丰田公司为例证：该公司在肯塔基州开设工厂，通过评价中心技术从22 000名申请人中挑选出了3000名合格员工。

评价中心还利用技术的进步来提高评估结果的可靠性和有效性，例如对评估对象的行为进行录像。此外，在评估公司内部的高潜力管理人员时，很多公司将评价中心的测评项目融到管理人员的日常工作中，既可以简化评估过程，又可以降低测评成本。如果将所有管理人员都集中在一个地方进行评估，反而可能对公司的运营业绩产生不利影响。

作为一种人力资源管理工具，评价中心技术已经广泛应用于人才评估和选拔。但是，这种人才评估方式是否真正公平、有效，也受到一定的关注。

基于评估对象的表现所做出的决定对评估对象的职业生涯影响极大，一旦出现法律纠纷，无疑会成为法庭抗辩的焦点。因此，美国成立了一个特别工作组来审核评价中心的各种测评手段，并随后发布了旨在规范评价中心测评工作的文件《评价中心的实施标准和道德准则》，得到了评价中心法国际大会的认可。

3.7 T小组训练法

20世纪40年代末，世界正在从第二次世界大战造成的破坏中逐渐恢复过来。在经历一段激烈的全球冲突之后，包括美国在内的很多国家正试图解决不同群体之间的内部冲突。

同时，传统的将企业组织视为机器、将工人视作移动零部件的机械主义观点日渐式微，而认为企业组织是共生共荣的社区的人文主义观点得到的支持越来越多。随着人文主义思想深入人心，与人有关的问题在管理领域中也逐渐凸显出来。

企业需要寻找新方法去理解人的行为，需要找到新的培训方式去教会管理人员如何处理与人有关的种种问题，比如人与人之间的冲突、不当行为或无益行为等。

3.7.1 训练时间

20世纪50年代有一段时间，培训小组——也就是T小组训练法——成了解决以上问题的答案。T小组训练法是德国出生的美国心理学家库尔特·勒温（Kurt Lewin）提出的概念，主要目的是让受训者在群体环境中审视自己的观点和行为，反思自己的观点和行为对别人的影响，在此过程中学会如何有效地沟通，特别是要学会了解自己的情绪以及如何向他人传达情绪。

T小组训练法本质上是一种非正式、非结构化的人际关系培训方法，因此很难准确地描述和定义。培训小组的训练由培训师主持，但是培训师大部分时间只是观察培训小组发生的事情，很少介入其中。在培训期间，通过坦诚的互动与交流，受训者将会逐渐形成一种群体认同感，进而反思自己的感受，体察和理解他人的感受。T小组训练法一般要保证受训者有足够的空间和信任来尝试不同的行为。

在学习过程中，培训师会提供必要的帮助，鼓励和提示受训者，偶尔为受训者进行解释并提供理论依据，主动敞开心扉，以鼓励小组成员坦诚交谈，根据受训者的任务情况做出反馈，还会针对某些语言和行为提出质疑和挑战。

3.7.2 男孩俱乐部的试验

20世纪40年代，儿童心理学教授库尔特·勒温在艾奥瓦州的儿童福利研究所工作期间，在艾奥瓦市的男孩俱乐部进行了领导力风格研究。男孩被分为条件大致相同的三个组，各组的领导风格各不相同，勒温和同事在旁边观察，把三个小组的互动过程与工作效果全部记录下来。结果发现，民主型领导风格的小组工作效率最高。现在看来，这个结论一点也不令人惊讶，甚至可以说是理所当然。但不要忘记，那是一个科学管理主导的时代，专制型领导风格是当时的主流。

1946年，勒温在麻省理工学院创办了群体动力学研究中心并担任中心主任。应美国犹太人议会社区关系委员会和康涅狄格州跨种族委员会的要求，勒温帮助他们培训社区领导者，创造更融洽的社区关系。

培训的地点在康涅狄格州的新不列颠市，受训者被分为三个持续的学习小组。每个小组都有一个领导者、一个观察员和多个组员。每个组的观察员负责记录培训的过程与结果，随后聚在一起开会讨论。

有一次，有几个组员提出要旁听观察员的讨论会议，勒温同意了。在讨论中，观察员对一位女性组员当天早些时候的行为进行了解读，这位女性组员正好在旁听，她不认同观察员的解读。随后，观察员和旁听组员就不同的行为及其解读展开了热烈讨论。这次会议取得了巨大的成功，从此以后，类似的讨论环节成为每次会议的重点。于是，勒温发现了一种新的学习方法——通过小组讨论的体验学习，而不是授课。

3.7.3 冻结进程

勒温认为，把团队成员聚集在一起进行训练，可以充分地暴露团队内部的冲突。T小组训练法的理论基础来自勒温提出的三步骤变革过程分析法，即"解冻——变革——再冻结"模型。T小组训练法就是改变行为模式的一种手段。

为了进一步发展这个理论，勒温与同事计划建立一个"文化岛"专门用于实验室培训，以便更好地研究T小组训练法。他们找到了一个合适的地点：缅因州贝瑟尔的一所旧学校。但是不久之后，勒温因心脏病发作，不幸在1947年英年早逝。历史证明，在贝瑟尔成立的美国群体动力学国家培训实验室产生了极大的影响力，整整一代人际关系专家都参与其中，包括沃伦·本尼斯（Warren Bennis）、道格拉斯·麦格雷戈、罗伯特·布莱克（Robert Blake）、克里斯·阿吉里斯（Chris Argyris）和埃德加·沙因（Ed Schein）。"那时候，众多管理学大师云集国家培训实验室，探讨群体动力学议题，思想交流十分活跃，有一种重大发现即将破土而出的迫切感，那种氛围令人振奋不已。"沃伦·本尼斯回忆道，并向实验室的创始人罗纳德·利皮特（Ronald Lippitt）、肯尼思·贝恩（Kenneth Benne）、利兰·布拉德福德（Leland Bradford）表示敬意。

国家培训实验室的第一次会议十分成功，1948年的会议更加火爆，参会者数量超过了100名，还有更多人被拒之门外。随后，国家培训实验室的规模迅速扩大，在美国各地开设了实验室，很多大公司成为国家培训实验室的积极支持者，例如埃克森公司。英国也出现了一次群体动力学研究的浪潮，引领浪潮的是塔维斯托克研究所，以及管理思想家埃里克·特里斯特和临床心理学家梅兰妮·克莱茵（Melanie Klein）等学者。20世纪60

年代，国家培训实验室出版了期刊《应用行为科学》，它在各地所开设的实验室几乎翻了一番，而且数量仍然持续增加，一直到 20 世纪 70 年代。

3.7.4 边缘化

1975 年，国家培训实验室主任退休，国家培训实验室经历了一段艰难的时期，很多会员对董事会积怨已久，整个组织凝聚力缺失，已经濒临解散。经过重大改组，国家培训实验室的董事会换上了新面孔，终于解除了这次危机。

今天，国家培训实验室仍然存在，但 T 小组训练法的概念已被边缘化。有人对 T 小组训练法的培训程序提出异议，例如敏感性训练。有些研究论文怀疑 T 小组训练法的培训过程会导致受训者造成心理上的伤害。但总体来说，T 小组训练法逐渐被一系列更注重结果的训练方法所取代。而且，很多企业认为，高层管理人员同时消失几个星期参加自我反思，这是很不切实际的事情。与其这样，倒不如选择商学院或者其他培训机构，参加更有针对性的培训项目。

但是，千万不要低估国家培训实验室的 T 小组训练法对那一代商学院教授的深刻影响。现在的很多自我反思和小组工作的标准方法都可以追溯到库尔特·勒温在 20 世纪 40 年代开创的管理思想。

3.8 工作生活质量

20 世纪 60 年代是社会动荡不安的十年，企业界也发生了翻天覆地的变化。第二次世界大战结束之后，经过多年的发展，北美和欧洲国家的生产率和经济实力都有了大幅提升。但是，大多数人的工作生活质量实际上并没有得到相应的提升。

管理思想也在向前发展，始于 20 世纪 30 年代的人际关系运动仍然如火如荼，但实际上已经接近尾声，只是其倡导者当时并没有意识到罢了。在美国，道格拉斯·麦格雷戈、埃德加·沙因、克里斯·阿吉里斯和沃伦·本尼斯等著名的组织思想家坚持以"企业的人性面"作为研究重点。欧洲尚未产生明确的思想流派，但是不乏孕育管理思想运动的土壤。在英国，塔维斯托克研究所创始人埃里克·特里斯特和其他学者提出了开创性的"社会技术系统"（Socio-technical System）管理思想，将工作场所的社会动力学问题与技术要素相结合。在瑞典和挪威，对高质量工作环境的重视催生了重要的管理实践创新，例如沃尔沃公司尝试采用的单元制造方式。

但是，对许多公司来说，提高工作生活质量只是一种理想化的说法，距离现实的管理实践还相当遥远。在这个时期，虽然很多企业都实施了工作生活质量试验，但是员工对试验结果的满意程度却明显不同。

3.8.1 通用食品和托皮卡

也许最著名的工作生活质量实验，发生在通用食品公司位于堪萨斯州托皮卡市的工厂。托皮卡工厂不是第一家实施工作生活质量试验的工厂，而且它的试验并不算特别成功，只是因为得到了媒体的大力宣传，才成为这个时代管理创新的典型代表。

事情要从 1968 年开始讲起。那时候，通用食品公司也遇到了劳工问题，生产效率尤其低下。公司在伊利诺伊州的坎卡基市有一家狗粮生产厂，由莱曼·凯彻姆（Lyman Ketchum）和埃德·杜尔沃斯（Ed Dulworth）两位资深的工厂经理负责经营和管理。这家工厂人事臃肿，劳资关系十分恶劣。当时这种情况其实十分常见，大多数厂长可能早已习以为常，但是凯彻姆和杜尔沃斯不一样，他们心生不满，希望能改变现状。他们曾参加过国家培训实验室的 T 小组培训，也了解过社会技术系统的概念和欧洲的工作生活质量运动。

新的愿景

凯彻姆和杜尔沃斯开始将社会技术系统思想引入坎卡基工厂。1969

年，他们成功说服通用食品公司的高级管理人员投资建设一个全新的狗粮工厂，这才是他们大施拳脚的大好机会。新工厂选址是堪萨斯州的托皮卡市，凯彻姆和杜尔沃斯被委以重任，按照社会技术系统原则，从零开始设计新工厂。新工厂没有主管，只有自主管理的团队，由团队成员轮流担任领导。领导权威将来自于工作能力和工作热情，而不是工资等级。传统工厂为了区分等级地位而为管理人员设立的专用餐厅、浴室、停车位等，在托皮卡工厂一律被取消。团队有权改变工作方式，无须获得上级许可。工人也不必一直在生产线工作，他们可以利用不在生产线的时间思考如何更高效地生产狗粮。

托皮卡工厂的设计理念相当超前，在当地可以说是闻所未闻，但是这个设计其实具有很强的现实基础。宝洁公司在俄亥俄州的莱马工厂也做过类似的试验，凯彻姆和杜尔沃斯从中学到了不少实用的技巧。他们还得到了哈佛商学院教授理查德·沃尔顿（Richard Walton）的帮助，沃尔顿曾经担任国家培训实验室的培训师，专业知识和经验都非常丰富。

1970年，令人耳目一新的托皮卡工厂建成投产，并且很快就开始创造纪录。与坎卡基工厂相比，托皮卡工厂的生产成本下降了40%，缺勤率从15%降至2%，理查德·沃尔顿称之为"百分之百的成功"。

治愈蓝领工人的痛苦

托皮卡工厂的业绩表现无可匹敌，全国各地的管理学者和厂长很快闻风而动，纷纷到托皮卡工厂取经。不久，《哈佛商业评论》《纽约时报》和美国各大周刊、电视台等媒体开始连篇累牍地报道托皮卡工厂的故事，将凯彻姆和杜尔沃斯的管理方法吹捧为灵丹妙药，可以治愈"蓝领工人的痛苦"。

对于两个经营狗粮厂的人而言，得到这么多媒体的报道，可以说是相当了不起的成就。在通用食品公司内部，他们也得到了表扬，但是远远比不上外界的交口称赞。而且，托皮卡工厂开业之后还不到五年，凯彻姆和杜尔沃斯就被迫离开工厂。公司高管并没有鼓励公司上下向托皮卡工厂学习，反而将其视为病毒，要小心防范，以免传播到其他工厂。工人确实更喜欢灵活有趣的工作场所，但是凯彻姆和杜尔沃斯的同行们都不愿意在自己的工厂里施行像托皮卡工厂那样激进的改革措施。托皮卡工厂曾几度易主，从一开始的通用食品公司，到后来的安德森－克莱顿公司、桂格燕麦公司、雀巢公司。虽然母公司基本上都不认同激进的改革，但是托皮卡工厂仍然一如既往地坚持实行团队自主管理制。

3.8.2　回到未来

今天，虽然工作生活质量和社会技术系统这两个概念已经很少使用，但是企业应该在员工的社会需求和技术要求之间取得平衡的基本理念已经深入人心，而且还经常老调重弹，只不过用词不一样罢了。现在，绝大多数大企业已经贯彻了这一理念，推行"自我管理团队"或者"高绩效团队"管理模式。例如，20 世纪 90 年代末至 21 世纪初，英国发动机制造商罗尔斯－罗伊斯公司（Rolls-Royce）通过推行自我管理团队模式，使公司的生产率至少提高了 30%。

但是，在建立社会技术系统问题上，很多理论上的设想往往难以落实，理想与现实之间还存在很大的落差。有大量的工厂在实行这一系统几年之后，又退回到"命令加控制"的方式了。社会技术系统要求管理者下放权力，要求工人为自己的命运负责。要长期落实这些要求，就必须进行组织改革，而且很多时候需要推翻以往所有的组织行为规范。社会技术系统管理模式确实有很多优点，但是这种管理模式比较脆弱，需要持续地进行调整。

3.9　导师制和高管教练

长期以来，人们认为资本才是企业竞争优势的重要来源，而人力只是起到"左右手"的作用。但时过境迁，这种观念开始变化。到 20 世纪

70 年代，人力资本开始备受关注。企业的员工和他们的知识技能逐渐成为重要的组织资产。在这种背景下，员工的个人发展也开始备受重视。学院培训、各种商业课程和公司内部培训是所有员工都可以选择的重要学习方式。

那么，组织的高层管理人员有哪些学习方式可选呢？如果企业高管想打磨自己的领导能力，他们应该怎么做呢？还有那些乐于接受新挑战，或者想更快获得晋升的管理人员，他们应该如何着手呢？管理者的职位级别越高，其个人发展培训就越难做。首先，谁能够给他们做培训？高管培训的内容通常是领导风格的培养、个人效能提升和人际关系技能训练，包括同理心、沟通能力和聆听技巧等。企业内部职位级别较低的人员是很难给高级管理人员进行这些方面的培训的。那么，如何才能满足高级管理人员的学习需求呢？

3.9.1　关系更密切

导师制和高管教练是两种密切相关的管理创新，两者都旨在满足高级管理人员的学习需求，特别是培养组织内部高潜力人才，组织内部其他级别的人员也能从中受益。导师制被定义为"一种由高级员工监督初级员工的职业发展和社会心理发展、持续 8～10 年的密切关系"。

但是，非正式导师制计划的指导方式是否可以与正式导师制相提并论，却存在着一些争论。在正式导师制下，导师就是"通过教导、咨询、提供心理支持、保护，有时还有提拔或推荐等方式，帮助另一个人（通常是初级员工）实现职业发展和个人成长的人"。与非正式导师制不同，正式导师制是一个系统化的指导过程，从导师的选择到指导全过程的监督，都有一套结构完整的计划方案。

在导师制之后出现的高管教练与正式导师制的关系十分密切。与导师制一样，高管教练也有很多不同的定义，但是也有一些相同点：高管教练是一对一的辅导培训，培训的重点包括改变行为习惯以提升领导技能、提高个人效能或纠正无益行为，最终实现提高工作绩效的目标。

在《教练：个人和团队的制胜之道》（Coaching: Winning strategies for individuals and teams）一书中，作者丹尼斯·金劳（Dennis Kinlaw）对教练辅导做了如下定义：

> 与一个或多个学员进行严肃、认真的互动交流，不断引导他们专注于绩效目标并帮助他们达成目标，使个人、团队和组织都获得胜利的果实，实现多赢局面。

3.9.2　源远流长的导师制

非正式导师制已经有几千年的历史，很多军事领导人和王储都得到过导师的指点并从中受益匪浅。亚历山大大帝的导师是古希腊哲学家亚里士多德，马克·安东尼（Mark Antony）[一]的导师是尤利乌斯·恺撒（Julius Caesar）。根据管理学文献资料记载，企业界最早的正式导师制应该是芝加哥宝石茶公司（Jewel Tea Company）实施的正式导师计划。

早在1931年，芝加哥宝石茶公司就开始实行一项导师计划，每一位新入职的工商管理硕士都被指派了一位高级经理作为导师。那时候，企业培养管理人才的主要手段是各种培训项目和岗位轮换，所以宝石茶公司的导师计划是一个比较先进的做法。因为实行了导师计划，宝石茶公司的人才梯队建设取得了成功，公司连续三位总裁的年龄都在45岁以下。随着时间的推移，企业的人才需求发生了变化，导师计划的使用范围逐渐扩大。到20世纪70年代，人力资本被视为企业核心资产，导师制也开始得到更多的关注。

1978年，《哈佛商业评论》的一篇文章详细介绍了企业导师制。富兰克林·J. 伦丁（Franklin J. Lunding）曾任宝石茶公司总裁，是导师计划的首批受益者之一，他说："高层管理人员的职责之一就是协助各级下属在

㈠ 古罗马著名的政治家和军事家。——译者注

职业阶梯上不断攀升，部门主管是第一个要助直接下属一臂之力的人。"

3.9.3 从基层到董事

导师制在 20 世纪 80 年代迅速蔓延到咨询、政治、体育等不同领域。高管教练起步较晚，始于 20 世纪 80 年代末 90 年代初，在 21 世纪初 5 年左右的时间里取得了令人瞩目的快速发展。高管教练很快就得到了企业最高层的支持和认可，使其传播速度进一步加快。高管教练也借鉴了很多心理学学者的研究成果，包括心理学家哈里·莱文森（Harry Levinson）、提出心理场学说的库尔特·勒温、麻省理工学院教授埃德加·沙因等。

高管教练的盛行当然离不开其良好的培训效果，但是马歇尔·戈德史密斯（Marshall Goldsmith）的大力推崇也发挥了非常重要的作用。戈德史密斯是世界上最知名的高管教练之一。他辅导过 70 多位大企业的首席执行官，出版了至少 23 本关于高管教练的书籍，包括《领导力教练》和《没有屡试不爽的方法：成功人士如何获得更大的成功》(*What got you here won't get you there*)。

教练辅导，当然不再是《财富》杂志在 2000 年所称的"草根运动"。现在，随着参加教练辅导的高知名度人士越来越多，教练辅导的声誉也水涨船高，从一种普普通通的管理风潮，变成了一种高端的管理培训方式。很多高层管理人员已经借助教练的帮助取得了成功，其中包括嘉信理财集团（Charles Schwab Corporation）的前首席执行官戴维·S. 波特拉克（David S. Pottruck）、亿贝公司（eBay Inc.）的首席执行官梅格·惠特曼（Meg Whitman）、辉瑞公司（Pfizer）的前首席执行官亨利·马克基尼尔（Henry McKinnell）、思科公司首席执行官约翰·钱伯斯（John Chambers）和福特汽车公司首席运营官吉姆·帕迪拉（Jim Padilla）。

3.9.4 全球普及

现在，全球各大洲都有很多企业实行正式导师制，高管教练正在全球范围内蔓延，而在美国最为盛行。2002 年，美国人力资源咨询公司合益集团（Hay Group）调查了亚洲、欧洲、北美洲以及澳大利亚的 150 家机构的人力资源部门。调查结果显示，在使用教练辅导问题上，超过 50% 的受访机构在过去 12 个月中增加了对教练辅导的使用，16% 的受访机构是初次使用。

有些人对导师制和高管教练这样的人才培养方式仍然持有保留意见，例如，高管教练基本上是不受监管的。成立于 1995 年的国际教练联合会（ICF）可以算得上是一个规范教练辅导行业的专业机构。至写作本书时，据国际教练联合会估计，仅在北美洲就有超过 15 000 名教练。1995 年，国际教练联合会只有 1500 名会员，十年后已经超过 11 000 名，来自 82 个国家和地区，市场对导师指导和教练辅导的需求也更加高涨。

3.10　360 度反馈评价

以前，年度评估是每一家企业的例行公事，也是企业上下所有人都想尽快完成的苦差事。在每年一个指定的时间，经理都准时来到直属上司的办公室，仔细讨论和剖析过去一年里的每一项表现。然后，这位经理走出办公室，回到自己的办公桌前重复一如既往的工作，直到下一年的同样时间，再走一遍同样的流程。但是，进入 20 世纪 70 年代，这种评估方法显然已经跟不上形势的发展。

对员工进行定期评估的目的很简单：提高个人绩效，从而提高组织绩效。但是，要实现这个目的，评估方式必须根据每个人的不同需要进行调整。事实证明，定期从直属上司那里获得评估报告的方法作用有限，而且很容易受到主观偏见的影响。员工必须客观地看到自己的优势和劣势，才能使自己不断成长。否则，就算员工想提高绩效，也不知道该从何入手。

3.10.1 只看表现

现在，员工评估变成了"绩效管理"，考核的内容更加丰富，不仅要分析员工在过去一年的表现，而且还包括个人发展、职业规划等问题。

将绩效管理的范围进一步扩大，那就变成了目前越来越流行的360度反馈评价。这种评估方法通常采用问卷调查的形式，分别由受评者的同僚、下属、上司甚至客户对受评者的业绩作出评价。

360度反馈评价法最大的优点在于能够全方位地描述受评者的表现。不同的群体在不同的情况下与受评者接触和沟通，由此而产生的评价是一种多角度的反馈，比直属上司的单一视角评价更全面。要有效地实施这种评估方法，除了要求评估者具有一定的洞察力以外，还需要有高度开放和相互信任的工作环境。当然，也可以采取匿名评估的方式来实现这个目标。

3.10.2 魏国的手段

通过收集不同群体的反馈意见，来评价个人表现的做法由来已久。在中国历史上，公元3世纪的魏国已经形成较为完善的考课制度，对官吏进行多角度的考核。

在北美洲，人际关系学派管理理论家从20世纪50年代开始注重研究工作场所的员工激励因素。例如，临床心理学家弗雷德里克·赫茨伯格创造了"**工作丰富化**"（Job Enrichment）一词，认为工作场所的员工激励因素包括工作成就、工作满意度、个人发展、他人认可等。360度反馈评价法本来就是用于实现个人发展和员工激励的一种工具。

至于360度反馈评价法这个企业管理工具是谁的发明创造，答案应该是美国工业心理学家、组织心理学家克拉克·威尔逊（Clark Wilson）。20世纪70年代，威尔逊与世界银行合作，在自己开发的多层次调查反馈法的基础上发明了360度反馈评价工具。第一种360度反馈评价工具称为管理实践调查（SMP），当时威尔逊在美国康涅狄格州桥港大学商学院教授管理学课程，管理实践调查是他为了便于教学而发明的工具。1973年，杜邦公司成为第一个采用管理实践调查方法的企业。

3.10.3　广泛应用

到20世纪70年代中期，采用360度反馈评价法的公司越来越多，包括陶氏化学公司（Dow Chemicals）、必能宝公司（Pitney Bowes）和多家公用事业公司。人力资源管理顾问逐渐熟谙360度反馈评价的概念，使360度反馈评价法得到了更加广泛的应用。

1993年，在沃尔特·托尔诺（Walter Tornow）撰写关于360度反馈评价法的书籍之时[1]，360度反馈评价的概念早已深入人心，《人力资源管理》（Human Resource Management）杂志甚至专门出了一期特刊。各类企业以360度反馈评价法作为一种企业管理工具，很明显是出于多种目的。当时至少有16种著名的360度反馈评价工具，不太为人所知的还有更多。

2002年，一份关于使用360度反馈评价法的调查显示，很多全球领先的公司已经采用了360度反馈评价法，包括德意志银行（Deutsche Bank）、花旗集团（Citigroup）、英国石油公司（BP AMOCO）、贝斯特食品公司（Bestfoods）、安海斯-布希公司（Anheuser-Busch）、戴尔电脑、福特、家乐氏公司（Kellogg's）、美国雀巢公司和百事公司。

除了用于评估员工的优势和劣势，帮助员工制定个人发展规划之外，企业还将360度反馈评价法用于其他用途。例如，将360度反馈评价结果列入员工绩效评估，作为分配工作任务的依据，或者作为制定继任计划的考虑因素，甚至可以用来策划组织变革。

3.10.4　全面流行

现代企业组织结构日趋扁平化，导致主管人员（如果还有的话）更难

---

[1] 沃尔特·托尔诺撰写的书应该是 Maximizing the Value of 360-degree Feedback。——译者注

但它们的好处却很少被承认。事实上，组织结构能够带来的好处还真不少——有了组织结构，信息就能够有效地传达到企业各个部门，可以减少重复劳动，能够使企业的运营管理工作更加协调。因此，如何最大限度地发挥组织结构的好处，同时尽可能降低组织结构官僚化的成本，是企业面临的一大挑战。为此，企业在过去已经尝试过很多不同的组织结构形式，提出了不少创新方法。

纵观工业发展历史，组织结构变革的趋势总是顺时而动，随着企业组织规模、复杂程度、业务范围的扩大，发展出相应的新结构形式。在工业革命以前，绝大多数企业的规模都较小，由企业主自己经营管理，只需要有一个以企业主为最高主管的非正式结构，就可以保障企业上下协调运行。当然，正如经济学家亚当·斯密（Adam Smith）所言，如果遇到更加复杂的业务，企业内部无法处理，那就利用市场的作用，由多家企业相互协调完成。随着企业规模的扩大，员工数量增加到成百上千人，企业开始采用职能型组织结构，根据职能来组织分工，实行专业化的任务管理，并通过可追溯到古希腊军队的古老层级制度来进行协调。

在过去的一个半世纪中，第一个可以确定的组织结构管理创新，就是通用汽车公司和杜邦公司等企业创立的**事业部结构**（Divisional Structure）。20 世纪 20 年代，眼看职能型组织结构的协调能力已经达到了极限，通用汽车公司首席执行官阿尔弗雷德·斯隆当机立断，将公司分解为 5 个自我管理的部门，同时将某些行政职责留在公司总部。采用了新的事业部结构之后，通用汽车公司及其他企业既能够扩大经营规模，又不失业务的多样性。20 世纪 60 年代，通用电气公司等企业开创了**战略经营单位**（Strategic Business Unit），以企业所服务的产品市场组合为基础建立小型经营单位。之后，各事业部就由一系列这样的经营单位构成。事实证明，战略经营单位对市场变化的反应更加灵敏，也更容易管理——尽管在组织中增加一个层级也意味着增加了组织成本。

事业部结构虽然能够带来巨大好处，但是也导致各部门之间缺乏沟通和重复劳动等问题。为了兼顾职能型和事业部型两种组织结构的优点，在第二次世界大战之后，企业开始根据自身特点，实行不同形式的**矩阵组织结构**（Matrix Structure）。据史料记载，飞机制造商麦克唐纳公司（McDonnell）在20世纪50年代初率先采用了矩阵组织结构形式，既能提高效率，保证项目成果（如美国政府的飞机订单）能迅速交付，又能让各职能部门充分发挥作用，确保各项任务达到较高的专业化水平。在矩阵组织结构中，员工团队要向两个主管汇报工作，一个是项目主管，另一个是职能主管。

其他形式的矩阵组织结构也很快出现。20世纪70年代，IBM、陶氏化学公司和数字设备公司（Digital Equipment）等跨国企业创建了全球矩阵组织结构，一方面要向战略经营单位的主管汇报，另一方面要向所在国家的分公司主管汇报。花旗银行和麦肯锡咨询公司等专业服务机构也建立了矩阵结构，矩阵的一边是各类产品和服务，另一边是公司在各个城市或国家的资源库。后来，花旗银行和惠普等公司尝试采用全球客户矩阵结构，矩阵的一边是全球客户的需求，另一边是公司在各个国家的销售机构。到了20世纪90年代，许多公司尝试采用横向组织结构，在传统的职能结构上，增加了某种业务流程所包含的各项活动，比如订单执行。

除了企业整体层面的组织结构创新以外，在如何组织具体项目和活动方面也有不少创新。哈佛大学教授金·克拉克（Kim Clark）和史蒂文·惠尔赖特（Steven Wheelwright）提出的"老虎队"是一种自主性极高的研究小组，有点类似于臭鼬工厂（skunk works）。在研究与开发机构，"老虎队"这种组织形式很快就流行开来。随着全球化的发展，国际通信技术水平和交互工作能力都得到了大幅提升，虚拟团队也在不断发展。多年以来，为了迅速解决生产经营过程中的各种问题，人们尝试了许多创新方法。其中最广为人知的是质量圈，在讨论全面质量管理的章节，我们曾经对质量圈做过介绍。另一个著名的例子是通用电气公司在20世纪80年代末首创的群策群力团队（Workout Team），作为一种用来解决内部运营效率低下问题的非等级组织模式。

以上所有组织结构创新，我们可以称之为"**正式**组织结构"，在正式组织结构下，工作任务职责十分清晰，员工完成工作受制于问责制和责任制。但是，组织结构创新还可以发生在另一个层面，即非正式的系统和机制创新，大型企业组织的工作也可以通过非正式系统和机制进行协调。但遗憾的是，非正式层面的标志性组织机构创新非常难以确定，任何有效的组织结构都包含非正式机制，而且非正式机制很可能是组织机构的关键组成部分。例如，**网络型组织结构**（Network Organization）这个概念从20世纪90年代开始流行，其中心组织的规模较小，管理人员要完成关键业务，必须依靠其他组织的影响力。但是，这种经营方式早已存在，而且是大多数大型组织的标准做法。所谓网络型组织结构，只不过是给现有的做法换一个标签罢了。

尽管如此，以下三个非正式组织结构创新还是值得一提。首先是20世纪90年代初非常流行的**跨国组织模式**（Transnational Model），特别是业务遍布全球的企业，ABB公司⊖的组织结构就是标准的跨国组织模式。该公司的组织结构创新主要是将大部分权力下放到各个经营单位，配以一套组织严密的促进系统，同时建立强大的企业文化，使各单位的运营协同一致。由此可见，ABB公司更想建立的是"经理心中的矩阵结构思维"，而不是形式上的汇报组织结构。其次，是丹麦助听器公司奥迪康（Oticon）在20世纪90年代初开创的面条式组织。这是一种基于项目的组织结构，与最初的矩阵结构并无二致，但它的独特之处在于项目的构建方式不是自上而下，而是自下而上的，由个人自行选择要进入的项目。第三是**实践社群组织**（Community of Practice）。实践社群是施乐公司（Xerox）于20世纪80年代末开创、90年代开始流行起来的概念，本质上是一群在企业不同部门工作的人，由于共同兴趣和爱好而聚集在一起，通过交流和实践分

⊖ Asea Brown Boveri Ltd，全球领先的电力和自动化技术厂商。——译者注

享想法和见解，以促进个人的学习和进步。从组织出现之初，这种实践社团就已经（以某种形式）存在。但是，施乐公司和其他公司明确指出了实践社群的存在，并认可实践社群作为一种非正式组织结构形式的价值，由此也推动了实践社群的发展。

4.2 事业部结构

在 20 世纪初，许多公司开始将产品多样化作为促进其进一步发展的手段。一方面，由于受到反垄断法的限制，企业很难再以收购直接竞争对手的方式而壮大发展；另一方面，很多企业创建了工业研究实验室（见第 6 章），极大地提升了研发新产品的能力。因此，企业选择的扩张模式，主要是进入与现有产品业务相关的业务领域。有两个典型的例子可以体现这一趋势：杜邦公司和通用汽车公司。1920 年，杜邦公司逐渐将产品范围从原来的炸药业务扩展到塑料和涂料。通用汽车公司经过多次兼并，拥有多个著名汽车品牌。尽管如此，通用汽车仍然未能打败其竞争对手福特汽车公司。福特汽车公司通过使用移动装配线（见第 1 章）来提高生产效率，以较低的成本生产著名的 T 型汽车，成为汽车市场的领头羊。到了 1920 年，通用汽车公司的运营已经带有控股公司的特征。

产品多样化、品牌多样化也带来了一系列新的挑战，因为产品、品牌种类增加，必然导致其经营范围扩大，业务变得更加复杂。职能型组织结构（又称为 U 型结构）是当时占主导地位的企业组织形式，这种组织形式强调职能部门之间的明确分工。产品种类和品牌增加后，职能部门即便经过调整，也难以适应产品多样化的需要。此外，由于业务变得更加复杂，高层管理人员往往难以胜任所有业务的监管工作。正如经济学家奥利弗·威廉姆森（Oliver Williamson）所言："企业日常需要处理的工作量极大，而且非常复杂，管理者已经力不从心，甚至面临崩溃。"因此，在不影响决策自主权的前提下，杜邦公司和通用汽车公司需要改革内部组织结构，达到协调公司多项业务、实现内部协同效应的目标。

4.2.1 分而治之

为了解决协调困难等问题，杜邦公司和通用汽车公司几乎同时开发了事业部结构，也称为 M 型结构或者部门组织形式。在事业部结构下，企业按产品类比分成若干个部门或事业部，每个部门负责一个不同的、界限明确的市场。每个部门将由一名总经理领导，对该部门的产品拥有全部权力，包括开发、生产和销售，但无权超越部门的边界。总经理对部门业绩负责，每个部门都是一个利润中心。

同时，公司总部的规模大幅增长，主要负责制定评估标准、监督各部门的业绩、制定人事和战略投资决策。此外，公司总部也要预测未来的市场需求，包括如何将整个市场做进一步细分以及为各部门制定发展目标。通过审计过程，公司总部比外部资本市场掌握了更多信息，而且可以利用内部等级制度来执行决策，因此能够为各部门的运营增加价值。

事业部结构有几个优点。首先，公司的首席执行官不再需要处理所有信息，不必时刻关注公司日常运营情况。也就是说，首席执行官可以把更多精力集中于公司的战略决策和部门间的资源分配。其次，由于高层管理者与日常运营保有距离，以及公司决策透明度的提高，公司的资源由于政治或个人原因向某一种产品倾斜的可能性也会相应降低。也就是说，更多资源将会分配给最有利可图的投资机会。像投资回报率（见第 2 章）这样比较客观的业绩衡量标准出现之后，资源分配也更加合理。最后，各部门总经理能够更靠近产品市场，因此更加熟悉市场情况，可以就如何进军市场做出更有效的决策。

4.2.2 斯隆模式

1921 年 1 月 3 日，通用汽车公司率先正式实施了事业部结构。在

1919年底的一份备忘录中，阿尔弗雷德·斯隆首次提出成立事业部制，旨在解决公司快速扩张而引发的问题。1895年，斯隆从麻省理工学院毕业，获得了机械工程学位，随后进入海厄特滚柱轴承公司（Hyatt Roller Bearing Company）工作，开始了他的职业生涯。他设法收购了这家公司，然后将其卖给了联合汽车公司（United Motors），在联合汽车公司并入通用汽车公司之前，他在此担任总裁。

斯隆说："我起草了一份《组织研究》文件，并在公司里私下传阅。在1920年期间，这份文件成了公司里的'畅销书'；我也收到了很多高管讨要这份文件的来信。"因此，斯隆在通用汽车公司推行组织机构改革时并没有遇到什么阻力，只有公司总裁皮埃尔·杜邦提出了一些修改意见，主要涉及执行委员会的人员构成。杜邦认为，执行委员会应该包含足够多的具有汽车行业经验的人，只有这样各事业部才会认可执行委员会的存在。通用汽车公司旗下拥有凯迪拉克、别克、奥兹莫比尔（Oldsmobile）、庞蒂亚克（Pontiac）、雪佛兰等5个汽车品牌，此外还生产卡车、零部件、组件等产品。通用汽车公司就按照细分市场和产品类别设置各个事业部。斯隆的事业部制理念从概念提出到最终实现组织整合和效率提升，总共花了四年的时间。

杜邦公司于1921年9月开始实行事业部结构。自1919年以来，杜邦公司一直在考虑采用事业部制。当时，公司急需解决在如此多的行业中运营所面临的种种困难，并为此设立了一个执行委员会商讨解决方案。经过讨论，委员会提出了采用事业部制的建议。杜邦公司总裁伊雷内·杜邦（Irene du Pont）最初反对这一建议，而是支持"专业化原则"。公司决定先在油漆业务领域尝试采用事业部结构，结果这次试验大获成功，最终使整个公司都转向支持事业部制。

跟通用汽车公司一样，杜邦公司设立了一个中央执行委员会，并在总部成立了销售、工程、产品开发、会计和研究等部门。这些部门为纤维素产品、油漆、聚酰亚胺绝缘涂膜、炸药、染料等核心运营部门提供业务指导。在改变组织结构形式之后，杜邦公司的企业文化也产生了重大变化。以前，杜邦公司采用一种高度集权的管理体制，现在则转变为分权管理制度，将管理职责与决策权力下放到各个事业部门。

4.2.3 新的标准

事业部结构在杜邦公司和通用汽车公司都取得了成功。除了率先采用事业部结构以外，通用汽车公司还充分利用如市场细分等其他创新方法，使公司的业绩取得大幅度的增长。同时，亨利·福特拒绝改变福特汽车公司一直以来的低成本战略。结果，通用汽车公司后来居上，成功打败了福特汽车公司，登上了汽车行业领头羊的宝座。

事业部结构在其他公司的推广并不迅速，但这种新型组织结构的广泛传播是必然的。早期采用者包括石油行业的泽西标准石油公司（Jersey Standard）和零售商西尔斯罗巴克公司。早期采用事业部结构的公司大多集中在汽车、化学品、电子等新兴行业，或者是石油、连锁店等容易受到技术进步和人口变化影响的现有行业。在接下来的四十年里，事业部结构逐渐传播到全美国和其他国家，甚至可以说，现在每一家大企业和无数小公司或多或少都采用了事业部结构。

4.2.4 事业部制的未来

事业部制将一个公司按产品或市场划分为不同的部门，由此而创造了巨大利益，这是不争的事实。因此，事业部制成了大多数行业的公司运营主导模式。但与此同时，事业部结构并没有解决因为规模扩大和复杂性增加而带来的沟通和协调问题。事业部结构有一个缺点：各部门本身会发展壮大，拥有多种产品和大量客户。因此，很多企业转而采用战略经营单位（SBU）结构，建立针对特定市场的重点经营单位（见下文）。事业部结构的另一个缺点是过于重视垂直信息流，这导致不同部门的相关活动**之间**缺乏信息的沟通。因此，越来越多企业开始采用横向组织结构和非正式组织网络来补充纵向结构的不足，随后的章节将会对此做出进一步的介绍。

事业部结构曾经取代了此前的 U 型结构，但是随着时间的推移，事业部结构在某些方面已经变得与 U 型结构十分相似——两者都一样烦琐、僵化。事业部结构帮助企业达到前所未有的规模和经营范围，但是未能克服困扰所有正式组织结构的官僚主义问题。正如人们所说，事业部结构的缺点让你难以忍受，但若弃之不用，你也无法生存。

4.3 战略经营单位

20 世纪 60 年代，整个北美地区和欧洲的企业都采用了事业部结构，事业部制成为最流行的组织形式。阿尔弗雷德·斯隆为通用汽车公司设计了事业部结构，随后事业部制便以斯隆提出的基本原则为基础而发展起来。在事业部制下，公司总部负责制定统一的经营指标，并将目标要求传达至各事业部，然后各事业部再根据实现公司总部下达指标的需要，自行制定部门的运营计划和目标。

也是在 20 世纪 60 年代，人们发现这个管理流程存在诸多缺陷，特别是各部门的计划和目标通常难以协调一致，甚至可能大相径庭。在制定目标的时候，有些部门过于乐观，另一些部门则过于谨慎，甚至为了确保达成而将目标定得过低。

公司总部的高层管理人员从战略角度来审视各事业部的计划和目标时，很难了解各部门的实际生产情况，也不能准确把握公司的发展全貌。这种过于强调短期业绩、忽略长期战略目标的大杂烩式计划，可能会让公司的收入增加不少，但却很难创造利润增长。

因此，企业需要一种新的组织形式，既可以让企业从顶层高度统筹和把握一个凝聚的经营战略方向，同时也让熟知基层业务的各级管理人员参与企业战略规划过程。

4.3.1 良好的意图

作为一种新的组织形式，战略经营单位提供了一个很好的解决方案。战略经营单位的组织原则与事业部结构完全相同，是一种高度集中、专为特定市场服务的经营单位。根据战略经营单位的核心理念，企业管理就是管理经营单位组合，每个经营单位独立制定最符合其利益的经营战略，同时确保所采取的战略也符合公司整体战略的利益。

企业的任务，就是以最合理的方式将产能和资源分配给各个战略经营单位，以使企业的整体业绩最大化。波士顿矩阵等组合分析工具的出现和发展，为提高企业资源分配过程的效率提供了支持。

4.3.2 新的方案

在企业界，战略经营单位模式可以追溯到20世纪60年代，当时通用电气公司的销售取得了巨大成功，公司收入大幅增长，但令人失望的是，同期的利润增长却相对较小。在1962年至1970年之间，通用电气公司的资产回报率实际上是下降的。这种经营状况实在不容乐观，必须采取行动来扭转局面。因此，1971年，通用电气公司的高层管理人员聚在一起商讨对策。经过讨论，公司决定建立一个新的战略规划系统。

最终，通用电气公司放弃了传统的集团加部门的事业部制组织结构，选择建立战略经营单位，完成了企业组织结构的重新设计。在具体操作上，通用电气公司把旗下9个集团、48个部门重组为43个战略经营单位，直接打破了集团、部门和利润中心的界限。例如，原来分属三个不同部门的食品加工设备业务，现在合并在一起，组成一个统一的战略经营单位。

4.3.3 发展壮大

通用电气公司以战略经营单位作为业务核心结构之后，几年之内，很多公司也纷纷采用战略经营单位模式来重组业务结构。其基本理念是一样的，只是不同的公司用于描述这种新型组织结构的名词各不相同。

例如，大型化工企业联合碳化物公司（Union Carbide，简称联碳公司）很早就效仿了通用电气公司，采用了战略经营单位这个组织结构理念。在具体操作上，联碳公司将旗下 15 个集团和部门重新组合，先是设立了 150 个被称为"战略规划单位"的新形式组织。随后再将它们合并为 9 个新的经营单位，称之为"综合规划单位"。

采用者不仅使用了不同的术语来描述这一概念，还改变了这个概念的内涵以适应自身情况的需要。理论上，战略经营单位应该拥有战略自主权，但是现实并非总是如此。通用食品公司是另一家很早就开始采用战略经营单位模式的公司。该公司的战略经营单位最初是按照产品线来划分的，但事实上，很多经营单位所服务的市场是重叠的。后来，通用食品公司又做出调整，改为按菜单类别组织经营单位。

在通用食品公司，虽然战略经营单位模式的基本要素得以保留，但是他们根据公司的实际情况进行了修改，而且命名不同。

4.3.4　习以为常

在当今企业界，战略经营单位是一个习以为常的概念，已经成为现代企业制度的组成部分，是普通 MBA 核心课程的一个必学内容。

在如何实行战略经营单位模式的问题上，企业也早已是轻车熟路。它们很清楚，如果要最大限度地发挥战略经营单位模式的作用，企业需要改变管理系统，让战略经营单位负责人的晋升发展和薪酬奖励与战略经营单位的业绩挂钩。

现在，企业在战略经营单位之间进行资源配置的能力水平也在不断提升。不少管理咨询公司已经开发了规划工具，以协助企业做好资源的分配。最为著名的两大分析工具是波士顿矩阵（包括我们常说的金牛业务和瘦狗业务）及通用电气矩阵（又称为麦肯锡矩阵）。

4.3.5 存在问题

任何一种正式组织结构形式都存在缺点，战略经营单位也不例外。由于把精力集中在企业所服务的现有或者明确的产品和市场空间，企业很难发现从"空白地带"中冒出来或者是需要各经营单位通力合作才能把握的机会。哈默和普拉哈拉德（C. K. Prahalad）曾经发表一篇著名的文章《企业核心竞争力》。在文章中，他们指出，大多数企业难以发现核心竞争力的价值或者从中获取价值，原因在于企业高层管理人员被"专制的战略经营单位"蒙住了眼睛，对目标市场以外的机会视而不见。正因为如此，很多公司发展了横向组织，以便加强各经营单位之间的联系与合作。

4.4 矩阵组织

20 世纪 50 年代初，美国政府下属航空航天科研机构的采购工作变得更加专业化。美国政府对航空航天承包商提出了更多要求，虽然在数量上比不上今天，但是也比以前多得多。其中的一项要求是承包商必须建立一个"项目管理系统"。承包商必须向政府提供每个项目的组织结构图，指定高层管理人员直接负责项目，并明确项目监督流程。

政府要求承包商成立项目管理系统，其目的在于更好地管理相关项目的运作。有了项目管理系统，政府只需要与一个联系人沟通便可，从而降低协调成本。这个联系人就是项目经理，项目经理的主要职责是管理项目成本，并确保项目成果准时交付。从政府的角度来看，这显然是最好的解决方案，但是对于承包商来说，新成立的项目管理系统应该如何与公司现有的职能结构结合起来，这仍然是一个问题。那么，什么样的组织结构最适合航空航天承包商呢？

4.4.1 另寻出路

有两种可能的方法来实施项目管理系统：要么以项目管理系统取代

原有的职能结构，要么在原有的职能结构的基础上实施项目管理系统。普遍认为，以项目管理系统取代原有的职能结构并不是很好的解决方案。职能结构能够带来很多好处，而且一个仅以项目建立组织架构的企业也得不到股东的支持。后来提出矩阵结构理论的学者杰伊·加尔布雷思（Jay Galbraith）认为，在只有职能结构的组织中，项目成果的交付总是太慢，而在只有项目结构的组织中，新技术的开发速度又不够迅速。

因此，企业开始尝试建立一种职能部门和项目组织并行不悖的双重结构，在此双重结构下，员工需要接受两个上司的指令。员工所处的位置就在两种组织结构形式的交汇处，处于一个矩阵之中，因此这种双重结构被称为矩阵组织或矩阵结构，有人还把矩阵组织比作一个关系网络。加尔布雷思写道：

那时候，航空航天公司既要提高技术性能，又要保障相互协作，两个方面都非常重要。结果，矩阵组织顺势而生，兼顾了职能结构和项目小组两种形式的好处。

采用矩阵组织形式之后，企业逐渐发展出相应的支持机制、企业文化和行为方式。

4.4.2 小型试验

矩阵组织的出现并不是企业主动开发的结果。美国政府提出的要求使承包商束手束脚，无奈之下，承包商才设计出矩阵组织形式。对此，学者埃里克·特里斯特评论说："项目管理和矩阵组织形式的出现并不是一场经过深思熟虑的变革，而是仓促上马的应急举措。"1952~1953年间，马丁公司（Martin Company）尝试实行项目管理组织，成为最早采用项目管理制度的公司之一。但马丁公司实际上建立的是多家小型公司，每个公司负责一个项目，而不是一个完整的矩阵结构。

麦克唐纳飞行器公司是 J. S. 麦克唐纳（J. S. McDonnell）创办的大型

企业。麦克唐纳曾在普林斯顿大学和麻省理工学院深造，是一名训练有素的工程师，曾经在多家飞机公司任职。经过多年的努力，他最终创立了自己的飞机公司。1952年，美国空军要求麦克唐纳公司仅派一位雇员作为联络人与美国空军接洽。用空军的话来说，麦克唐纳公司应该指派一位系统项目主任与空军联系，而不是像以前那样，所有职能部门都派出自己的代表与空军接洽业务。于是，麦克唐纳公司开始聘请项目经理，每一位项目经理的团队中都有一位项目工程师作为项目"大使"，与各职能部门和外部供应商联系。随着项目经理手握的权力越来越大，麦克唐纳公司需要在职能结构和项目组织这两种层级制度之间取得平衡，矩阵结构便成为达成平衡的手段。事实证明，项目组织的层级结构与职能部门的层级结构存在很多重叠之处。因此，麦克唐纳公司的组织形式向矩阵结构转变，也是一个顺势而为的自发过程。1958年，公司任命了一位负责监督项目运作的总经理，其地位类似于部门主管。到20世纪50年代末，麦克唐纳公司实行了平衡型矩阵组织结构，职能部门和项目小组权责均衡，旗鼓相当，没有哪一方占据绝对优势。

4.4.3 矩阵革命

大约在同一时期，实施矩阵结构的其他公司还包括美国通用动力公司（General Dynamics）、洛克希德公司（Lockheed）和固特异飞机公司（Goodyear Aircraft）。通用动力公司的航空航天部门还成立了一个冲突消除机制，在研制新一代洲际导弹——阿特拉斯导弹的过程中，项目主管和部门经理能够通过这个冲突消除机制来商讨解决诸如决策权、成本控制、时间安排、绩效等问题。洛克希德公司是逐步采用矩阵结构的，在刚开始的时候，公司发现项目稽查员起不了丝毫作用，而且还有损客户关系，于是干脆撤掉这一职位，引入了项目协调员的角色。固特异飞机公司也同样经历了一个逐步推进的过程，先是尝试与职能主管委员会合作，但是没有成功，在那之后才确定采用矩阵结构。到20世纪60年代，矩阵结构已经成为航空航天行业的标准组织形式。

事实证明，对于需要处理大量复杂项目的大型企业来说，矩阵结构是一种非常高效的组织形式。采用矩阵结构不但能够促进有效沟通和决策，而且还便于控制项目组织规模。矩阵结构兼具职能结构和项目组织的优势：职能结构能够帮助企业快速更新技术，紧跟技术发展趋势；项目组织能够帮助企业更高效地满足客户的需求。因此，除了航空航天业以外，其他行业的公司也开始采用矩阵结构。瑞典斯堪的亚公共保险有限公司（Skandia）从20世纪70年代开始采用矩阵结构，当时瑞典政府对社会保障体系进行了改革，该保险公司需要大幅度扩大产品类别和范围，以适应市场形势的变化。矩阵结构帮助该公司在直接面对客户的各区域办事处和不同的保险产品之间取得了平衡。随后，矩阵结构逐渐运用到更多行业，包括咨询、IT软硬件、医疗保健、社会服务、广告等。

随着全球化的发展，企业开始以更快的速度实现国际化，希望打造全球一体化程度更高的组织，矩阵结构也因此有了另一个发挥重要作用的舞台。通过建立矩阵结构，各国市场需求和各产品部门之间取得了平衡，跨国公司也就可以克服很多沟通和协调问题。克里斯·巴特利特（Chris Bartlett）和苏曼特拉·戈沙尔（Sumantra Ghoshal）两位学者提出的**跨国组织模式**已经在ABB等公司成功实施。可以说，跨国组织模式就是传统矩阵结构演变而来的结果。但是跨国组织模式十分重视非正式协调机制，如果没有非正式协调机制，跨国组织模式就难以发挥作用。

4.4.4 折中方案

任何以经营项目为主的组织，不管是国际奥委会，还是中国的定制电子元件分包商，都会建立某种形式的矩阵结构，因为只有矩阵结构才能满足同时处理多种运营环境的需求。同时，矩阵结构只是一个折中方案，成本效益比不上职能结构，灵活性比不上单个项目团队。把组织结构设计成矩阵形式，必然会产生额外的行政管理费用，组织灵活性也会稍微受到限制。

在 1982 年出版的《追求卓越》一书中，作者汤姆·彼得斯和罗伯特·沃特曼认为："正式的矩阵组织结构经常会陷入混乱的无政府状态，很快就会形成严重的官僚做派并失去创造力。"不过，也要看到，大多数公司其实都不会使用**正式的**矩阵组织结构；相反，他们往往会选择一种混合模式，利用各种非正式机制和横向协调机制，使矩阵组织这种双重管理、双重报告的制度得以顺利运行。

4.5 群策群力团队

20 世纪 80 年代初期，很多企业都在缩减规模。业务流程再造是企业缩减规模的手段之一，而实施业务流程再造的结果往往是：员工数量明显减少，但是需要完成的工作量却并没有减少，甚至变得更多。员工一下子被大量的工作压得喘不过气来，而且还面临着资源不足的问题。就算员工能够随机应变，提出缓解工作量压力和解决资源问题的办法，忙碌的管理层也没有时间审批和授权。得不到管理层的授权，再好解决方法也无法执行。

因此，企业需要开拓思路，设计一种既能够让员工应付工作量压力、同时又不会影响企业整体业绩的组织形式。这项设计任务是一项难度很大的挑战，不但要充分发挥员工的创新能力以找到改进组织流程的方法，而且还不能让审批和授权工作占用管理层太多时间。

作为美国最悠久、最成功的公司之一，通用电气公司在 20 世纪 80 年代也面临着同样的挑战。在首席执行官杰克·韦尔奇的领导下，通用电气公司找到了一个十分巧妙的创新方法，成功使公司的组织效率得到了大幅度改善。

4.5.1 员工代表大会

这个方法就是群策群力行动。群策群力是一个解决问题的过程，具体形式是将公司不同级别的员工组成群策群力团队，一起开会讨论与他们密切相关的具体问题。通常情况下，会议举办的地点并不在公司。这群人将以小组的形式工作，各小组针对特定问题来讨论和制定解决方案，讨论的问题通常与提高组织绩效有关。会议的议程由召集群策群力团队的高级主管制定，然后下发到各小组，让各小组自行讨论，讨论可能需要持续几天的时间。在讨论将近结束之时，引导者可能会参与进来，确保各小组的讨论取得最大成效。

接下来，各小组重新汇合，全体成员举行团队会议，把各小组讨论得出的建议向具有决策权的高级主管汇报。这种会议通常称为"员工代表大会"，是群策群力行动中最为关键的组成部分。对于各小组提交的建议，高级主管必须当场做出三种答复之一：接受、拒绝、再议。如果答复是还需再议，高级主管必须说明自己还需要考虑什么因素以及最终将会如何决策。

高层管理者的全力支持是群策群力行动取得成功的必要条件。在启动群策群力团队之前，高层管理者必须强调，群策群力行动势在必行、势不可挡。群策群力行动有两个重要的优势。首先，群策群力团队是一种临时性的非正式组织结构，因此，群策群力比其他组织变革举措更能激发员工思考，从而产生更多想法。其次，与传统的自上而下的变革举措相比，群策群力行动打破了正式组织的权力界限，更能吸引各级别、各职能部门的员工积极投入其中。

4.5.2　一起群策群力

关于"群策群力"一词的由来，也有一堆五花八门的说法。不过，所有版本的说法都有一个共同之处：通用电气公司和公司首席执行官杰克·韦尔奇。韦尔奇是美国商界的传奇人物，他的光辉业绩在通用电气公司和美国企业界都留下了浓墨重彩的一笔。20世纪80年代，韦尔奇在通用电气公司启动了大刀阔斧的改革，淘汰了一批业务，同时收购了数百家新兴企业。然而，首当其冲受到冲击的是通用电气公司的员工。韦尔奇裁掉了近 20 万名员工，为公司节省了超过 60 亿美元的开支。

韦尔奇的改革证明，他有能力让通用电气公司脱胎换骨。接下来，他必须推进第二阶段的任务：把通用电气公司重塑成一家能够在 21 世纪如鱼得水的企业。他在 1989 年推行的群策群力行动就是达成这一目标的核心举措。

韦尔奇将通用电气公司旗下拥有 30 年历史的克劳顿管理学院升级改造成了一个流程和管理创新的试验场。1998 年，克劳顿管理学院负责人吉姆·鲍曼（Jim Baughman）告诉韦尔奇，公司经历了一段相当长时间的裁员期后，导致留任员工需要承担更多的工作，他们对此感到十分不满。据称，在两人的一次谈话中，有一个人说："我们一起想想办法，看看有些工作怎么解决比较好。干脆就把这个过程称为'群策群力'吧。"

在另一个版本中，那是在 1998 年 9 月，韦尔奇到克劳顿管理学院出席一次员工反馈会议。在会议上，员工向他抱怨说公司的愿景目标和公司的实际前线情况是两回事，两者并不一致。韦尔奇听了之后就一直在思考这个问题，在回来的直升机上，他想到了群策群力这个方法。

当然，群策群力（Workout）这个名词也有可能来自哥伦比亚大学教授柯比·沃伦（Kirby Warren）对韦尔奇提出的一个问题。当时，沃伦问韦尔奇："既然你已经让这么多员工（people）离开了（out）公司，那你什么时候才能把他们留下的工作（work）也解决掉呢（out）？"

不过，无论哪一种说法更接近真实情况，群策群力这个概念的发明者都是韦尔奇和他领导的通用电气公司。

4.5.3 传播韦尔奇之道

韦尔奇在《杰克·韦尔奇自传》一书中说："群策群力行动帮助通用企业公司形成了一种很好的企业文化。在这种文化中，每个人都能各司其职，每个人的想法都能得到重视，管理者与普通员工的关系是领导，而不是控制。"

群策群力也让其他很多公司受益。凡是有效的管理实践,基本上都会不胫而走、广泛流传,群策群力也是如此。福特汽车公司很快就采用了群策群力管理法。1994年,福特公司总经理卡尔·伯格曼(Carl Bergman)在《激励》(*Incentive*)杂志发表题为《韦尔奇之道》的文章,认为"群策群力背后的理念完全可以用在任何企业"。伯格曼说:"群策群力并不是什么复杂的火箭科学,它就是解决问题的简单方法,是一个基层员工都支持并拥护的解决方法,能够让管理者直接负起责任,这有利于推动企业上下采取行动。"

另外,有些高层管理人员从通用电气公司跳槽,群策群力也被他们带到新任职的公司,使群策群力的概念传播得更远。例如,拉里·博西迪(Larry Bossidy)在汽车零部件制造商联合信号公司(Allied Signal)使用了群策群力的方法,解决了方向盘研制部门消除非增值工作环节的难题。

4.5.4 给员工授权

群策群力管理法在通用电气公司取得了巨大的成功,在其他公司也是如此。群策群力拉近了公司员工和管理层之间的距离,让两者之间互生信任。从此以后,员工有了一个沟通的渠道,他们可以通过它讨论任何工作问题,并真正改变以往的做法。

群策群力强调真抓实干,能够激励员工变得积极主动,敢于畅所欲言,充分发表自己的意见和想法。群策群力是一种高效的沟通工具,只要员工抓住沟通的机会,就有可能大幅度提升自己的职场生活质量。在《胜者为王:杰克·韦尔奇的29个领导秘诀》一书中,作者罗伯特·史雷特(Robert Slater)谈到,在一次群策群力会议中,一位秘书问她的上司,平时为什么让她停止手头的工作到他办公室的发件箱去取需要寄出的文件,为什么不在他离开办公室的时候顺便把文件放在她的办公桌上。这位经理想不出什么理由，于是他接受了建议，改变了自己的行为。对上司来说，这只是举手之劳，但对秘书来说，却减少了工作量。更重要的是，这是双方在真诚友好的交流过程中达成的一致意见。

4.6 实践社群

20世纪80年代，企业界逐渐开始意识到，人的知识才是决定企业竞争力的关键因素。财务资本已经极大丰富，但**智力资本**却是更宝贵的稀缺资源。

更麻烦的是，大多数企业其实并不善于管理智力资本。经过多年的发展，很多企业制定的劳动力管理政策已经比较开明和进步，并设法改善办公室或工厂条件，为员工提供更有吸引力的工作环境。但是，却很少有企业持续采取措施激励广大员工发挥聪明才智，充分利用他们自己的知识和技能来为企业创造效益，也没有建立相应的系统机制，方便广大员工相互分享和学习知识或者获取专家的技能指导和建议。

对于这个问题，因发明复印机而闻名于世的美国企业施乐公司深有体会。帕洛阿尔托研究中心是施乐公司的研究机构，现代计算机的很多关键技术，包括鼠标、图形用户界面、以太网等，都是在这里诞生的。但是，施乐公司并未能成功将任何一项技术商业化。20世纪80年代中期，复印机行业竞争白热化，来自日本的重量级企业迅速崛起，将大多数西方复印机厂商挤出了市场，施乐公司是唯一的幸存者。面对日本强势竞争对手的围追堵截，施乐公司也是举步维艰。

4.6.1 实践出真知

施乐公司要寻找的出路，或者至少算得上是一线生机，其实一直都近在眼前。这个途径后来被称为实践社群，它是由个人组成的非正式组织，成员会围绕一个特定的技术专业领域开展非正式的讨论和学习。实践社群本质上是一种矫正手段，如果传统正式组织结构日益僵化，甚至病入膏肓，实践社群就是最好的解药。因为实践社群是人们自发形成的，以非正式的方式运作，在有需要的时候，社群成员可以通过社群内的分享交流来获取相应的知识。但是，实践社群也很难固定下来，或者以结构化的方式来进行管理。

4.6.2 复印机维修人员

本书介绍的管理创新几乎都可以找到发明者，但实践社群是例外，因为实践社群是一个**发现**，而不是**发明**。甚至可以说，从大型组织诞生之日起，具有实践社群功能的非正式组织形式就已经存在了，只是到了 20 世纪 80 年代末才被正式命名而已。

1991 年，施乐公司学习研究所研究员让·莱夫（Jean Lave）和艾蒂安·温格（Etienne Wenger）将其研究成果集结成《情景学习》一书出版，在书中提出了实践社群这个概念。他们的研究参考了很多真实案例，包括屠夫学徒、助产士等，但最生动的证据就来自施乐公司，确切地说是来自他们研究所一位名叫朱利安·奥尔（Julian Orr）的同事所撰写的博士论文。

在施乐公司，奥尔花了一年时间来观察复印机技术员的工作习惯。他想知道这些技术员是如何入行以及他们是如何掌握工作技能的。复印机技术员有一本详细的操作手册，里面包括不同型号复印机的维修方法，但其实他们不用这个手册。如果遇到棘手的问题，他们会放下工作，叫上要好的同事出去喝咖啡。奥尔发现，施乐公司的组织中隐藏着一个庞大的非正式复印机技术员网络，网络里也有一个隐性等级制度，分成专家、师傅、学徒等级别。他们构成了一个围绕特定实践领域的非正式社群，具体而言是复印机维修领域（因此称之为"实践社群"，尽管奥尔在博士论文中并没有使用这个名称）。这个实践社群还具有以下重要特征：仅以非正式方式运作，任何建立正式任务组的企图，社群成员都一概拒绝；仅以口耳相传的方式来分享知识，从不留下书面文字记录。

4.6.3 实践社群的传播

让·莱夫和艾蒂安·温格的实践社群理论很快就引起了业界的关注，很多企业都看到了培育和发展非正式实践社群的潜力。克莱斯勒公司（Chrysler）就是其中之一。跟很多其他汽车制造商一样，克莱斯勒公司在 20 世纪 80 年代采用了线性生产系统，产品的设计、工程、采购和其他生产环节依次推进。

事实证明，职能分离的管理成本是高昂的。因此，到 20 世纪 90 年代初，克莱斯勒公司改变了其生产流程，转而采用汽车平台生产模式，由相关员工组成一个跨职能团队，负责开展某种特定车型的研发工作。经过一段时间后，人们发现，如果在不同汽车平台研发汽车的各个跨职能团队之间缺乏沟通，就会引发很多问题。于是，公司内部渐渐形成了非正式的工程师社群，不同汽车平台的工程师都会相互交流并分享工作心得、技术资源和实践方法。后来，公司将这些非正式社群转为正式组织，称之为"技术俱乐部"。技术俱乐部的成员将俱乐部积累的众多知识资源汇集起来，创建了《工程知识手册》（*Engineering book of knowledge*）数据库并不断更新维护。

汽车平台和技术俱乐部相结合的运营模式使克莱斯勒公司的研发成本和汽车开发周期都降低了一半以上。其他采用实践社群的公司也取得了巨大成功。例如，惠普公司有针对特定软件产品的实践社群，经过社群成员的交流和实践，逐渐形成了标准化的软件销售和安装流程，销售团队也可以据此为产品定价。

到 90 年代中期，有些咨询公司纷纷推出实践社群的相关咨询服务。由此可见，作为一项管理创新，实践社群无疑已经大获成功。2000 年，艾蒂安·温格和同事联合在《哈佛商业评论》发表文章，宣称实践社群是"下一次组织变革的前沿"。

4.6.4 社群意识

在今天的各类组织中，实践社群仍然很有代表性。例如，很多重视智力资本的咨询公司都会针对公司的重要业务领域建立实践社群，数量可能多达几十个。除此之外，现在还有突破正式组织边界的虚拟实践社群，例如开放源代码软件社区。

实践社群虽然广受关注，但要对实践社群采取积极的管理措施却不太容易。因为实践社群本身就是一种非正式组织结构，如果将实践社群正式化，或者为针对实践社群建立激励制度，都会改变实践社群作为非正式组织的独特之处。很多公司的做法其实已经违背了实践社群建立的初衷，现在这个名词可以用来描述任何形式的跨领域网络结构。但是，也有一些企业仍然坚持实践社群的本意，希望通过建立真正的实践社群，帮助公司创造更大的价值。如果你是这样的企业，请务必记住以下这些经验教训：你可以鼓励员工去创造实践社群，也可以提供资源推动实践社群的发展，但是千万不要主动地管理实践社群。

Giant
Steps
in
Management

第 5 章 客户与合作伙伴关系

构建客户与合作伙伴关系的最佳方式是什么？企业该如何安排价值链各环节的经营活动？客户与合作伙伴关系管理创新的目标就是使企业外部关系充分发挥效用，为企业创造更大的价值。

5.1 概述

本章要探讨的管理创新分属两个相互关联的领域。首先，我们要讨论几种企业理解客户、组织客户和服务客户的方法。传统上，这些与客户有关的问题应该是营销和销售人员的首要职责。其次，我们要以更宽广的视角理解企业的边界，介绍几种帮助企业调整规模范围或者催生企业间合作新模式的重要管理创新，比如企业联盟或联合体。

本章讨论的管理创新与本书其他章节的管理创新有一些明显的重叠。例如，企业边界的决策问题与战略以及供应链管理密切相关，客户关系管理（CRM）等新兴技术推动型营销创新与企业资源计划（Enterprise Resource Planning，ERP）等信息处理创新相互交织，讨论组织结构的章节中也有很多内容反映了企业对外部边界的选择。

5.1.1 客户关系

在企业与客户的关系问题上，有一些因素是亘古不变的。例如现代企业十分重视的产品定价问题，或者向潜在客户保证产品质量的能力，对于古希腊的商人来说也一样很重要。当然，随着对客户需求和行为的理解日益深入，加上技术进步的推动作用，现代企业处理客户关系的方法已经发生了很大的变化。因此，在过去的一个世纪里，客户管理技术取得了巨大的进步，但在本质上，这些变化的出现并非一蹴而就，而是渐进式发展的结果。

从1880年到1930年，在这半个世纪的时间里，客户关系管理方面的创新共演变出了三种类型。第一种类型包括各种**获取多样化潜在客户群体的新方法**。1886年，约翰·S. 彭伯顿（John S. Pemberton）授权他人灌装和销售一种新饮料——后来被命名为可口可乐，这是美国第一个成功的**特许**经营案例。在此之前，美国胜家（Singer Corporation）也曾尝试过特许经营模式。事实证明，特许经营是一种非常成功的商业模式，这种模式能够快速发展消费者业务，在餐饮行业尤为有效。

接下来出现的另一种旨在获取客户的管理创新是美国安利公司（Amway，全称为American Way）于1963年创立的多层次直销。这种商业模式激励独立的"合伙人"向朋友和家人分销产品，以换取一定的收益分成。由于与非法的"金字塔"计划存在相似之处，多层次直销方式曾受到诸多质疑，但事实证明，对于某些类别的产品（如化妆品）和某些缺乏强大零售基础设施的发展中国家来说，这是一种非常有效的商业模式。

还有一种获得多样化潜在客户群体的新方法是**直接营销**[①]（Direct Marketing）。直接营销是营销大师莱斯特·伟门[②]（Lester Wunderman）在

[①] 又译直复营销。——译者注
[②] 又译莱斯特·文德曼。——译者注

1961 年提出的概念，所谓直接营销，就是企业采用有针对性的方法直接上门销售，或者通过寄送产品杂志来吸引客户，而不是通过传统的大众媒体广告进行营销。当然，直接营销的起源还可以追溯到更久远的年代。零售商蒙哥马利 - 沃德公司（Montgomery Ward）早在 1872 年就推出了第一份邮购目录，随后又在 1917 年领导成立了直接邮寄广告协会。这种大批量邮寄产品目录到千家万户的销售方式不仅成了直接营销的前身，还在当时催生了一系列所谓的"创新"，这些"创新"不但不为人称道，反而让大多数消费者不胜其烦——从直接邮寄广告附带的优惠券和代金券，到"免费"的每月读书会[一]推荐书，莫不如此。

5.1.2　分而治之

第二类营销创新采用新方法细分客户群体，以便更有效地满足各个客户群体的具体需求。在 20 世纪 20 年代，通用汽车公司开创了**市场细分**（Market Segmentation）的先河，推出 5 个不同的汽车品牌，每个品牌都面向具体的细分市场，每个细分市场的客户需求都略有不同。现在看来，按细分市场推出产品的做法似乎理所当然，但是要知道，当时通用汽车公司的主要竞争对手是福特汽车公司，而那时候的福特汽车的产品只有 T 型汽车，车身颜色也只有黑色。

品牌管理是一项与市场细分相关的管理创新。所谓品牌管理，就是由一个人或一个团队来负责品牌在市场上的定位和认知，并允许内部品牌相互竞争。品牌管理是宝洁公司在 20 世纪 20 年代末提出的，随后被其他大多数消费品公司陆续采用。

5.1.3　继续深挖

第三类营销创新更加强调技术而非管理，需要**对客户有更加深入的了解**。这一类创新活动可以总称为市场调研。市场调研的出现虽然没有

[一] book of the month club，美国一个推销书籍的组织。——译者注

明确的起点，但是 A. C. 尼尔森公司（A. C. Nielsen）成立的时间（1923年）是一个关键的节点。从此以后，阿瑟·尼尔森（Arthur Nielsen）创立的将销售和营销活动与财务业绩联系起来的强大工具得到了广泛应用。

在第二次世界大战期间以及战后，三种类型的客户关系管理创新仍在持续演变，而且取得了一些进展。但是，到了 20 世纪 70 年代，由于商业计算机的出现，客户信息的储存数量和使用方式都产生了巨大变化。互联网的兴起也改变了企业与客户的关系。现在，企业甚至可以与客户建立互动关系。因此，20 世纪 80 年代的数据库营销最终让位于 90 年代的**客户关系管理**（CRM）。作为一种信息技术驱动的管理工具，客户关系管理能够更精准、更有效地服务每一个客户。通过获取关于客户购买行为的详细信息，企业可以开展高度定制的直接营销活动，并推出忠诚客户奖励计划或类似于"飞行常客"的优惠方案，从而提升每个客户关系的长期价值。

客户关系管理取代数据库营销是一次十分重要的转变，**互动营销**（Interactive Marketing）、**一对一营销**（One-To-One Marketing）、**许可营销**（Permission Marketing）等新概念的出现正是这一转变的具体表现。然而，关于企业在具体操作中将会如何改变销售和营销方式，以便更好地把握互联网带来的机遇，目前还没有完全清晰的答案。

5.1.4　边界：变还是不变

企业总是随着时代的发展扩大或缩小经营活动的边界：个体贸易商从人类文明诞生伊始就已经存在，而早在大约 4000 年前的亚述和腓尼基时代就有了典型的多元化国际企业。对于企业来说，扩张有助于增强整体实力，收缩有助于提高灵活性，而扩张与收缩之间的矛盾永远存在，企业的扩张与收缩应时而变，关于企业扩张与收缩的管理创新更是如此。虽然在企业边界管理方面的突破性创新与其他领域不可同日而语，但在特定的历史时期也曾出现一些引发行业巨变的重要管理实践方法。

我们可以从纵横两个维度理解企业的边界——横向维度是企业销售的产品或服务的范围和数量，纵向维度是企业控制的从原材料到最终消费品的价值链活动。

我们先看横向维度。在20世纪初，很多公司都曾经试图通过与竞争对手合并（或者至少相互协调经营活动）来占领市场。合并之后的实体在美国被称为托拉斯，在日本则被称为财阀，并迅速发展成为工业界最为盛行的垄断组织形式。但是，对企业有利的组织形式不一定能为消费者带来好处。因此，特别是在美国和英国，随着反托拉斯法和反竞争法的出台，许多大型托拉斯实体被分拆——最为著名的案例莫过于标准石油公司垄断案，该公司最终被拆解为一系列地区性石油公司。第二次世界大战后，日本的财阀也在1946年进行了解散和重组。

由于在自身行业范围内寻求扩张受到诸多限制，很多公司转而选择多样化经营来追求增长，主要手段就是收购一些与公司核心能力领域无关的企业。在第二次世界大战结束后的几年里，ITT集团⊖和汉森集团（Hanson）等混合联合企业逐渐成为工业体系中的佼佼者。日本式的企业组织"经连会"（Keiretsu）也从财阀解散的灰烬中冉冉升起。

5.1.5 分拆时代

到了20世纪80年代，众多证据表明大多数混合联合企业终将惨淡收场。一些"企业狙击手"瞄准这些经营不善的混合联合企业，恶意收购大量股份再相机卖出，从中牟取巨大利润。目睹了多起轰动的恶意收购案例之后，很多混合联合企业选择了剥离不合适的业务（比如英国帝国化学工业集团（ICI）将部分业务剥离，组建了捷利康（Zeneca）公司），或者完全拆分成三个或更多的独立公司（比如1996年汉森解体）。

⊖ 原名国际电话电报公司（International Telephone and Telegraph, ITT），成立于1920年，总部设在美国纽约州白滩。——译者注

今天，绝大多数公司都将业务集中在一个或少数几个相关市场。当初企业因核心业务遭遇增长瓶颈才开始寻求多元化经营，却在兜兜转转之后又回到了原点。

纵向维度同样也历经起伏。为了加强市场控制力，企业往往会沿着产业链的下游（通过收购分销商）或上游（通过收购供应商）扩展业务。因此，到19世纪末，很多企业就已经具备相当高的**纵向一体化**（Vertical Integration）水平，这一点并不让人感到意外。例如，福特汽车公司拥有自己的种植园，以保证汽车轮胎的橡胶供应，而石油公司则控制着从勘探到零售的整个产业链，直到今天仍然如此。

但是，正如多元化经营逐渐失宠一样，纵向一体化也是如此。到了20世纪70年代末，企业普遍开始收缩经营范围，转而把资源集中于提升自己的核心竞争力。同时，越来越多的企业开始选择业务**外包**——把某些职能或流程外包给专业供应商，比如信息技术、设施管理，甚至连产品制造也交给合作企业完成。在这种趋势下，一些公司已经变得非常精简，少数公司甚至变成了虚拟公司，只负责协调其他公司的活动，并不从事实际生产，也不销售任何东西。即便是日本的**经连会**，还有与之非常相似的韩国**财团**（Chaebol），如今的横向和纵向一体化程度也大不如从前。

5.1.6 混合时尚

第二次世界大战结束之后，除了在规模和经营范围方面的变化之外，在企业外部关系发展上还出现了一种"混合式"合作形式，比如相互独立的多家公司一起组成联盟或者成立合资企业。1968年成立的VISA就是其中一个典型的例子。VISA是一个由大约10 000家银行参与的跨企业**联盟**，所有参与联盟的银行都同意通过VISA系统协调各自的信用卡发行和结算活动。在很多时候，这种"混合式"合作形式可以填补企业由横向和纵向一体化向非一体化转变所造成的空白。

5.2 特许经营

任何企业在发展的过程中都会面临一个重大挑战：如何获得足够的资金，并迅速开辟新的市场。企业可以通过贷款获得资金，但是在某些经济环境下，贷款的成本可能会高得令人望而却步；企业还可以向外部投资者出售股权，但这可能会导致企业所有者失去对企业的控制权。到其他地区开拓市场也同样困难重重，因为寻找经营场所、雇用员工、寻找供应商等任务都需要充分了解当地市场才能顺利完成。

今天的企业家在面对这些挑战的时候都不会感到陌生，但在19世纪中期的美国，在企业刚刚开始发展区域性、全国性业务的时候，这些挑战第一次大规模显现。胜家缝纫机公司、可口可乐公司、福特汽车公司等不同行业的企业都面临着同样的问题。

5.2.1 免费不易

有一个方法可以解决上述问题，那就是特许经营（Franchising）。在英语里，franchising一词源自法语单词franche，这是franc的阴性形式，中文意思是"免费"。在特许经营模式下，企业（特许人）准许当地合作伙伴（受许人）使用其商业理念、商标和其他支持服务，以此将业务扩展到企业不熟悉的新市场。受许人需要投入资金成立特许加盟店，并定期向特许人支付一定金额的特许经营费用。

特许经营是一种双赢模式，特许人和受许人都能获得相当大的好处。以零售特许经营为例，一方面，受许人可以使用一个已经成熟的零售商业模式，还能得到专业的支持服务，这些都是其他方式无法提供的优势，如此一来，受许人就能迅速建成一家特许加盟店。另一方面，特许人通过授权受许人经营其零售品牌，既能够保留对品牌的所有权，又能够增强品牌的市场广度和知名度，同时还能得到一个稳定的收入渠道，有利于充分调动员工的积极性。

5.2.2 特许经营的兴起

特许经营的历史十分悠久，发展历程也比较复杂，我们不可能将其起源追溯到某一家具体的企业，但是可以找到几家对其发展产生巨大影响的公司。

在很久以前，特许经营的雏形就已经存在，一开始是在欧洲等地——尤其是在英国。例如在酿酒业，酒馆老板与酿酒厂签订经销协议以换取资金支持。直到现在，英国仍然存在酿酒厂连锁酒吧制度。

美国胜家缝纫机公司在特许经营制度的发展历程中发挥了重要作用。1851 年，艾萨克·辛格（Isaac Singer）成立了 I.M. 胜家公司（I.M. Singer & Company），销售他不久前刚获得专利的缝纫机。1856 年，在经历了一系列专利侵权诉讼之后，辛格与其他制造商一起组建了辛格缝纫机联盟，首创专利权共享模式，向制造商出售许可证，美国境内每台机器每年收费 15 美元，境外每台每年收费 5 美元。

1863 年，I.M. 胜家公司更名为胜家缝纫机制造公司（Singer Manufacturing Company），拥有 22 项专利和 55 万美元资产。同年，胜家缝纫机制造公司有了第一家特许加盟经销店。

1909 年，西部汽车公司⊖（Western Automobile）开始实行特许经营制度，在现代特许经营的发展过程中，这是又一项具有里程碑意义的重要事件。在此之前，特许经营只是双方签署授权受许人出售品牌产品的协议，而且受许人已经具备足够的行业经验。而西部汽车公司的特许经营方式还提供许多类似于现代特许经营的其他服务，例如业务培训、商品销售和营销支持等。

5.2.3 合作愉快

19 世纪末和 20 世纪初，特许经营模式逐渐传播到各行各业。汽车和

⊖ 美国汽车配件零售商。——译者注

软饮料行业很早就开始采用特许经营模式。1901年，可口可乐公司第一次出售其装瓶业务的特许经营权；亨利·福特在20世纪初就推出了用来销售T型福特汽车的经销商特许经营系统。到1912年，美国已经有7000家特许经销商。

1924年，艾德熊乐啤露（A&W Root Beer）开始实行特许经营制度。20世纪20年代，一位锐意创新的特许经营人开办了第一家特许加盟餐厅。以卖雪茄起家的企业家霍华德·迪林·约翰逊（Howard Dearing Johnson）也不甘人后，在20世纪30年代的美国不遗余力地打造霍华德·约翰逊连锁餐厅㊀，将特许经营模式引入餐饮业。20世纪三四十年代也出现了不少著名的特许经营模式，包括1930年问世的肯德基炸鸡连锁和1940年问世的冰淇淋品牌冰雪皇后（Dairy Queen）。

20世纪50年代，由于战后大量军人退伍，就业需求持续旺盛，加上政府陆续出台加强商标保护的法律，美国出现一波特许经营热潮。没过多久，特许经营模式就在汽车租赁和干洗等不同行业占据了一席之地。麦当劳、汉堡王、假日酒店、百捷乐汽车租赁等公司都是20世纪五六十年代成功的特许经营案例。

在1961年之后的十年间，麦当劳的特许经营店铺数量增加了758%。到1975年，特许经营行业大约有1200家公司，创造的收入超过1760亿美元。

5.2.4 全球推广

特许经营模式并非没有问题。零售商都希望能够控制好特许经营店的产品质量和服务水平，但是鞭长莫及，真遇到问题也往往束手无策。而且，当企业需要大幅调整产品范围的时候，特许经营店经常是阻力来源之一。

㊀ 又译豪生连锁餐厅。——译者注

虽然如此，特许经营模式仍然在继续发展。现在，"我的生活我做主"的人生态度日益流行，无论在哪一个国家，自主创业的人数都与日俱增，业务外包的商业模式更是后劲十足。在这些因素的影响下，特许经营模式的发展空间比以往任何时候都更为广阔。

国际特许经营协会的教育基金会曾委托普华永道会计师事务所进行了一项调查，结果显示，美国特许经营行业创造的经济价值已经超过1.5万亿美元，雇用员工达1800万人。根据国际特许经营协会委托的另一项调查报告，如果你有意开一家特许经营店，你可以选择的业务种类超过100个。在英国，国民西敏寺银行（NatWest）和英国特许经营协会的研究显示，英国特许经营行业的价值高达108亿英镑，其增长速度是英国经济的两倍。

特许经营已经成为一种全球现象。例如，截至2005年，中国的特许经营企业总数已经达到2320家，年均增速超过10%，预计未来的增速将会更高。

5.3　直接营销

一般来说，价值链的环节越多，消费者得到成品或服务的成本就越高。内战后的美国便是如此，当时农产品的价格很低，但是农民却要花高价购买农具和设备。那么，为什么企业要通过杂货店或本地食品杂货商等中间商来销售货物，而不是直接向大众市场销售呢？当然，企业可以从批发商和零售商那里获得巨大回报，但是这些回报是有代价的，其中之一就是失去了直接了解消费者的机会，难以及时知晓消费者的愿望和需求。

因此，在19世纪末，消费品公司开始探索进入大众市场的新方法，提出了多种商业模式。其中一种是上文讨论的特许经营，另一种则是通过代理商或邮购目录把产品直接卖给消费者。第三种做法可以说是前面两种方法的补充，后来被称为直接营销。

5.3.1 十分直接

直接营销是直接与消费者打交道的销售方式，其重点在于获得可跟踪、可衡量的结果。直接营销的技术要点是激发行动，也就是要求消费者做出行动，比如拨打免费电话。

传统的直接营销方法包括电话销售、直接邮寄、上门销售、发传单、无约电话和垃圾电子邮件。互联网的兴起为直接营销的发展开辟了一条康庄大道，一些新的营销技术也随之而来，如许可营销。

所谓直接邮寄，就是不管消费者是否同意，直接向消费者发送广告邮件的营销方式，也被称为垃圾邮件，是最受欢迎的直接营销方法之一。直接邮寄借助邮寄名册锁定潜在客户，并根据潜在客户的年龄、收入水平、职业等细节信息针对性地发送推销广告，是个人保险、担保和贷款等领域较为常见的销售方式。但是，直接邮寄并不是一种特别有效的广告投放方式，因为消费者的响应率特别低，普遍认为只有 2% 左右。

5.3.2 伟大的伟门

直接营销是美国著名营销大师莱斯特·伟门提出的概念。1958 年，他在纽约创立了广告公司伟门（Wunderman, Ricotta & Kline, WRK）。后来，他受邀前往麻省理工学院发表演讲。该活动还邀请了麻省理工学院和其他商学院的营销学教授。在此之前，直接向消费者推销的过程被称为直接邮寄。但是，伟门认为，他应该找一个更好的名词取而代之，一个能让活动现场的营销学教授产生共鸣的术语。在演讲之前，他终于想到了一个新的名词——直接营销，并在演讲中向观众介绍了这一概念。后来媒体在报道中也沿用了这个术语。不久之后，印第安纳州的一位参议员使用了直接营销一词，让它写进了国会议事录。

在演讲之后，伟门却后悔当时选择了直接营销这个词。在公司网站的视频博客中，他说这个词"并不完全准确"。如果那次演讲能够重来一次，他会选择用"个人广告"一词，而不是直接营销。

值得一提的是，伟门曾经指出，虽然他发明了直接营销的概念，但直接营销这个行业其实早已存在，只是在此之前没有人对其进行明确界定。直接营销的具体操作方法，如直接邮寄，其存在的历史远远早于伟门涉足这个行业。

1872年，艾伦·蒙哥马利·沃德（Aaron Montgomery Ward）开创了美国第一个邮购业务，通过散发邮购商品目录，让顾客直接向他购买干货。可以说，沃德的创意就是现代直接邮寄概念的源头。如果再往前追溯，早在18世纪，欧洲和美国就已经存在很多关于邮购目录或广告的记录。

5.3.3 全球邮购

1900年，英国大世界百货公司（Great Universal Stores）在曼彻斯特成立，开始经营邮购业务，直接营销在英国的发展也由此开始。后来，在20世纪五六十年代，《读者文摘》公司（Reader's Digest Company）创建了一个电子化的消费者数据库。到了80年代，Trenear-Harvey Bird & Watson成为英国最大的直销机构。

在美国，伟门广告公司在20世纪70年代被扬·罗比凯广告公司（Young & Rubicam）收购，到80年代更名为伟门世界集团（Wunderman Worldwide），继续在直销领域源源不断地推出创新方法。

其中最为著名的一项创新是互动百宝箱（Gold Box Response）。当时麦肯广告公司（McCann Erickson）企图抢走伟门公司的客户哥伦比亚唱片俱乐部（Columbia Record Club）。面对竞争对手的挑战，伟门广告公司为客户提供了一项新的营销举措——互动百宝箱。虽然直接营销最看重的就是结果，但是直接营销人员必须想办法说明不同媒体的广告效果，并证明他们的营销工作和消费者反应之间的关系。

伟门想到的办法是：在平面广告中增加一个互动百宝箱活动，只有观看过电视广告的读者才能知道正确答案。具体而言，互动百宝箱的正确答案通过电视广告公布，观看过电视广告的读者可以正确填写相应的数字。凭借填写正确的互动百宝箱，读者在邮购唱片时就可以享受买一送一的优惠，免费获得一张唱片。广告公司就可以根据唱片的销量来判断电视广告对直接营销活动的推动作用。

5.3.4 电子邮件时代

2007年，伟门广告公司成为全球大型传播机构WPP集团的下属企业，公司创始人莱斯特·伟门撰写了自传《直打正着：直复营销之父伟门的创想之旅》。此时的直销行业与伟门在20世纪30年代开始涉足时的直销行业已经大不相同。当然，我们的信箱里依然塞满了我们一眼都不看的直邮广告。但是，随着客户关系管理技术的不断发展，企业已经能够做到针对不同的消费者定制邮件广告。例如，英国零售企业特易购（TESCO）利用会员卡数据，根据各人生阶段的不同消费需求搭配相应的促销优惠，仅仅一次直邮活动就制作了超过200万种邮件广告。

互联网也催生了很多新的直接营销形式，例如美国著名营销大师塞思·戈丁（Seth Godin）提出的许可营销。塞思·戈丁是优优大娱乐公司（Yoyodyne Entertainment）前总裁，曾在雅虎公司担任负责直销业务的副总裁。许可营销的前提是：只要可以得到的好处足够多，消费者就会放弃宝贵的个人信息，心甘情愿地提供自己的联系方式，并允许直接营销商向他们发送产品信息。

在开创电子邮件时代的同时，互联网也滋生了一种令人反感的负面产物——垃圾电子邮件。在现实世界里，直接营销有时候不太受欢迎，也是因为消费者并不喜欢电话销售和垃圾邮件。

5.4 市场细分

在20世纪初，福特汽车公司通过尽量缩小产品范围来实现标准化和大规模生产，公司的主要车型只有 T 型汽车。1910 年 1 月，福特汽车公司的高地公园大型工厂建成投产，从那时起至 1927 年，该工厂生产的 T 型汽车共计 1500 万辆，其中仅 1917 年的产量就达到 70 多万辆，福特汽车公司也因此一举成为划时代的行业翘楚。

在同一时期，通用汽车公司并购了许多小公司，产品线混杂着多种品牌和车型。面对福特这样一个汽车制造巨头，通用汽车只能跟在其后艰难地拼命追赶。阿尔弗雷德·斯隆接管通用汽车后，这种情况开始发生变化。斯隆为公司的组织机构改革带来了全新的思路。经过仔细分析公司的产品和市场，他提出了一个简单而有效的新组织形式。从内部的角度来看，新的组织形式包含 5 个在管理上拥有自主性和独立性的部门——后来这种组织形式被称为事业部结构（见第 4 章）。而从客户的角度来看，新的组织形式能够根据客户的不同需求提供具有明显差异化特征的汽车产品。我们现在所说的市场细分也就由此诞生。

5.4.1 丰俭由人

根据市场细分的要求，企业需要根据每一个客户群体的不同需求开发不同的产品和服务。在斯隆接手通用汽车公司之前，公司各种型号的汽车都在争夺同一个市场。斯隆认为，如果能够针对不同的客户群体提供差异化的汽车产品，通用汽车公司就能创造出巨大的利润。

斯隆有一句名言可以准确概括他的造车思路："不论你预算多寡、需求如何，都让你有车可选。"[⊖]也就是说，无论是低端市场还是高端市场，通用汽车公司在所有不同的市场价位都能提供汽车产品。从本质上说，市场细分要求企业将一个较大的异质市场（包含需求偏好不同的各类客户群体）分割成若干较小的、相对同质的市场，并为每个市场提供与其他市场不同的产品。通过做市场细分，企业能够提供更精准的产品，从而缩小实际客

⊖ 原文为 A car for every person and purpose，有误，应为 A car for every purse and purpose。——译者注

户需求和自身产品之间的差距。只要做好市场细分,任何产品的营销效果都能够得到提高。

5.4.2 初次细分

市场细分确实是一个十分聪明的想法。1920 年,这一想法开始被运用到管理实践中,逐渐成为一项管理创新。当时,通用汽车公司的市场表现远远不如福特汽车公司。改革迫在眉睫,这几乎是公司上下的共识,所以"改革建议提出后,几乎没有什么公开反对意见"。通用汽车公司董事长皮埃尔·杜邦基本接受了斯隆的改革方案,仅在某些地方做了一些细微调整。别克和凯迪拉克两个品牌部门的市场定位十分明确,在市场上的表现相当不错。但是雪佛兰、奥兹莫比尔和奥克兰三个品牌部门的经营管理一直未能完善。斯隆开始重组和改造这 5 个品牌部门,规定每个品牌部门的定价范围,使通用汽车公司生产的汽车能够覆盖市场上全部价位,满足所有客户群体的购买需求。

改革的过程是漫长的。直到 1925 年,通用汽车公司五大汽车品牌的市场定位才最终确立。首先是定价最高的高端汽车市场领导者凯迪拉克,其后是别克、奥兹莫比尔和奥克兰(即现在的庞蒂克)。而面向低端市场的雪佛兰正蓄势待发,开始抢夺福特汽车的市场份额。大约在那个时候,通用汽车公司开始将其市场细分系统称为"品牌定价金字塔",在金字塔顶端的品牌凯迪拉克以高价销售,销量较低,而在金字塔底部的品牌雪佛兰则以低价销售,销量十分庞大。与此同时,通用汽车公司也开始从事市场研究,收集"人口数据、收入状况、历年表现、商业周期等"信息,了解"市场现状及未来潜力"。

5.4.3 蚕食市场

市场细分方法为通用汽车公司带来一些明显的优势。人们大可成为通用汽车公司的终身客户,因为无论他们的收入水平是上升还是下降,通用汽车公司都有价位合适的品牌车型供他们选择。市场细分也有利于公司分散风险，因为高端品牌汽车通常在经济繁荣时期卖得比较好，到了经济衰退期，市场对低成本产品的需求则有所上升。到了20世纪20年代末，经济环境从一片欣欣向荣突然陷入30年代初的大萧条时期，通用汽车公司的这一优势就表现得尤其明显。与此同时，仍然坚持单一车型和低价竞争策略的福特汽车公司开始面临重重困难。到1924年，福特公司平均每辆车的利润已降至2美元。此外，二手车市场的T型汽车数量庞大，部分抵消了市场对新车的需求量，导致福特汽车公司的汽车销售更加疲软。而且，顾客往往认为二手车比新车更好，因为二手车一般都安装了减震器、换挡器等附加装置，这些装置都是当时的新车所不具备的，后来才逐渐变成汽车的标准配置。

1924年以后，T型汽车的销量持续下降。福特汽车公司进一步降低价格，但无济于事。1927年，福特终于决定开始研发新车型，然而此时大势已去，无法挽回。从1925开始，一直到1986年，福特汽车公司的年利润年年都落后于通用汽车公司。

5.4.4 车企率先采用

1927年，福特汽车公司在开始重新考虑产品组合时，也开始运用市场细分的原则。从此以后，通用和福特两大汽车巨头一直坚持市场细分原则，对其有效性从未有过怀疑。通用汽车公司可以说是第一家明确采用市场细分策略的企业。在此之前，很多公司和行业其实早就察觉到了市场的差异化需求，也曾经有过各种先例，比如火车票划分为一等座、二等座和三等座，只是并没有一家企业能够像通用汽车公司那样旗帜鲜明地将其运用到管理实践中。

自20世纪20年代以来，大多数企业都开始采用市场细分策略，根据不同标准对市场进行细分。当然，实行市场细分策略也是有成本的，因为企业需要为每个细分市场开发不一样的产品，这就意味着企业需要雇用更多营销人员，投放更多广告，投入更多资源。但是，很多企业发现，实行市场细分策略能够带来的收益远远超过需要投入的成本。如果企业能通过品牌管理加强同时管理多个品牌的能力，那市场细分策略的有效性还会进一步提高。

5.4.5 市场细分的状况

1956 年，温德尔·史密斯（Wendell Smith）提出"市场细分"这一概念并加以详细阐述，这标志着市场细分学术理论正式成型。但从那时起，市场细分成为一门科学。2008 年时，面向消费者的企业都会先进行大量的市场调研工作，然后根据调研结果明确不同产品的细分市场，并有针对性地制定每一个细分市场的营销方案。市场细分是任何一份营销方案的必要组成部分。同时，细分市场的划分变得越来越细，对每个细分市场的界定也越来越明确。随着数据库技术的进一步发展，很多企业倾向于采用"细分到个人"的市场细分方式，充分利用一对一营销和客户关系管理等营销技术。甚至像政府部门和大学这样过去常常忽视服务对象的传统机构也开始借鉴市场细分方法，对不同的服务群体采取不同的管理措施。作为消费者，只要你购买了一家公司的产品，无论你愿意与否，你都是这家公司某个细分市场的一分子。

5.5 品牌管理

19 世纪末 20 世纪初，品牌在消费者营销中变得越来越重要。以前，品牌不是一个需要考虑的问题，因为企业生产的同一类产品通常只属于一个品牌。然而，随着市场细分和并购活动的兴起，宝洁公司发现自己在同一产品类别中拥有多个竞争品牌，其他公司也遇到同样的问题。在市场环境下，同一种产品的不同竞争品牌可能会蚕食彼此的市场份额，导致两败俱伤。

1923 年，宝洁公司成立了一个市场研究部门（最初称为经济研究部门），采用入户访谈等方法进行市场调研，收集和分析不同细分市场的相关数据。而且，面对经济环境的急剧变化，企业也更加有必要进行市场细分。例如，在大萧条期间，廉价肥皂的市场需求迅速上升，宝洁公司只能顺应市场，推出更便宜的肥皂产品。

象牙牌香皂（Ivory）是宝洁公司家喻户晓的肥皂品牌。在 20 世纪 20 年代后期，宝洁公司又推出了一个新的肥皂品牌——佳美牌香皂（Camay）。根据当时的惯常做法，公司推出新品牌后，公司同类产品的原有品牌就会退出市场，让位给新品牌。但宝洁公司并没有这样做，反而让两个品牌相互竞争。遗憾的是，佳美牌香皂并没有像预期那样大获成功。有人认为，其原因在于宝洁公司在营销过程中"过于顾虑象牙牌肥皂"，担心佳美牌香皂会蚕食象牙牌香皂的市场份额。也就是说，公司本来应该大力推广新的佳美牌香皂，但实际上的推广力度远远不够。宝洁公司还指责负责产品营销推广的广告公司处理不当，把大多数广告资源都用于推广象牙牌而不是佳美牌香皂。

5.5.1 博采众长

以上的问题可以通过品牌管理来解决。在品牌管理的组织结构下，每个品牌配备一名品牌经理，品牌的业绩表现由品牌经理负责。在以前的管理模式和管理经验的基础上，宝洁公司建立了自己的品牌管理制度。首先，宝洁公司借鉴了当时的职能性品牌管理制度，即把品牌管理工作外包给广告公司等外部机构。但是这个制度的日常运作并不涉及公司的其他职能部门，所以作用比较有限。其次，品牌管理的发明者尼尔·麦克尔罗伊（Neil McElroy）在英国的经历发挥了十分重要的作用。麦克尔罗伊曾经在英国负责推广洗衣粉品牌奥克多（Oxydol）。据他观察，宝洁公司在欧洲的主要竞争对手联合利华（Unilever）采用了多品牌战略，让内部品牌彼此竞争，但是在管理上做得不够精细，效果也不尽如人意。

麦克尔罗伊从哈佛商学院一毕业就进入宝洁公司广告部工作，担任收发员一职，后来负责佳美牌香皂在美国的广告活动。根据自己的经验，麦克尔罗伊提出了一个想法：每个品牌都应该配置一位品牌经理，专门负责品牌的经营，使品牌的宣传和营销工作更加有效。品牌经理只需要全力以赴，打造自己负责的品牌，不必理会公司同一产品类别的其他品牌。每个品牌组建一个品牌团队，团队的每个成员都是熟知品牌的专业人员，对品牌的细分市场情况也了如指掌，这些都是非专业人员所不具备的。每个品牌团队都拥有高度自主性，能够充分发挥创造力，提升品牌的业绩表现，全力为宝洁公司创造更大利润。同时，公司可以在全局层面发挥监督和协调作用，平衡各个品牌团队之间的关系。

5.5.2 所向披靡

宝洁公司从20世纪20年代末开始研究建立品牌管理制度，到1931年正式推出。在此过程中，麦克尔罗伊遇到了一些阻碍，后来他解释道："宝洁公司内部一些比较保守的人对于自己打自己的内部品牌竞争有所畏惧。"他们担心会出现公司内部品牌混战的局面。麦克尔罗伊先是和副总裁拉尔夫·罗根（Ralph Rogan）讨论他的构想。罗根支持麦克尔罗伊的想法，但是他认为新方案必须得到公司最高层的支持。随后，麦克尔罗伊直接向宝洁公司总裁理查德·杜普利（Richard DuPree）提交了一份长达3页的备忘录，打破了宝洁公司长期以来备忘录不能超过1页的惯例。这份3页的备忘录让杜普利相信，为每个品牌配备专门的团队是明智之举。

采用品牌管理制度之后，宝洁公司的管理需要做出重大调整。象牙、佳美、科瑞斯（Crisco）、Suz和奥克多等品牌均由不同的品牌团队负责。每个品牌团队都有自己的经费资金、广告人员和独特的内部凝聚力。实行品牌管理制度以后，宝洁公司的经营理念逐渐发生了改变，公司开始进入了一个以品牌管理为主导的时代，对区域单位的重视程度有所降低。品牌经理不仅要推广营销自己负责的品牌，而且还要负责新产品的开发和销售等活动。

几年后，宝洁公司成功推出洗涤剂品牌汰渍，品牌管理制度因此真正名声大震。在推出汰渍之前，市场上已经有一些利润颇丰、家喻户晓的同类品牌，汰渍上市之后，很快就打败了其他品牌。宝洁公司趁热打铁，继续推进多品牌战略，坚持让消费者自己选择的理念，坚信只有消费者才知道什么是最适合自己的产品。结果，汰渍横扫洗涤剂市场，令竞争对手毫无招架之力。汰渍的巨大成功让宝洁公司更加确信，品牌管理制度能够提高管理水平，有助于打造长盛不衰的强大品牌。

5.5.3 登上品牌之车

在品牌管理制度的支持下，宝洁公司陆续推出帮宝适、象牙和佳洁士等品牌，均取得不俗的战绩，宝洁公司很快便登上了快速消费品行业霸主的位置。

当然，宝洁公司的成功之道也同样适用于其他消费品企业。但是，像利华兄弟公司（Lever Brothers）这样的竞争对手却在多年之后才开始采用品牌管理模式。品牌管理水平成为衡量消费者营销部门的运营是否成功的事实标准。一个全新的岗位也因此产生，那就是品牌经理。除此之外，以消费者营销为核心的市场营销开始崛起成为一个独立的管理领域。越来越多消费品企业开始雇用应届毕业生（比如MBA毕业生）担任品牌经理助理，甚至直接担任品牌经理。

5.5.4 品牌的威力

品牌管理系统是一项非常成功的管理创新，世界上几乎所有快速消费品企业以及汽车、银行等其他面向消费者的行业都实行了品牌管理制度。随着时间的推移，品牌管理制度也在不断地发展和完善。在宝洁公司，品牌管理导致了一些比较麻烦的副作用。由于各个品牌分开管理，品牌团队之间相互隔离、缺乏沟通，品牌之间的知识共享非常有限。而且品牌之间是竞争关系，品牌经理根本不愿意与自己的主要竞争对手分享信息。此外，面对不同的品牌团队，宝洁公司要在全公司层面调用资源和能力，也不是那么容易做到的事情。

其他批评意见则主要是针对品牌经理本身。品牌经理通常都比较缺乏经验，依赖量化指标，容易被数字牵着鼻子走，而且好胜心强，满脑子只想着赢。他们可能会因求胜心切而摧毁公司的其他品牌，有些人甚至称他们为"品牌资产杀手"。聪明的消费品企业深知品牌管理制度的局限性，已经开始采取改进措施，例如在全公司范围内建立统一的知识管理系统，同时加强定性分析技术的运用，以弥补量化指标的不足。总之，品牌管理未来将继续引领消费品行业的发展。

5.6 客户关系管理

市场细分法的兴起使企业在按照特定客户群体的实际需要提供产品的问题上取得了重大进步。随着时间的推移，对于如何界定、测量和服务细分市场，企业已经是轻车熟路。但是，到了20世纪90年代，企业开始发现，现有的市场细分方法明显存在两个方面的不足。

首先，细分市场仍然是一群客户，在一个客户群体内部，不同的客户之间也会存在差异。但细分市场方法通常是将单个客户的需求汇集在一起，企业很难做到按照单个客户的需求提供服务。

第二，客户忠诚度不断下降。企业开始意识到，保留现有客户的成本实际上可能比吸引新客户的成本要低得多。换言之，保留现有客户更加有利可图。所以，很多企业都看到了一个既可以更好地为客户创造价值，又能为自己创造利润的机会，其中包括一家正冉冉升起的信用卡公司——美国第一资本金融公司（Capital One，简称第一资本）。

5.6.1 一切在于关系

客户关系管理（CRM）是关系营销的一种特殊形式，是一种识别、获取和保留客户的方式。客户关系管理注重通过使用详细的数据来维护和改善企业和客户之间的关系。有些人认为，客户关系管理需要严格按照单个客户的需求提供服务，而另一些人则认为只需要把市场精确划分为较小的细分市场，针对目标细分市场的需求提供服务便可。

客户关系管理非常依赖信息系统的作用，借助客户数据库和互联网应用程序与客户沟通。根据应用功能的不同，客户关系管理可分为操作型客户关系管理和分析型客户关系管理。操作型客户关系管理主要通过信息系统来实现并改进销售、营销和服务的自动化，分析型客户关系管理则主要通过收集数据来了解客户关系和提高商业决策效率。识别哪些客户能够给企业带来利润是分析型客户关系管理的重要任务之一，企业将根据识别结果，把更多资源用于经营最有利可图的客户关系。如果识别结果显示，继续经营某些客户关系会让企业得不偿失，那么企业就可能会主动终止这一类客户关系。

客户关系管理的其他任务还包括建立更加亲密、更持久的客户关系和充分利用客户关系网络，比如利用现有的核心客户来吸引潜在的新客户。曾任广告公司主管的唐·佩珀斯（Don Peppers）和商学院教授玛莎·罗杰斯（Martha Rogers）提出的一对一营销就是客户关系管理系统下的一大营销战略。他们认为，一对一营销战略要求企业"愿意并能够倾听客户的心声，从其他渠道了解客户，以此为基础来调整营销策略，改变面对客户的营销行为"。一对一营销和客户关系管理系统应该能够帮助企业降低成本，提高销售水平，因为企业并不需要那么频繁地补充新客户，所以能够把更多精力用于为现有客户提供更优质的服务。

5.6.2 CRM 大受好评

美国第一资本金融公司是早期采用客户关系管理系统的典型案例。20

世纪 90 年代初，第一资本还只是一家初创公司，当时该公司采取了一系列措施，为信用卡客户提供更精细、更有针对性的服务。第一资本采用了测试单元分析方法。根据客户的行为方式差异和带来的利润多寡，第一资本将客户划分为数百个测试单元，分别给他们发送不同的直邮广告，然后观察和分析每个测试单元的客户对邮件的反应。根据分析结果，第一资本针对最有利可图的细分市场开发出多款信用卡产品，并围绕这些产品设计了营销活动。

从 1992 年到 1994 年，第一资本的信用卡应收账款从 17 亿美元飙升至 90 亿美元。其客户关系管理系统拥有智能呼叫路由选择功能，可以通过计算机来识别呼出电话的客户身份。根据该客户的信息，系统可以预测客户打电话的理由，然后将客户电话转给了解相关情况的客户代表为其答疑解难，并向客户推荐其他产品。这种客户管理方式不但能够降低沟通成本，还可以提高客户满意度。

5.6.3 直接途径

第一资本不是唯一一家使用客户关系管理系统的企业。20 世纪 90 年代，客户关系管理系统开始迅速普及，除了第一资本以外，不少企业也建立了客户关系管理系统，只需要通过一个应用程序就可以整合企业内外所有的客户数据，从而能够根据实际的客户行为方式制定相应的营销策略，英国直线保险公司（Direct Line）和美国福特汽车公司就是其中两个成功的案例。在同一时期，客户关系管理软件解决方案的市场也迅速膨胀。早期的重要供应商包括希柏系统软件有限公司（Siebel）、克莱锐富软件开发有限公司（Clarify）、甲骨文软件系统有限公司（Oracle）和奥尼克斯软件公司（Onyx）。刚开始的时候，客户关系管理软件侧重于实现营销任务的自动化和标准化，不过，后来分析性任务做得更多也更好。1998 年，甲骨文公司推出了第一款完整的客户关系管理软件套装。随着互联网的兴起，企业与客户的沟通有了更多渠道，客户关系管理系统也与时俱进，融合了更多基于互联网的功能。

现在，大多数企业或多或少都在使用客户关系管理的功能，尤其是直接面向消费者销售产品和服务的企业。这就引发了关于客户关系管理软件的有效性的讨论。一些调查显示，人们对客户关系管理项目的满意度普遍较低，对于软件的满意度尤其如此。显然，在管理创新领域，实施客户关系管理比预想中更有难度。在与客户打交道的时候，客户关系管理要求一切要从客户的需求出发，与以往那种从产品出发的思路截然不同。有时候，客户的信息很难获得，或者很难汇总。而且，很多企业是围绕软件来制定客户关系管理战略，而不是让软件成为客户关系管理战略的有机组成部分。

5.6.4 细分到个人

尽管存在以上不足，客户关系管理仍然是很多管理者热衷使用的管理工具。事实上，在吸取了以往的经验教训之后，客户关系管理的效果如今已有所提高。客户关系管理主要聚焦于四个领域：销售队伍自动化、客户服务和支持、现场服务和营销自动化。最重要的仍然是对客户进行细分的能力，第一资本使用的测试单元分析技术就是如此。客户终身价值分析是客户关系管理的另一个工具，企业可以通过这一工具确定每一个客户的盈利能力。保留现有客户的成本低于获取新客户的成本，针对具体客户的营销方法优于相对笼统的通用方法，这些客户关系管理背后的基本理念已经得到了广泛认同。

5.7 纵向一体化

在今天的商业世界，大型企业随处可见。但在历史上，大企业直到19世纪才开始出现。在此之前，很多企业都是以手工作业为主，专注于价值链的很小一部分，而且往往高度专业化。这种企业的发展机会非常有限，因为很难招募到大量专业的手工艺人，因此无法实现大规模生产，价值链各个环节也分散在不同的地方。因此，生产经营一体化并不能为企业带来多大的好处。

随后，企业界涌现出一些重要的管理创新，例如科学管理和移动装配线等过程管理创新，还有财务管理方面的成本会计和人力资源管理方面的职业经理人等，让企业能够以更大的规模进行生产活动。但是，如何才能最大限度地发挥这种规模优势呢？应该由谁来掌握规模优势？在追求增长和利润的道路上，卡内基钢铁公司（Carnegie Steel）的老板安德鲁·卡内基（Andrew Carnegie）在19世纪末就遇到了这些问题。

5.7.1 向上和向下

纵向一体化是指一家企业同时控制采购、生产和分销等多个要素。也就是说，企业可能控制着从原材料提取到最终产品的分销和销售的整个过程，或者只是其中的一部分。从理论上说，一家企业可以控制整个价值链条的所有环节，从采掘或生产、提炼原材料，到制造中间产品和成品，然后将商品运输到批发店或零售店，再通过零售店将商品卖给消费者。

纵向一体化分为**后向纵向一体化**（Backward Vertical Integration）和**前向纵向一体化**（Forward Vertical Integration）两种类型。后向纵向一体化是指获得供应商的所有权和控制权，例如巧克力制造商获得可可种植园的所有权。前向纵向一体化是指获得分销商或零售商的所有权和控制权。横向一体化（Horizontal Integration）是企业扩张的另一个方向，与纵向一体化不同，横向一体化是指企业通过兼并和收购等方式在价值链条的同一环节上进行扩张。

至于为什么企业要采取纵向一体化战略，有多种说法。一种说法认为，企业诞生的自然形态就是一种"纵向一体化"，后来生产过程开始划分不同的阶段，才使价值链开始出现分化。另一种说法认为，因为一家公司的创新成果往往很难在其他公司得到认可和接受，所以不得不想办法控制价值链。第三种说法——也是最有力的说法——认为纵向一体化能够为企业带来规模优势，使之有机会成为垄断企业，或者自封为垄断企业。因为企业控制了价值链条的所有环节，至少在最后向消费者销售之前，竞争是不存在的。

5.7.2 不可思议

如果说有哪家企业可以称得上纵向一体化的先驱，那一定是卡内基钢铁公司。这家由安德鲁·卡内基创立的钢铁公司是最早实施纵向一体化战略的企业之一，也是其中最为著名的成功案例。其他人都是选择钢铁生产价值链的个别环节进行投资，但是卡内基却制定出一个更具扩张性的投资战略。

1901 年，卡内基成为世界上最富有的人。从 19 世纪 70 年代开始到 19 世纪末，卡内基陆续收购了煤矿、焦炉、钢厂、铁矿石驳船和铁路等众多企业，最终控制了钢铁行业价值链，在此期间也积累了巨额财富。在世纪之交，卡内基以 4.8 亿美元的价格，将自己一手打造的钢铁帝国卖给了金融大亨约翰·皮尔庞特·摩根（J. P. Morgan），他本人从中获得 2.25 亿美元的巨额收益。从那以后，卡内基成为大慈善家，纽约卡内基音乐厅和匹兹堡卡内基梅隆大学都是他出资兴建并以其姓氏命名的。

5.7.3 跨界的福特

纵向一体化模式很快就传播到了其他行业。在 20 世纪之初，像奥兹莫比尔和福特等汽车制造商不过是一些小型的初创企业。在一定程度上，这些制造商也是纵向一体化企业，因为它们既生产工具部件，又生产成品，还参与产品的销售和经销。但是，这种纵向一体化更多是当时市场环境影响的结果，而不是有意制定的企业战略。

比如福特汽车公司，由于采用了大规模生产和移动装配线，福特公司需要更多专业的生产工具和机械设备。鉴于工具和设备的专业性，福特公司自然会认为，由自己公司来制造会更容易。

起初福特与压制钢件供应商约翰·R. 凯姆钢铁加工厂（John R. Keim Mills）签署协议，约定从1908年起由该工厂为福特汽车提供零部件。经过几年的紧密合作之后，福特最终在1911年收购了这家工厂。随后，该工厂爆发了一次罢工，于是福特干脆把工厂的所有生产设备都搬到了高地公园工厂。福特把很多环节的生产活动都转移到一处，事实上实现了纵向一体化。作为福特的主要竞争对手，通用汽车公司在这方面也不遑多让，在第二次世界大战爆发之前的几年里，通用汽车公司进一步提升了纵向一体化水平。

石油行业是另一个高度纵向一体化的行业。埃克森、壳牌（Shell）、英国石油等公司都是大型纵向一体化石油企业，其业务包括油田勘探、原油开采、油气炼化，甚至还拥有很多销售油气产品的加油站。政府部门往往也按照纵向一体化的思路进行管理。

20世纪70年代以前，纵向一体化一直是一项重要的扩张战略，特别是前向纵向一体化帮助企业把业务拓展到了产品的经销和销售领域。但是，进入70年代以后，一股反纵向一体化的势头迅速涌现，因为企业发现，依靠市场的灵活性和效率更有利于降低成本、提高利润。在80年代，企业普遍专注于发展核心业务。到了90年代，业务外包渐渐兴起，企业将业务外包给第三方合作伙伴也同样可以取得成功。由此可见，大规模纵向一体化经营也并非成功的唯一途径。

5.7.4 逐渐衰落

今天的世界已经不再具备有利于纵向一体化的条件。例如，在个人电脑革命中，有一些公司控制了整个价值链，从零件制造到产品设计再到零售都一手包办，但是这样的公司大部分都未能获取较大的市场份额。

尽管如此，有几家科技公司还是成功地遏制了价值链分散的趋势，苹果电脑公司就是其中之一。该公司自己设计产品，自己策划营销，建立自己的品牌专卖店进行销售。三星电子（Samsung）是另一家采取纵向一体化经营但利润率却很丰厚的企业。然而，其他大多数科技公司都选择尽可能将业务外包，以便提高价值链的灵活性，降低价值链的成本。

曾经有一种大力支持纵向一体化的观点认为，纵向一体化能够帮助企业提高创新的效率。然而，从科技行业的现状来看，创新外包也是完全可能做到的。无论是产品设计公司、等离子屏幕制造商、广告公司，还是电器产品零售商，很多科技公司都选择把技术创新交由外包供应商来完成。纵向一体化并不能带来什么明显的好处，坏处倒是有几个。因此可以说，高度纵向一体化的时代已经过去。除非你能够垄断某一个价值链环节，比如原材料供应或者市场经销渠道，否则最好不要实行纵向一体化。

5.8 外包

在20世纪的大部分时间里，"越大越好"一直是企业经营管理的指导原则。为了扩大销售，企业采取多元化经营策略，有时还会涉足与核心业务不相关的行业。企业相信，只要能控制价值链更多环节，提高议价能力，就能创造出更大的利润。因此，企业实行纵向一体化，整合上下游资源。在衡量自身实力的时候，企业关心的是自己能够做些什么，而不是其他企业能为自己做些什么。

然而，到了20世纪70年代，特别是进入80年代以后，这种经营管理模式开始显得过时了。企业以为，只要实行多元化经营，涉足不同领域，就能够为自身带来很多好处，但事实证明并非如此。所以，ITT集团和汉森信托等众多混合联合企业都选择了拆分。而且，纵向一体化企业往往组织结构僵化，缺乏弹性，这就是IBM公司在面对英特尔和微软等竞争对手时的状态，IBM公司也因此付出了很大代价。

20世纪70年代，计算机革命已经开始，企业的内部运作方式也因此发生了改变。企业不得不在原有组织结构的基础上增加新的职能部门：信息技术部（IT）。但是，这场计算机革命对企业之间的关系产生了更大的影响。在信息技术的帮助下，很多工作流程都实现了标准化，市场上也涌现出了许多专业信息技术公司。1989年，美国伊士曼柯达公司（Eastman Kodak Company，简称柯达公司）需要决定如何处置公司的信息技术业务。那么，怎么做才对柯达公司最为有利呢？

5.8.1 外部力量

外包（Outsourcing）的概念有很多种定义。有些人认为，任何交由外部供应商处理的活动都属于外包。另一些人则从狭义或具体的角度来定义外包，例如企业原本自营的服务，现在改为从外部供应商处购买。

无论外包如何定义，有一点是不变的：由外部供应商承担了企业的业务。也就是说，通过外包，企业就能够利用外部供应商的生产能力。外包可能会带来很多好处，例如降低生产成本、提高产品质量、获得更专业的知识、赢得更多创新成果等。

信息技术部需要外援

就像纵向一体化一样，外包的历史也十分悠久，自企业组织诞生之日起，外包就一直存在。企业有投入才能有产出，总有一部分投入需要依靠市场来获得，也一直有供应商愿意提供这些投入。信息技术外包算是比较新鲜的事物，但信息技术服务外包巨头美国电子数据系统公司（EDS）早在1962年就已经成立了。20世纪80年代，外包行业迅速发展，其中一家公司的外包决策特别引人瞩目。

1988年，柯达公司成立了信息技术部，当时负责管理企业信息系统的是公司副总裁凯特·赫德森（Kate Hudson）。赫德森仔细阅读了关于柯达公司信息技术情况的研究报告，发现每一份报告都传达了同一个明确的信息："我们需要外部帮助。"当时，柯达公司一直在持续区分核心业务和非核心业务，于是赫德森运用了同样的思路来区分信息技术业务。

经过系统的分析，赫德森得出了结论：数据中心不是柯达公司的核心业务。事实上，外部供应商可以用更低的成本提供同样的服务，因为供应商拥有更强大的规模经济优势。所以，柯达公司与IBM公司在1989年签署了一项信息技术外包协议。在向外界宣布时，IBM公司表示，这是一笔不寻常的交易。根据协议，IBM公司将承担柯达公司4个数据中心的运营工作，柯达公司的300名员工也转移到了IBM公司。根据IBM公司的说法，柯达公司此举的目标是降低50%的运营成本，但结果只降低了大约15%。柯达公司还将其他信息技术业务外包给了另一家科技企业——数字和商业之地公司（Digital and Business Land）。

5.8.2 遍布全球

如此规模的外包交易是前所未有的，转移到外部企业的员工和资产数量更是空前，全球各地企业对待信息技术外包的态度也因此发生了重要转变。在20世纪90年代初，从英国石油公司到美国政府，很多组织都追随柯达公司的脚步，决定将信息技术业务部分外包，有些公司甚至外包全部信息技术业务。越来越多人认为，信息技术是一种商品，而不是一种能够创造竞争优势的机制。

外包还蔓延到了其他商业领域。在柯达与IBM达成交易之前，制造业外包就已经比较常见，到如今更加普遍。对于制造业外包的发展，丰田汽车公司的精益生产模式及其与供应商的合作方式发挥了一定的推动作用。业务流程外包在2008年之前的几年中流行起来，即企业将整个业务流程（如开票业务）交给合作伙伴处理。同时，业务流程外包取得了极为可观的增长。中国和印度都拥有丰富的熟练工人储备，这两个国家的崛起有力地推动了全球外包产业发展到相当庞大的规模，同时也造就了中国联想、印度塔塔和威普罗（Wipro）这样的科技新星。所有的经济预测都表明，外包行业在未来几年内将会迎来更大的发展。

5.8.3 推动转型

外包符合当时的企业战略思想，能够让企业专注于核心竞争力和核心业务。在发布外包协议的时候，企业几乎都会强调将业务外包是为了更专注于发展核心业务。外包也可以与战略联盟并行不悖。有些外包关系也可以看作战略联盟和学习伙伴关系。事实上，有很多人指出，外包不能只考虑成本，也要探索战略外包或转型外包。

因此，人们可能很容易就得出一个结论：采取外包战略总能稳操胜券。但是，这个结论不一定正确。在 20 世纪的纵向一体化时代到来之前，外包行业发展到了很高的水平，但随后就开始下降。也许在 2018 年之后，企业会再次开始怀疑采取外包战略是否明智。业务外包比例太高毕竟不是一件好事，企业会因此空洞化，最终失去参与市场竞争所需要的坚实基础。

5.9 联合体与联盟

在 20 世纪 70 年代，等级分明的事业部制是大多数企业选择组织结构形式的既定标准。但是，事业部制正逐渐显露出一些缺陷。一方面，客户的需求多种多样甚至相互矛盾，等级制度限制了企业在处理这些问题时的灵活性；另一方面，有些项目规模十分庞大，单靠一家企业的力量无法应付。特别是在需要制定全行业技术标准或者管理标准的时候，这些问题尤其明显。在这种情况下，单打独斗往往不是正确的解决方案，因为一家企业提出的标准，其他企业可能不愿意接受。

计算机的出现也引发了思维方式的改变。人们开始初步尝试在计算机网络的基础上开展业务，而且通过情景规划设想出一个更加互联互通的未来世界。在这个未来世界里，企业组织之间虽然还存在竞争，但是更多时候还是相互合作。例如，银行业需要在各银行机构之间建立相互协调配合的支付清算系统。那么，各银行经理应该使用什么样的方法，才能让各银行机构既能保持独立性又能相互紧密合作呢？

5.9.1 新的媒介

回答以上问题需要我们打破以前的认知，重新思考企业的概念和边界。联合体和联盟组织是企业为实现共同目标相互合作而形成的组织形式，可以定义为一种由两个或两个以上的企业组成并且能够管理或获得另一个组织的控制权的伙伴关系。联合体和联盟组织与等级组织之间存在着非常重要的区别。联合体和联盟组织认为，一家企业能够拥有的知识和资源是有限的，因此需要创造一种新的媒介来推动企业之间的合作，而且这种新的媒介能够利用合作伙伴的知识和资源。

VISA 的创始人兼首席执行官迪伊·霍克（Dee Hock）提出了一个更形象的概念——**混序联盟**（chaordic alliances）。混序（Chaord）这个词来源于英语单词"混沌"（Chaos）和"有序"（Order）的组合。霍克发明的混序一词，描述的是一种同时具备混沌和有序的特征、但两者都不占优势的组织系统。在《混序时代的诞生》（*Birth of the Chaordic Age*）一书中，霍克将混序定义为：

1.任何把混沌与有序的特征和谐地融合起来的自治理有机体、组织或系统的行为。2.是一种混沌和有序都不占优势的模式。3.具有进化过程和自然界的根本组织原则的基本特征。

5.9.2 VISA 的诞生

1968 年，迪伊·霍克创立了一个新的全球电子价值交换系统，也就是后来的 VISA。这一创举奠定了他在金融服务行业发展史上的地位。为了推动这个系统在金融行业的应用，霍克还发明了一种划时代的创新组织形式——联合体。他所创立的 VISA 联合体是一个权力分散的营利性会员制组织，由全球各地的金融机构共同构成。

在1998年的一次演讲中，霍克描述了VISA组织的创建过程，概括了他的创新理念：

一开始没有人认为可以建成这样一个组织。但是，1970年6月，事实证明我们错了，维萨混序组织（VISA Chaord）诞生了。VISA是一个以营利为目的非股份制组织，其所有权是一种不可撤销、不可转让的参与权。VISA超越了语言、货币、政治、经济和文化，成功连接了220个国家和地区的2万多家金融机构、2000万商户和10亿人口，年交易量接近1.8万亿美元，每年继续以超过百分之二十的复合增长率增长，前景一片光明。

在交易量突破1000亿美元大关的时候，组织的员工还不到500人，而且没有一个员工是从商学院毕业的，也没有一个员工可以拥有股份或因其服务而获得其他财富。而且，他们没有向任何人咨询就选择了VISA这个名字，只用了预计时间的三分之一就完成了商业史上最大的商标转换。他们在90天内以不到30 000美元的支出就创建了现在的通信系统原型。如今，这些系统一周内完成的电子交易比整个美国联邦储备系统一年内完成的交易还要多。

我告诉你们这些故事是为了说明一个道理，一个我们在不知不觉间忽略了的道理：在一个正常的混序组织里，平凡人只需要有梦想，有决心，有尝试的自由，也一定能成就不平凡之事。

5.9.3 混序无处不在

联合体和联盟组织形式开始传播到各行各业，这一普及过程一开始还比较缓慢，但进入20世纪80年代以后，其发展速度越来越快。联合体和联盟组织是符合时代脉搏的组织形式，能够开发和利用不同成员的核心能力，让每一个成员都能在自身擅长的专业领域发挥积极作用。越来越多企业只专注于发展核心竞争力，如果企业需要外部能力，只需要加入联合体和联盟组织，就可以让其他企业的核心能力为我所用。而且，联合体和联盟组织还推动了全行业技术标准的建立。

联合体和联盟组织特别适合行业动态快速变化的时代。对于一个大企业来说，与小企业结盟（而不是收购）能够让小企业保持开拓进取的精神。现在，行业之间的界限已经变得十分模糊，企业开始与本行业以外的其他企业展开竞争与合作。在这种情况下，联盟是一种远比兼并和收购更优越的解决方案。最后，事实证明，在进入像中国这样的新兴国家时，联盟发挥了非常重要的作用。通过与当地企业合作，很多西方企业都能如愿以偿，顺利地进入中国本土市场。

1984 年，霍克离开了 VISA，专心思考他感兴趣的问题：组织演变的规律和新管理实践的发展。霍克曾经的愿景也成为他自己一生的追求。VISA 成为一家公司，成立混序联盟（Chaordic Alliance）是霍克离开后 VISA 公司取得的一大成就。混序联盟是一个连接人和组织的全球性机构，致力于培育、传播和实施更公平、更有效的商业、政治和社会组织新理念。混序联盟组织后来蜕变为混序共同体（Chaordic Commons），继续坚持霍克最初的愿景，不断开拓新的组织方式。

5.9.4 有序与混序

在当今世界，创新成为竞争力的首要来源，企业必须摆脱自身局限，从组织外部寻找创新的来源和灵感。随着世界日益网络化，组织形式不断分散、分化，组织之间的边界日趋模糊。在霍克开创的组织创新道路上，出现了另一种组织形式——战略联盟（Strategic Alliance）。宝洁公司推出的联系与开发计划就是一个典型的例子。

另一个例子是生物制药企业辉瑞公司。该公司与其他制药公司进行多项合作，生产最先进的医药产品，包括与华纳－兰伯特制药公司（Warner Lambert）共同推出的降胆固醇药物立普妥（Lipitor），以及与日本制药公司卫材（Eisai）合作研制的溶栓药物等。事实上，辉瑞公司还专设工作组，专门负责管理公司的战略联盟。

如今，战略联盟已经成为公认的竞争力象征，作为霍克创立的第一个混序组织，VISA 组织的业务也继续蒸蒸日上。写作本书时，VISA 拥有会员金融机构超过 20 000 家，流通在外的 VISA 卡 15.5 亿张，全球交易额达到 4.6 万亿美元。

Giant
Steps
in
Management

第 6 章 创新与战略

企业应该如何提高创新能力？制定卓越的长期发展战略的最佳方法是什么？创新与战略管理的目的，是为了让企业能够在瞬息万变的市场竞争中立于不败之地。

6.1 概述

企业应该如何确定自己的长期发展方向？面对瞬息万变的市场环境，企业应该怎么做才能保持自己的市场地位，在竞争中立于不败之地？这些都是一直困扰着企业领导者的大问题。

现在，我们一般会将**战略**和**创新**明确区分开来。战略是企业关于市场目标和地位的选择与决策，而创新是新产品、新服务、新业务和新举措的开发与落实。但是，战略与创新是两个密切相关的概念，因为两者都涉及企业如何适应不断变化的商业环境。因此，我们将这两个概念放在本章一起讨论。

与本书讨论的其他管理领域一样，任何试图找到第一家明确地实行战略或第一家认真地对待创新的企业的做法都是徒劳的。战略的概念至少可以追溯到古希腊时期的军队管理,而创新自企业诞生之日起就一直存在。尽管如此,我们还是能够找到一些关于战略和创新的重要举措,有些举措让企业不自觉的战略和创新活动变成了正式的工作流程,有些则帮助企业找到了战略规划和创新的新方向。

6.1.1 创新管理

首先,我们想一想企业是如何开发新产品的。19世纪末,政府关于企业创新的政策出现了一些重大调整。最重要的是知识产权——特别是专利权的正式确立。从此以后,企业投资新技术才有了真正的动力。此外,美国的反托拉斯立法迫使很多产业联盟解体,企业要赢得竞争,必须以创新为武器,创新的重要性被提到了前所未有的高度。正因为如此,在20世纪的头几年,通用电气、杜邦、拜耳以及其他一些大型企业都纷纷开始投资建造**工业研究实验室**(Industrial Research Lab)。

被誉为"门洛帕克市奇才"的托马斯·爱迪生(Thomas Edison)就是其中一位关键人物。传说爱迪生是大众神话中的孤独天才,但事实上,他是一个能力出色的管理者。他在实验室实行的系统创新方法,为母公司通用电气创造了源源不断的新产品。到20世纪20年代,电力、化学品、汽车和电话等行业的所有大企业都拥有了自己的研究实验室,研究内容也逐渐覆盖了从基础研究到产品开发的全部工业研究活动。

在20世纪上半叶,企业在管理"研究与开发"(R&D)过程方面越来越轻车熟路。在战争期间,技术创新必须加快,在压力推动之下,企业不断加大对研发的投入。但是,就像其他流程一样,研发过程也逐渐出现了官僚作风,研发效率日益低下。

在1943年的美国,效率问题严重到了非解决不可的地步。当时,飞机制造商洛克希德公司必须在180天内开发出一款喷气式发动机,这个工期远远低于公司正常的开发周期。为了按时完成这项研制工作,洛克希德公司组建了一个不按照常规流程开展研发工作的专项工程师团队，最终取得了巨大成功。洛克希德公司内部称之为**臭鼬工厂**，这种临时研发团队后来在企业中变得十分普遍。在获奖作品《新机器的灵魂》中，作者特雷西·基德尔（Tracy Kidder）生动地描绘了一个类似的特设临时团队。20 世纪 80 年代初，IBM 公司和苹果公司在开发个人电脑时也都组建了臭鼬工厂团队。

创新的产生有两种不同的途径：一种是通过正式途径，另一种是依靠特设专项小团队的非正式途径。自 20 世纪 40 年代末至 21 世纪初，这两种创新途径一直并行不悖，而且近年来都在逐步改进。20 世纪 80 年代末出现的阶－门模型（Stagegate Model）属于通过正式流程推进的创新方式。阶－门模型能够帮助企业提高大型研发投资的决策效率。该模型将新产品开发流程分为不同的"阶段"，每个阶段都有"决策阀门"把关，每一阶段只有达到明确的先决条件，下一阶段的"决策阀门"才能打开。通过阶－门模型，企业能够更好地确定资金使用的优先次序，也可以更有效地淘汰成功率较低的项目。

20 世纪 60 年代末兴起的**公司风险投资**（Corporate Venturing）则是通过非正式流程推进的创新方式。公司风险投资将风险资本思维引入大企业，公司风险投资部门在许多方面都类似于臭鼬工厂，但公司风险投资通常需要外部资金和风险资本家的决策二占其一，或二者齐备。早期实行公司风险投资的企业包括杜邦公司和埃克森石油公司。近年来，壳牌石油、联合利华和英特尔等公司也创建了别具特色的公司风险投资模式。除此之外，还有制药公司葛兰素史克（GSK）的卓越研究中心模式。该公司的卓越研究中心从事药物自主研发，其管理方式就像小型生物技术公司一样（有相应的激励措施），但在组织结构上仍然属于葛兰素史克公司的一部分。

创新的未来趋势是什么？最大的趋势是朝着**开放式创新**（Open Innovation）的方向发展。所谓开放式创新，就是企业不再单靠自己的力量进行创新，而是通过与其他企业或个人合作来寻求创新。企业和个人相互连接的网络组织具有惊人的创新能力，甚至可能胜过 IBM 或西门子这些等级制度分明的大企业。在这方面，宝洁公司应该是最为著名的先驱。该公司通过"**联系与开发**"（Connect and Develop）创新模式与世界各地数以万计的科学家建立了联系。其他公司也尝试过类似的创新举措，例如美国太阳微系统公司（Sun）[⊖]创建了 Java 开发社区，乐高公司（Lego）尝试与顾客合作，共同开发下一代产品。至于开放式创新在未来会有何发展，目前尚不清楚。但是，Linux 等开源软件合作的成功表明，企业最终将会汲取传统开发模式和开源合作模式的优点，以一种混合的方式进行创新。

在本书撰写之时，还有人猜测，拥有创新管理和组织优势的谷歌公司正在开辟新一代创新模式。谷歌这些创新行动是否能够取得成功，现在判断还为时过早。在创新过程中，谷歌公司迟早也会遇到各种问题。总而言之，管理创新过程系统化是当今企业面临的一个重要挑战。

6.1.2 战略管理

本章要讨论的另一类管理创新涉及企业的战略管理，与企业长期发展方向密切相关。有些创新管理方法将企业划分为一系列的**战略经营单位**（Strategic Business Unit），每个战略经营单位都面向一个单独的目标市场。有些企业则通过纵向一体化实现业务组合多样化，或者通过业务外包重新聚焦核心业务。关于企业边界的章节已经对这些管理创新进行了讨论，而本章重点关注的是那些改变了企业分析战略、构思战略和实施战略的方式的管理创新。

首先要介绍的是**目标管理法**（Management by Objectives，MBO），也是战略管理的基础。目标管理法发轫于 20 世纪初，在 20 世纪 50 年代得到彼得·德鲁克（Peter Drucker）的大力推广，很快就在管理界广为流行。目标管理是一个将高级战略目标分解为个人目标的系统管理方法，能够有助于协调企业内部所有不同层级的活动。

但是，**战略规划**可能才是战略管理方面最重大的管理创新。战略规划

⊖ 指 Sun Microsystems，也译为升阳公司，是开放式网络计算的领导者。——译者注

是一个相当复杂的过程，需要收集和分析有关企业竞争态势的数据，并制定适当的手段和措施来应对相应的状况。战略规划在第二次世界大战后出现，部分归功于战争期间开发的新技术。到 20 世纪六七十年代，战略规划成为大企业进行战略管理的主要方式。通用电气公司是实行战略规划的先驱之一，其开创精神一脉相承，在其他许多领域也可见一斑。战略规划的实行离不开众多新兴分析技术，如波士顿咨询公司的"增长份额"矩阵，该矩阵将企业的业务划分为金牛业务、明星业务、问题业务和瘦狗业务。

情景规划（Scenario Planning）是 20 世纪 60 年代末出现的一项补充性创新。情景规划是赫尔曼·卡恩（Herman Kahn）在美国兰德公司（Rand）与同事合作提出的一项管理创新。在 1973 年石油危机爆发之前，壳牌石油已经通过情景规划进行了预测。在本质上，情景规划是一种分析未来可能事件带来的影响以及企业将如何应对的重要方法，而不是用线性外推法以过去推断未来的变化。壳牌石油公司运用情景规划法成功预测到 1973 年的石油危机，为油价上涨十倍做好了充足的准备。很多公司也因此效仿壳牌石油，陆续组建了自己的情景规划小组。

到 20 世纪 80 年代初，正式的战略规划模式逐渐无人问津，可能是因为战略规划距离目标市场太远，也可能是因为战略规划过程已经过于官僚化。在整个 80 年代，也是从通用电气公司开始，企业逐渐淡化了战略规划的说辞，转而采用一种权力更分散、正式程度更低的模式来分析和应对市场趋势。这一时期涌现出不少分析技术，其中最引人注目的是迈克尔·波特（Michael Porter）提出的行业分析和竞争优势的概念。这些概念使得战略管理思考能够更加精确，但是它们与前人提出的类似概念并没有明显区别。

那么，在过去的 20 年里，战略管理方面有何创新呢？关于战略**思想**的重要创新比较多，诸如行业分析、核心竞争力和战略创新等概念都产生了巨大的影响力，但在战略**实践**方面（战略规划人员的实际行动和具体操作）几乎没有什么明显的创新。战略研讨会已经成为一种相当常见的管理技术。企业将高级管理人员召集起来,到公司以外的地方举办战略研讨会,共同研究和讨论公司的战略问题,这种做法其实一直都存在。20 世纪 80 年代末出现的**标杆管理**(Benchmarking)是一种跟踪其他公司活动和业绩的重要方式,但其起源也同样可以追溯到很久以前。21 世纪初,美国电子数据系统和诺基亚等公司开始尝试将战略流程民主化,让公司 500 多名员工一起分析和评估公司所面临的趋势和挑战。由此可见,战略管理的发展可能已经完成闭环,重新回到原点,回到最根本的直觉模式,只是这次利用的是所有人的直觉,而不仅仅是少数人的直觉。

6.2 工业研究实验室

19 世纪 80~90 年代,在大西洋两岸的英美两国,化学品、汽车和电气产品等行业都涌现出不少大型企业。这些大企业提前布局,在市场需求提升之前对制造和分销等领域加大投资,取得了前所未有的规模经济效益。而且,通过合并和建立类似卡特尔的同业联盟,一些大企业取得了行业支配地位,例如美国的标准石油公司和德国的染料工业利益集团(IG Farben)。

但是,政府在两个重要领域的立法改变了这些大企业的竞争规则。首先,1876 年,《德国专利法》颁布,产权领域的监管取得重大进展。根据新法,新技术的发明者拥有一个可以从发明中获利的专属期。其次,政府开始对市场支配地位施加限制,美国 1890 年颁布《谢尔曼法》等反托拉斯法,使大型企业不得不重新考虑自己的市场控制策略。

于是,大企业开始认真对待创新,希望以创新为出路,维持企业现有的市场地位。在此之前,创新是阿尔弗雷德·诺贝尔(Alfred Nobel)或维尔纳·冯·西门子(Werner von Siemens)等孤独天才的事情,从来没有任何组织尝试推动创新。例如,美国电话电报公司是 20 世纪最著名的技术创新者之一,但在 1907 年之前,该公司一直坚持的政策是不做原创性研究。因此，现在摆在它们面前的难题是如何设计一个有利于建立新产品开发流程的工具。

6.2.1 走进实验室

拜耳、通用电气、美国电话电报等公司不约而同地选择了同一种解决方案：创建工业研究实验室。实验室在空间上与生产和其他部门分开，能够容纳大量训练有素的科学家和工程师进驻工作。实验室所有成员同心协力，研究和开发对公司有用的新科学技术。在托马斯·爱迪生看来，实验室就像一个机械车间的变体，企业家和机械师可以在这里交流观点和想法。实验室的科学家有一定的创造发明压力，但是没有市场压力，因为他们的发明成果不需要直接放到市场上出售。他们的工作目标就是提高公司创新能力，为公司的长期发展做出贡献。

各大企业建立工业研究实验室以后，大量创新成果开始喷涌而出，其数量之大前所未有。例如，通用电气公司的实验室在电气照明技术上取得极大进展，其中延性钨的发明使通用电气公司一举成为电气照明行业的领导者。除此之外，还有激光灯和X射线管等创新发明。建立实验室也有助于公司吸引最优秀的科学人才。不仅如此，实验室还改变了发明和创新的方式，因为实验室保护科学家免于直接商业干预，可以心无旁骛地钻研科学技术。但是，小企业并没有足够的资源建立和运营实验室，因此实验室也导致大企业和小企业之间的差距越来越大。

6.2.2 研究的工作

1876年，德国拜耳公司的核心染料贸易业务遇到了危机，加上新的《德国专利法》出台，公司便决定雇用更多科学家到工厂来开发新产品。拜耳的一位董事卡尔·伦普夫（Carl Rumpff）聘用了三名刚毕业的化学博士，并把他们送到不同的大学，让他们作为博士后研究员开展拜耳的研究项目。但是，这项安排并未取得预期效果。1884年，三位化学家又回到了拜耳的工厂。其中一位化学家卡尔·杜伊斯贝格（Carl Duisberg）发现了一种新染料，当时被认为极具商业价值。作为发现新染料的奖励，拜耳公司将杜伊斯贝格聘为全职研究人员，不用参加工厂的生产工作，还给他配备了研究助理。1888年，杜伊斯贝格晋升为董事会成员。此时，拜耳公司实际上已经有了一个独立的研究部门，其任务就是研究和发明新的染料，研究员的职位和职责也开始正式确立。

然而，尽管研究取得了不少成功，公司却并没有给研究人员安排专门的工作场所，如果有场地需要，就随机找一个空房间来用。1889年，拜尔公司终于决定修建一座实验室，作为公司研究人员的固定工作场所。这个决定也正式宣告了拜耳公司坚持工业研究的决心。这座杜伊斯贝格参与设计的实验室大楼总共耗资150万德国马克，于1891年竣工。经过15年的逐步发展之后，工业研究实验室终于在拜耳公司诞生了。

6.2.3　实验室兴起

在19世纪末，其他欧洲大企业也纷纷引入研究实验室。美国各大企业也跟随德国拜耳公司的步伐，经历了一个类似的实验室建设过程。通用电气公司的工程师查尔斯·斯坦梅茨（Charles Steinmetz）曾在德国和瑞士接受教育，因此比较熟悉欧洲企业的做法。1897年7月，斯坦梅茨提出，通用电气公司应该建立一个电化学实验室，他认为电化学领域应该有发展机会，而且他本人对电弧照明很感兴趣。但是，1897年9月，通用电气公司总裁查尔斯·科芬（Charles Coffin）及董事会否决了斯坦梅茨的提议，他们认为投资实验室并不能立即带来商业利益。1898年，斯坦梅茨以应对新竞争对手的威胁为由再次提出要兴建实验室，又再次遭到失败。但是斯坦梅茨并没有放弃，1899年，他终于争取到了公司其他高层的支持，特别是首席专利律师艾伯特·戴维（Albert David）和副总裁埃德温·赖斯（Edwin Rice）的首肯。1900年9月，通用电气才真正开始关注竞争对手的研究活动。斯坦梅茨的实验室建设方案才最终得到了认可。先是通用电气公司创始人之一伊莱休·汤姆森（Elihu Thomson）①接受了斯坦梅茨的提议，最后董事会也表示同意。但是，一些董事会成员仍然不相信斯坦梅茨的提议能够取得成功，他们之所以同意，只是因为他们认为斯坦梅茨很快就会一败涂地。

在同一时期，杜邦公司和美国电话电报公司也成立了工业研究实验室。杜邦公司紧跟德国化学品生产商的步伐，其中最著名的就是德国拜耳公司。杜邦公司还认为，如果能够吸引美国的顶尖科学家加盟公司，为公司从事非学术性的研究工作，公司将会从中受益。于是，杜邦公司做出了招揽人才的决定。虽然此举不像通用电气公司那样招致强烈的反对，但是杜邦公司也必须做出一些调整，才能解决引进大量科学家带来的管理问题。1911 年，原贝尔电话公司的子公司美国电话电报公司也成立了自己的研究实验室，部分原因在于该公司已经没有多少可用的专利了。

20 世纪出现的大多数重要产品创新都是在工业研究实验室创造出来的，涵盖了电子、化学品、国防、制药和计算机等众多领域。工业研究实验室将专业知识和技术与商业企业发布专利、利用专利、执行专利的能力结合起来。除此之外，工业研究实验室对制造工艺和方法也产生了影响。

6.2.4　在实验室工作

今天，所有大型制造企业都雇用了大量的科学家负责开发新产品。人们理所当然地认为，这些企业的成功离不开工业实验室的创新。实验室也大幅度增加了行业的进入壁垒，就算新进者和小型创业公司拥有精彩的创意和想法，也很难与规模庞大的既存企业竞争。

不过，近年来，这种趋势已经开始转变。20 世纪 80～90 年代，一些全球最知名的实验室开始将研究重点从基础研究转为应用产品开发，例如美国电话电报公司的贝尔实验室（现在属于阿尔卡特朗讯公司）和飞利浦公司的研究实验室。在医药行业，小型生物技术初创公司依靠更精益、更

---

① 原文为 Elihu Thompson，有误。——译者注

专注的研究业务站稳了脚跟，开始向老牌制药公司发起挑战。很多规模较小的软件公司也取得了成功。

随着新趋势的出现，很多大企业也应时而变，开始重新思考自己的创新战略。用时髦用语来说就是开放式创新。也就是说，即使是大企业也需要学会更好地利用外部的技术和想法，不能一切事情都单打独斗。当然，开放式创新战略不可能完全取代工业研究实验室，但是它能让我们清晰地看到孤军奋战的局限性。

6.3 臭鼬工厂

在第二次世界大战期间，随着战事的不断推进，参战国开始尝试利用先进技术来打败对手。当然，以往的战争也同样如此，特别是第一次世界大战，只是如今的技术革新速度比以往更快。1943 年，有报道称，为了掌握欧洲的制空权，德国已经研制出一款喷气式战斗机。德国的速度优势对盟军的战斗机和轰炸机造成了严重威胁，因为如果没有空中力量的掩护，地面部队的进攻很难有效推进。

盟军也有自己的喷气式发动机，由英国的德哈维兰公司（DeHavilland）研制，但是美国没有可以安装这款发动机的飞机。而且更糟糕的是，美国人在时间上显然也不占优势。于是，美国陆军航空兵团委托洛克希德公司研制新型喷气式战斗机。洛克希德公司最优秀的工程师克拉伦斯·L. 凯利·约翰逊（Clarence L. 'Kelly' Johnson）承诺在 180 天内交付原型机。但是，洛克希德公司和其他飞机生产商现有的组织形式或工作流程都无法在如此短的时间内完成新飞机的研制工作。

6.3.1 屏蔽臭鼬

解决以上问题的关键在于如何让一小群富于创造力的人在不受组织其他人员影响的前提下在最短的时间内发挥出最大的创造力，解决办法就是著名的臭鼬工厂。与工业研究实验室不同，臭鼬工厂针对的是一个非常具体的问题，目的是提出一个商业解决方案。臭鼬工厂可能需要利用公司的资源，但是在组织上隔绝于公司的其他部门，其自治程度甚至超过工业研究实验室。臭鼬工厂在项目研发期间会形成一种独特的文化，通常与公司其他部门的文化并不相同。有时候，臭鼬工厂的研发人员甚至会在高层管理人员尚未承诺或者不知情的情况下进行研发工作。

6.3.2 臭鼬的诞生

在洛克希德公司，约翰逊向公司总裁罗伯特·E. 格罗斯（Robert E. Gross）从其他项目"要"来 23 名工程师和 103 名车间机械师。约翰逊可以全权决定飞机的设计和工作方式。随后，飞机研制团队搬到洛克希德公司加州伯班克工厂的一个小装配棚里，远离公司其他团队，然后马上开始了紧张的工作。143 天后，XP-80 原型机诞生了。这是美国第一架喷气式战斗机，最高飞行速度超过 500 英里 / 小时，总体研发成本为 900 万美元。不过，因为基于 XP-80 原型机制造的战斗机多达 9000 架，所以分摊下来的研发成本其实是非常低的。

关于臭鼬工厂这个名字的来由，有两种说法。有人说，研制 XP-80 的棚子周围有一股奇怪的味道。但是凯利·约翰逊后来提到，曾经有外人问起棚子里在搞什么名堂，被告知里面正在酿东西，搅拌的时候会有味道散发出来。这使人想起阿尔·卡普（Al Capp）的连载漫画 *Li'l Abner* 里的工厂，那里的乡下人会把臭鼬剁碎，用来酿造奇怪的药水。后来，有人总结出臭鼬工厂成功的七个因素：

- ▶ 明确的目标使命；
- ▶ 全面的前期规划；
- ▶ 对客户需求进行关键性分析；
- ▶ 以项目的重叠性为杠杆；

- 供应商的早期参与；
- 为团队赋能授权；
- 打破常规。

6.3.3　臭鼬星球

臭鼬工厂的下一个项目"土星号"并未取得预期成果，但是因为项目研发成本较低，所以也算不上什么大问题。洛克希德公司保留了臭鼬工厂，约翰逊则一直担任臭鼬工厂的负责人到 1975 年。后来，洛克希德公司成功研制出 F-117A 隐形战斗机。

其他公司也采用了臭鼬工厂的做法。1987 年，杜邦公司有一个纸尿裤研发项目，其目标是将纸尿裤中的弹性材料橡胶改为莱卡氨纶。通过引入臭鼬工厂，杜邦公司顺利地完成这个开发项目。史蒂夫·乔布斯（Steve Jobs）的苹果电脑 Mac 和 IBM 公司的个人电脑也是利用臭鼬工厂开发出来的。很多需要在有限时间内研发全新解决方案的技术型公司都选择了臭鼬工厂。采用臭鼬工厂有一大优势，那就是发明阶段和商业化阶段几乎可以无缝连接。

6.3.4　现代臭鼬

接替约翰逊成为臭鼬工厂负责人的是本·里奇（Ben Rich）。关于臭鼬工厂，他评论道：

臭鼬工厂应该是一个大型组织的组成部分，就像我们洛克希德成立的臭鼬工厂一样。我认为，在今天的商业环境中，臭鼬工厂必须以一个大型的实体资源库为依托，否则，臭鼬工厂就很难行得通。臭鼬工厂需要大量的设施、工具和人力等各种资源。为了某个特定项目，臭鼬工厂可以从母公司借用这些资源，在任务完成之后再归还回去。

臭鼬工厂还有其他的局限性。因为臭鼬工厂需要使用大量的资源，所以可能会导致组织内部产生资源分配的矛盾。企业也可能只重视臭鼬工厂的创新工作，不愿意耗费资源在全组织范围内营造一种真正的创新型组织氛围。最终，臭鼬工厂会破坏整个组织的有效性。而且，臭鼬工厂可能存在难以管理、容易受外界影响、组织松散等问题。

然而，臭鼬工厂仍然是某些创新的最佳解决方案。如果企业需要一个颠覆性的解决方案，尤其是有时间压力的情况下，臭鼬工厂就有可能带来最好的结果。高层管理人员对此已经有所认识，因此他们会更积极地参与臭鼬工厂的筹建和资源配置工作。不过他们仍然认为，臭鼬工厂必须保持自治管理，而且要远离公司的官僚机构。

6.4　公司风险投资

大企业应该如何鼓励员工创业，同时又让他们留在公司呢？如何做到一边经营现有业务，一边开创新的业务呢？

一直以来，这些问题都是企业界十分关注的话题，与之相关的新概念也层出不穷。公司风险投资一词在 20 世纪 60 年代中期首次出现在商业词汇中。当时大西洋两岸的几十家英美大企业都成立了"风险投资单位"或"创业投资分部"，负责孵化公司认为有望成功的创业计划。从那时起，企业界对公司风险投资的兴趣随着商业周期的变化而起伏，新的概念也随之不断涌现。例如，在 1978 年，吉福德·平肖（Gifford Pinchot）和伊丽莎白·平肖（Elizabeth Pinchot）夫妻认为，"企业内部企业家"已经出现，"内部创业者"这个词就是吉福德·平肖发明的。他指出："触角敏锐的企业领导者都知道，当今市场充满活力，要想在竞争中脱颖而出，他们就必须释放员工的内部创业精神，唯一的问题就是该怎么做。"吉福德·平肖的《内部创业：不离职也能成为企业家》（*Intrapreneuring: Why you don't have to leave the corporation to become an entrepreneur*）一书于 1985 年问世；

1992年,"内部创业者"一词被《美国传统词典》收录。内部创业已经发展成为一种趋势,并被纳入公司风险投资的范畴之内。

6.4.1 冒险理念

公司风险投资是很多大企业开拓新业务的一种方法。通常做法是成立独立的公司风险投资单位,专门负责投资和培育初创企业。英国的企业孵化中心将公司风险投资定义为"大公司与独立的小公司正式建立的一种直接关系,双方均要投入财务、管理或技术资源,共同分担风险、分享回报,实现共同发展"。这种关系的具体形式可能是企业内部的创业投资,比如大企业将新业务和(或)新技术拆分,成立子公司,也可能是向外部小型企业提供股权投资和(或)非股权投资。

化工巨头杜邦公司是最早成立正式风险投资单位的企业之一。根据罗素·彼得森(Russell Peterson)1967年在《哈佛商业评论》发表的文章,杜邦公司决定"成立一个独立的以开发为导向的新组织,营造有利于推动变革、鼓励大胆思考的氛围"。3M公司和埃克森公司也很早就尝试过建立公司风险投资单位。

冒险的弊端

但是,杜邦公司也发现,公司风险投资并不是解决官僚主义和短视思维问题的灵丹妙药。到20世纪70年代初,杜邦公司暂停了公司风险投资业务。

经过第一波热潮之后,研究人员发现了公司风险投资单位的很多问题。包括:缺乏独立性,对于投资哪些业务、出售哪些业务没有足够的自主决定权;运营目标不够明确;没有足够的时间或资金来实现目标。

但公司风险投资的历史并未就此终结。到20世纪80年代中期,公司风险投资又流行起来,但很快又因为1987年的股市崩溃而落入低谷,进入90年代的牛市阶段后又再次起飞,然后在网络泡沫破灭之后再次陷入停滞。在这几十年里,不少企业为风险投资活动投入大量资金,但是并没有从以前的错误中吸取教训,在下一轮公司风险投资高潮到来的时候,它们仍然会犯和以前一样的错误。

但是,最近的公司风险投资浪潮有一个不同之处:企业开始使用风险投资行业的技巧,例如精心规划种子基金和建立风险投资经理股权激励机制。

创新大师亨利·切斯布朗(Henry Chesbrough)指出:"虽然公司风险投资单位可以模仿某些风险投资行业的做法,但是,公司风险投资单位必须为母公司带来切实的战略利益,才能走得下去。为此,公司风险投资单位必须充分发挥自身优势。"他认为,其中一大优势就是大企业寿命更长,因此能够运作一些长期的风险投资项目。此外,大企业往往财大气粗,有能力投资规模更大的项目,而这可能是独立的风险投资基金难以企及的。

6.4.2　公司风险投资发展状况

一般而言,与20世纪90年代末相比,21世纪初的公司风险投资单位的目标更加明确,投资更有选择性,结构也更加精简。母公司的干涉是不可避免的,但是公司风险投资单位的高管也会有足够的自信坚持自己的投资决策。当然,管理上更加成熟无法保证公司风险投资单位一定能生存下去,但是肯定会对继续生存下去有一定的帮助。归根到底,很多公司风险投资单位需要的只有时间:需要时间去搞清楚自己在做什么,应该优先投资哪些项目;需要时间培育自己投资的风险项目,使其度过最脆弱的发育时期,成长为能够独立发展的企业。

6.5　开放式创新

创新是一种重要的组织能力。哈佛商学院的管理大师迈克尔·波特说:"在现在这个时代,创新是获得竞争优势的唯一途径。"汤姆·彼得斯

（Tom Peters）一贯直言不讳。他坦率地指出："一流的质量、合理的价格和良好的服务能够让你加入游戏，但是并不足以让你打败对手。你一定要创新，否则只有死路一条。"

以前，投入端的研发投资与产出端的新产品输出存在直接联系。但到了20世纪90年代，这种联系已经变得十分薄弱。以制药业为例，美国医药巨头在20世纪90年代的药物研发投资每年都在上涨，但是这些投资并没有带来相应的回报。事实上，在2002年至2004年期间，美国食品药品监督管理局批准的药物数量下降了47%，可见新药研发管道已经开始枯竭。

其他行业也遇到了类似的问题。从20世纪80年代到90年代初，英国电信集团（BT）、瑞典爱立信（Ericsson）和美国朗讯（Lecent）等电信巨头仍然按以往的做法，依靠公司内部的软件工程师团队开发自己的专利技术。但是，它们发现，电信行业的很多突破性创新却往往来自不知道从哪冒出来的小型创业公司。

随着新技术、新竞争者和新技术中心在全球范围内不断涌现，大企业开始面临一个令人不安的问题：在过去一个多世纪里运转良好的内部研发制度是否能继续奏效呢？

6.5.1 开放的逻辑

传统的创新模式是一种以控制知识产权为目的的封闭式创新，而与之相对的另外一种创新模式，即开放式创新，其核心理念是企业可以从多个来源获取创意和想法。在某种程度上，开放式创新在技术开发领域一直存在，只是到了20世纪90年代才逐渐成为创新的主流模式。开放式创新之所以成为主流，原因之一在于开源软件运动的发展。开源软件将其计算机源代码在互联网上公开发布，任何人都可以自行查看，从而彻底颠覆了知识产权的概念。程序员甚至可以直接使用开源代码，对其加以修改，在此基础上开发出自己的软件产品。在许多人眼中，尤其是在消费者眼中，这种软件开发方式可以创造出更好的产品，例如 Linux 操作系统、火狐网络浏览器和雷鸟电子邮件客户端，这些都是功能性极强的开源软件产品。

美国加州大学伯克利分校哈斯商学院教授亨利·切斯布朗是开放式创新领域的权威，他认为：

> 我们已经从封闭式创新转向一种新的创新逻辑：开放式创新。开放式创新的认知前提是：有价值的知识广泛分布于整个社会，存在于不同规模和目标的各类组织，其中包括非营利机构、大学和政府组织。开放式创新不是浪费力气重新发明轮子，而是利用别人发明的轮子更快地向前推进。

切斯布朗指出，开放式创新是企业明白"并非所有聪明人都为我们工作"的结果。他说："企业意识到，在知识丰富的现代社会，囤积技术是一种自我限制的策略。现在外部知识库如此庞大，即便是规模数一数二的组织，也无法再对其视而不见。"

6.5.2 联系与开发

随着开源软件的兴起，以及制药业中小型生物技术公司的出现，大企业开始重新思考自己的创新模式。最早改革创新模式的企业来自电信行业。例如，20 世纪 90 年代，为了将开放式创新思维引入著名的贝尔实验室，朗讯科技公司成立了两个公司风险投资部门，一个专门针对热门的创业公司进行种子投资，另一个则利用非核心技术建立分拆子公司，两者都取得了巨大成功。在欧洲，英国电信、西门子、诺基亚和爱立信等公司也努力紧跟不断变化的创新游戏规则，各自采用了不同形式的开放式创新模式。

在众多改革创新模式的大企业中，宝洁公司对创新战略的革新可能最为全面。在首席执行官 A. G. 雷富礼（A. G. Lafley）的领导下，宝洁公司于 2000 年提出了"联系与开发"创新战略。这意味着宝洁公司对实验室人员的工作任务进行了全面调整：以前他们根据自己的研究开发新产品，现在他们可以从任何地方挖掘新的想法，并利用挖掘所得的想法推动产品开发。新战略的目标是使外部获取创新的数量达到宝洁公司创新总数的一半。

为了实现这个宏伟的目标，宝洁公司充分利用了各种创新网站，其中包括美国制药巨头礼来制药公司（Eli Lilly）旗下的在线科技攻关网站 InnoCentive，该网站拥有的注册科学家超过 75 000 名。此外，宝洁公司还参与创建退休科学家网络平台 YourEncore，吸引了来自 150 多家公司的退休人员。

宝洁公司的新战略已经产生了收益。现在，新战略的目标已经实现，公司 50% 以上的创新都是从外部获取的，而雷富礼在 2000 年提出新战略的时候，这一比例还不到 15%。这项"联系与开发"创新战略已经推动 250 多种产品进入市场，创造的销售额高达数十亿美元。

制药公司也在逐步走向开放式创新模式。无论是通过授权许可、建立联盟还是合作投资，制药公司正在打开研究实验室的大门。2002 年，头部 20 家制药公司的品牌处方药（凭医师处方出售的药品）销售总额只有 17.5% 是来自许可药品。到了 2004 年，这一比例上升到 19.5%，预计到 2010 年将增长到 26%。如果制药公司可以借助新的创新模式实现增值，那么其他大多数行业也一样可以。

6.5.3 市场力量

现在，所有行业都鼓励企业接受开放式创新的合作原则。在《哈佛商业评论》一篇题为《开放市场的创新》（Open-market innovation）的文章中，作者达雷尔·里格比（Darrell Rigby）和克里斯·祖克（Chris Zook）指出，采用开放式创新有以下几个好处：可以获得更多的创意和更广泛的专业知识，有利于改善创新的"成本、质量和速度"；将创新成果授权给第三方组织进行商业化，可以激励公司员工更好地利用内部产生的创意；输出到组织外部的创意可能会受到更严格的审核，对其经济可行性的试验和分析也会更加缜密。

开放式创新已经超越了开源运动的范畴，扩展到许多不同的领域。例如，在电子消费品市场，许多领先企业意识到，不采用更开放的创新模式，就不可能跟得上消费者对新产品源源不断的需求。

中国台湾的广达电脑公司（Quanta Computer）和印度的技术服务公司威普罗是开放式创新的最大获益者。这两家公司属于原始设计制造商，为戴尔和索尼等著名品牌设计和组装电子设备。以前可能是按照客户提供的设计规格进行生产，现在它们自己也不断地推动设计创新。

这种研发外包并非没有风险。摩托罗拉公司曾经委托中国台湾的原始设计制造商明基公司（BenQ Corporation）设计和制造手机。随后，明基公司开始进入中国大陆手机市场销售其自有品牌的产品。尽管事实证明，明基公司的这一策略并不太成功。此外，还要考虑投资者的观感。如果一个公司把包括创新在内的几乎所有业务都外包出去，那么，除了品牌，这家公司还剩下什么价值呢？

6.5.4 也有好处

无论是多么开明的企业，要采用一种完全开放的创新模式都需要花一定的时间。其实，很多企业可能永远都不会采用开放式创新。创新合作伙伴依然很难保证相互之间价值交换的公平性。开放式创新、联盟、合资企业和伙伴关系都蕴含着真实的风险。如果采用许可授权和内部研发模式，这些风险就完全可以避免，尤其是不必要的技术转让和溢出风险以及冗长、昂贵的法律纠纷问题。在企业找到有效管理风险的方法之前，新的创新模式可能仍然只是一个伟大的创意，而不是商业现实。

虽然新的创新模式存在一些风险，但也不是没有好处，通过创新获得竞争优势就是其中最大的好处。很多评论家和业内人士认为，创新是唯一不能外包的业务。他们提出了各种论据，从贴近客户的需要到丧失知识产权的风险等不一而足。但是，目前正如火如荼的创新外包革命表明，他们的观点是错误的。

6.6 目标管理

20世纪上半叶，很多经历了高速发展的企业不可避免地遇到了控制和协调问题。在一家100人规模的企业，总经理认识每一位员工，可以通过非正式手段协调和控制业绩。如果是1000人以上规模的企业，那总经理必须依靠正式的组织结构和管理政策，才能确保每一位员工的工作都与公司的大目标保持一致。那么，企业采取什么样的方法来实现这种一致性呢？一种方法是将企业分解成具有明确和独立目标的部门和业务单位。另一种方法是利用信息系统来规范组织的活动，这种方法我们将在第7章详细讨论。

其实，保持上下目标一致还有一种方法，也许是最重要也最容易忽视的方法，那就是运作良好的传统管理制度。可以说，一个管理者最重要的任务就是明确每个下属的工作目标是什么，并根据这些目标监督和评估下属的业绩。这一观点基本上就是目标管理（MBO）的核心理念。

6.6.1 目标管理的定义

1973年，斯蒂芬·卡罗尔（Stephen Carroll）和亨利·托西（Henry Tosi）出版了《目标管理：应用与研究》(*Management by Objectives: Applications and Research*) 一书，对目标管理做如下定义："目标管理是一个过程，在这个过程中，复杂组织的成员相互合作，确定共同的目标，并通过相互协调，共同努力实现目标。目标管理强调的是未来和变化，因为目标或目的……是在未来某个时间要实现的状态或条件。"

目标管理法的逻辑是 $a + b = c$；也就是说，组织有一个可以实现的总体目标 c，而总体目标 c 可以通过具体目标 a 和 b 来实现。明确了目标，基层员工实现目标也会容易一些，虽然整个过程可能并不容易。

6.6.2 德鲁克所创

企业应该根据总体目标为员工设定具体明确的工作目标，使企业上下保持目标一致。这种做法背后的理念由来已久，源头已经难以追溯，但是"目标管理"这个术语的出处是十分明确的，那就是世界著名管理大师彼得·德鲁克（Peter Drucker）。

彼得·德鲁克曾在伦敦当过记者，1937年移居美国，1946年出版了著作《公司的概念》。这部管理学科的开山之作是德鲁克对通用汽车公司复杂的内部管理结构深入研究的结果，为德鲁克日后的工作铺平了道路。在书中，德鲁克告诉读者，通用汽车公司不是一个赚钱机器，而是一个错综复杂的社会系统。

1954年，德鲁克出版了《管理的实践》。这是管理学科最重要的著作之一，书中提出了很多重要的管理概念，其中最让企业家如获至宝的概念就是目标管理。在书中，德鲁克写道："管理人员应该围绕实现公司经营目标的各项任务开展工作……对于管理人员的指挥和控制，应该依靠绩效目标，而不是依靠上司。"

由于当时还不流行使用字母缩写，德鲁克在提到这个概念时总是用全称"目标管理和自我控制"。他提出目标管理理念的灵感来自与他相交颇深的哈罗德·斯米迪㊀（Harold Smiddy）。德鲁克还认为，阿尔弗雷德·斯隆、皮埃尔·杜邦和唐纳森·布朗㊁（Donaldson Brown）在实际管理中都使用了目标管理法。

6.6.3 简化管理

随着目标管理法的应用日益广泛，目标管理的定义也发生了变化，其内涵比德鲁克提出的更为狭窄。根据德鲁克的定义：

㊀ 曾是管理顾问，当时是通用电气公司负责管理服务的副总经理。——译者注
㊁ 杜邦公司首席财务官。——译者注

管理人员的绩效目标必须根据企业的绩效目标来确定，评估管理人员绩效的标准必须是他们对企业取得成功所做出的贡献。管理人员必须清楚并理解企业的经营目的要求他们完成多少绩效，他们的上级也必须清楚应该要求和期望他们做出多少贡献，并以此为标准对他们进行评估。

但是，在管理实践中，德鲁克对目标管理法的个人见解终究也要服从企业管理现实的整体需要。因此，目标管理不是帮助管理人员理解企业目标，并且让他们从中得到激励和满足的普遍手段，而只是一种使企业制定目标、实现目标的过程变得更简单的方法。

一些学者通过著书立说使目标管理的概念在商业界传播开来，其中包括美国学者乔治·奥迪奥恩（George Odiorne）和英国的管理顾问约翰·亨布尔（John Humble）。目标管理法对惠普公司产生了巨大影响。惠普公司创始人戴维·帕卡德（David Packard）指出："惠普公司能够取得成功，目标管理法的功劳最大，其他哪一条管理措施的作用都比不上目标管理。"

6.6.4　回到目标管理

目标管理是 20 世纪 50 年代末至 60 年代的重要管理思想之一。今天，虽然目标管理法仍然有支持者，但是来自各方面的批评也不少。

在实践中，目标管理法需要太多数据的支持。久而久之，目标管理法开始变得过于复杂，过度依赖过去来预测未来，导致整个组织系统逐渐失效，处理问题的速度越来越缓慢，对员工无法产生激励作用，也难以适应环境的变化。目标管理法将企业管理简化为一种类似在高速公路上驾驶汽车的操作模式，只想着尽可能减少外部阻力，以最快的速度达到目标。

然而，企业很快发现，不但行驶的道路远非笔直，而且行驶的路线也经常在中途改变。管理大师和战略专家亨利·明茨伯格（Henry Mintzberg）指出："混淆手段和目的是我们这个时代的特征。"今天，这些高速公路很可能已经被堵死，要到达目的地，管理者只能选择走乡村小路。然后，他们要解决最后一个困惑：目的地有没有在旅途中发生改变。战略是没有起点和终点的，战略是一个不断重设和实施的过程。

除此之外，虽然目标管理法要将目标分解为小目标，忽略其他所有影响因素，专心致志去实现目标，但是要确定目标（何为成功）却不是那么容易的事情。今天，成功可以用很多标准来衡量，从环境绩效到机会均等，不一而足。利润已经不再是成功的唯一标准。

6.7 战略规划

第二次世界大战之前，企业通常依靠直觉和以前的经验来制定战略。当然，制定的战略也会随着环境的变化做出相应的调整。企业会对一些经营活动进行规划，形成正式的计划文件，但是规划的内容主要是内部活动，例如与运营相关的活动。在二战结束后的几十年里，越来越多企业开始意识到凭直觉制定战略的局限性，比如对可能发生的情况缺乏预见性，使用过时的信息和资源等。

1945 年，亨利·福特二世接任福特汽车公司总裁，其时福特汽车公司的亏损达到每月 1000 万美元，由于其祖父亨利·福特晚年管理不善，公司的财务系统、工厂设施和产品都已过时，工程技术人才严重短缺。亨利·福特二世认为，必须彻底改革公司的管理制度，使之成为一家现代化企业。

于是，福特公司开始实施战略规划制度。所谓战略规划，就是制定计划，让企业既能充分利用市场环境中的机会，又能克服环境突变带来的风险。战略规划是一种系统方法，通过战略规划，企业可以确定未来的愿景和目标，并将其转化为具体的经营活动以及分配资金、管理人才、生产设施等资源。战略规划的过程要同时考虑客户的需求和竞争对手的地位。战略规划是一个自上而下的过程，通过重新分配资源，战略规划也可能改变企业的权力结构。

6.7.1 蓝血十杰

1946 年，福特汽车公司聘用了一个由 10 名年轻人组成的团队。这个专为企业提供管理服务的精英团队被称为"蓝血十杰"，团队的领导者是查尔斯·桑顿上校，成员之一罗伯特·麦克纳马拉（Robert McNamara）后来在约翰·肯尼迪政府担任国防部长。"蓝血十杰"在二战时曾经在美国陆军航空队服役，在战争中学会了统计分析和管理控制技术。在军事上，这些技术可以用来预测武器系统的开发进程和敌人的动向。借助统计分析和管理控制技术，他们在美军统计调控处的工作取得了巨大的成功，因此桑顿建议将类似的方法应用于企业管理。"蓝血十杰"是一个非常年轻的团队，大多数只有 20 多岁，但是他们自信心和经验水平不比年长他们 20 岁的人差。在福特汽车公司，"蓝血十杰"的职权范围很广，包括计划资本支出、规划组织结构、创建利润中心和产品部门（见第 4 章）、制定产品计划和职位描述。

"蓝血十杰"的工作方式是先在福特公司内部尽可能地收集信息，然后再把所有信息整合起来。他们相信，比起靠猜测和直觉制定战略，利用统计分析和管理控制技术进行规划的方法更为有效。事实证明，就像在军队一样，"蓝血十杰"在福特汽车公司也取得了巨大成功。他们将规划的方法引入福特汽车公司，使其组织结构的现代化程度大幅提升。

福特汽车公司耗费了不少时间才形成了自己的规划方法。到 1956 年，该公司已经形成了一套更全面的战略规划方法。对此，公司董事会主席欧内斯特·布里奇（Ernest Breech）评论道："跟组织规划一样，产品规划程序的开发在很大程度上取决于该产品的特征和类型。我们自己的规划程序是逐渐演变形成的，也许我应该把这个过程称为'试错法'。"布雷奇将福特汽车公司的规划方法总结如下：

在我们公司，比如说做长期生产设施规划，简单地说，就是分析我们的产品在一定年限内的市场，确定我们认为可以获得的市场份额，再确定这些年限流行的产品类型,然后将这些分析结果转化为工厂需求。换言之,我们会问自己:如果要达到标准产能,我们需要哪些生产设施?

从此以后,福特汽车公司更加注重数据分析技术的运用。

6.7.2 通用电气的战略

通用电气公司是另一个比较著名的战略规划案例。20世纪40年代,通用电气公司也曾经历过一段高速发展期。公司首席执行官查尔斯·威尔逊(Charles Wilson)希望其继任者拉尔夫·科迪纳(Ralph Cordiner)能提出一些变革措施。科迪纳认为,变革必须以规划的方法为核心。从1950年到1963年,在科迪纳担任董事长期间,通用电气公司形成了自己的战略规划体系。其规划方法的重点是明确具体产品市场的客户需求,然后将客户需求和市场机会转化为战略和运营目标,并以此为依据分配资源。这种规划方法也催生了另一项管理创新战略经营单位(见第4章)。

1945年之后,特别是进入70年代,企业面临的市场环境动荡日益加剧。决策过程变得更加复杂,决策需要参考的信息量大幅增加,大量企业陷入了决策困境。此时,战略规划和情景规划日渐成为各大企业十分感兴趣的解决方案。而且有证据表明,战略规划似乎是有效的。伊戈尔·安索夫(Igor Ansoff)是第一个著书立说广泛传播战略规划的管理大师。他的研究对比了使用战略规划的企业和没有使用战略规划的企业,结果表明,前者的业绩表现优于后者,前者业绩的可预测性也比后者更强。1972年,麦肯锡咨询公司顾问路易斯·郭士纳(Louis Gerstner)(后来担任IBM公司首席执行官)撰写了一篇关于如何使战略规划更加有效的文章。20世纪70~80年代,战略规划变得十分流行,很多大企业都建立了战略规划体系。

6.7.3 未来如何

在过去的20年里,由于各种原因,战略规划的名声大为下降。很多时候，战略计划未能转化为决策和行动。这种现象通常被称为"分析导致瘫痪"。非管理层员工也往往会反对引入战略规划。还有其他批评意见，比如战略规划过于注重现有业务，难以应对快速和意外的变化等。加里·哈默和普拉哈拉德指出："我们是什么样的公司？或者，我们十年后要成为什么样的公司？我们需要就这些问题进行更深层的讨论。但是根据我们的经验，战略规划通常无法引发这样的讨论，因为战略规划的出发点几乎总是思考'现在如何'，极少会思考'未来如何'。"

无论如何，企业仍然需要制定战略。从战略规划的兴起到衰落，我们可以看到，制定成功的企业战略需要充分发挥创造力。如果过于强调制定计划，结果只会适得其反，抑制了创造力的作用。同时，有了战略规划方法，企业的战略决策不再仅仅依靠直觉，而是以事实和数据分析为基础。当然，现在聪明的战略家都知道，事实与数据分析只是一个很好的起点，并不是取得成功的万能之策。

6.8 情景规划

如果未来是确定的，那决策就是很容易的事情。遗憾的是，未来几乎总是不确定的。第二次世界大战结束后，不确定性问题变得更加突出，战略规划方法也应运而生。战略规划能够帮助企业思考未来，提前布局。但是，战略规划回避了一个问题：**如果未来有多种可能，怎么办？**

这也是壳牌石油公司在 20 世纪 60 年代末面临的一个问题。垄断全球石油行业的七大跨国石油巨头被称为"石油七姐妹"，而壳牌石油公司是其中"最小最丑"的"姐妹"，既没有大量的储量，也没有与产油的阿拉伯国家建立独家合作关系，大部分业绩来自精明的石油交易。尽管壳牌石油公司业绩稳定，而且近年来油价也同样稳定，但是，盛产石油的阿拉伯国家认为，他们应该从石油生意中得到更多利益，而且对石油行业拥有更大的话语权。此外，跨国石油公司和石油输出国组织欧佩克（OPEC）签署的《德黑兰协议》(Teheran agreement)也将于 1975 年到期。面对如此巨大的不确定性，壳牌石油公司应该如何制定战略呢？

6.8.1 如果……怎么办

解决上述问题的办法就是情景规划。情景规划是一个帮助企业探讨和预测各种未来可能发生的情形的过程。在企业外部（甚至内部）环境发生变化的条件下，情景规划可以预测不同的战略对业绩产生的影响。从根本上说，战略规划的重点是预测或者预报，但是情景规划要帮助企业建立一套管理风险的方法。例如，情景规划可能会拿一个根据过去和现在的线性发展趋势推断出来的情景，跟一个与过去截然不同的创设情景进行比较。情景规划的一大好处就是让企业对未来的思考更加开放。这种思考通常以头脑风暴的形式对未来可能发生的情形进行各种天马行空的想象，因为企业并不会将自己绑定于任何一种可能性。在变化发生之前，企业已经考虑过各种可能性，为每一种可能发生的情形准备了应对方案。

6.8.2 突破极限

很多管理方法都来自军事领域，情景规划方法的重要性也首先在军事领域得到了验证。第二次世界大战结束之后不久，兰德公司的赫尔曼·卡恩就开始带领团队开发军事战略情景规划方法，随后他又将这种军事规划方法提炼成为一种商业预测工具，以帮助企业应对更加复杂的社会和政治环境变化。

20 世纪 60 年代末，壳牌石油公司开始着手建立自己的情景规划制度。1965 年，壳牌石油公司采用统一的规划机制——也是该公司的战略规划制度，得以预测未来六年的趋势。泰德·纽兰（Ted Newland）曾是英国皇家空军飞行员，退役后进入壳牌石油公司的规划部工作。1967 年，规划部让他撰写一份业务展望报告。纽兰对卡恩的情景规划方法印象深刻，认为引入情景规划将对壳牌石油公司大有用处，并说服了上司吉米·戴维森（Jimmy Davidson）。1969年底，戴维森又成功地说服了董事会，壳牌石油公司开始采用情景规划分析法。

1971年，纽兰与皮埃尔·瓦克（Pierre Wack）在伦敦会合。瓦克曾是杂志出版商，毕业于著名的巴黎政治学院。为了评估法国的市场前景，瓦克曾经运用卡恩的分析方法做过一些研究工作。1971年，瓦克和纽兰运用卡恩的分析方法，提出4种解释性情景。虽然这些情景没有明确的行动方案，但是可以排除一些不可能出现的情形。然而，规划部前负责人弗兰克·麦克法迪恩（Frank McFadzean）却不以为然，他说"这样的情景在信封背面也能写几个"。1972年，情景规划小组的成员增加到20人，该小组设想了6种情景，考虑的因素更加全面，核心因素是石油价格，同时也考虑了石油生产商、消费者和企业的行为。他们还发现，要得到更准确的预测，软数据也需要考虑在内。

1972年9月，在向公司高层汇报时，情景规划小组展示了A、B两类情景。关于当时的情形，瓦克后来回忆说：

> 我们从产量、价格、对石油生产商和消费者的影响以及燃料间替代竞争等方面对A、B两类情景进行了量化分析。我们的介绍之所以得到了高层管理人员的关注，主要是因为B类情景让很多高管原先支持的观点不攻而破。管理层随后做出了两个决定：一是公司总部和较大的运营公司开始使用情景规划方法，二是通过非正式渠道将我们预测的结果告知主要石油消费国政府。

瓦克果然是一位与众不同的知识分子，只有他才能让壳牌石油公司各地区的管理人员理解情景规划的必要性。同时，戴维森也营造了良好的工作氛围，为纽兰和瓦克更好地完成工作创造了必要的基础条件。

1973年，石油需求量暴涨，欧佩克成员国掌控了更多石油生产设备设施，在众多压力之下，第一次石油危机爆发了。全球油价飙升，正如壳牌石油公司所设想的一样。除了壳牌石油公司，其他跨国石油巨头都被打了个措手不及。一开始是价格飙升的冲击，随后是持续多年的油价和产量波动，直到本书写作时仍然如此。部分得益于情景规划分析得来的真知灼见，壳牌石油公司强势发展，到 20 世纪 80 年代成为埃克森公司的最大竞争对手。阿里·德赫斯（Arie de Geus）是壳牌石油公司情景规划小组的主要成员，他举例说："1986 年 1 月初，油价还是 27 美元 / 桶。但是到 2 月 1 日，油价跌到 17 美元 / 桶，4 月进一步跌至 10 美元 / 桶。壳牌石油公司已经设想过油价下跌至 15 美元 / 桶的情景以及如何应对。因此，1986 年春天爆发第三次石油危机的时候，壳牌石油公司能够再次从容应对。"

6.8.3 追逐未来

壳牌石油公司借助情景规划取得了巨大成功，吸引了很多公司竞相效仿。20 世纪 70 年代，许多公司（特别是在石油行业）开始采用情景规划以更好地预测未来。还有一些投产准备阶段较长、专用性资产比例高、不确定因素繁多的行业也在使用情景规划。但是，由于设想的情景往往过于简单化，而且经济衰退导致了裁员，很多公司也只是浅尝辄止，很快就放弃了情景规划。事实证明，情景规划的内容已经很难让经验老道的管理者眼前一亮。

随着时间的推移，相关研究者总结了情景规划的经验教训，使情景规划再次成为一种有吸引力的方法。现在，企业已经知道，情景规划是否有效，取决于是否能创设出合乎逻辑、富有洞见的情景。而且，企业应该在创设情景的基础上有更多作为，而不仅仅是引发讨论。如果要针对不同的情景采取真正的行动，企业的战略实施部门就要具备一定的灵活性。如今，专业顾问公司往往与客户紧密合作，用自己的情景规划方法，根据客户的实际情况设计最合适的情景。因为不确定性仍然是妨碍企业经营决策的重要因素，所以情景规划也仍然适用于战略决策过程。

6.9 标杆管理

生意场上充斥着竞争。企业千方百计,争相以最具竞争力的价格为客户提供最优质的产品和服务。但是,企业该如何判断自己是否已经采用最佳实践,工作流程是否高效,提供的产品和服务是否已经达到最高成本效益?就算企业经营状况良好,这些仍然是十分重要的问题。如果企业被竞争对手超越,那这些问题就更加重要了。

20世纪70年代,以丰田和本田为首的日本汽车制造商超越了美国的汽车制造商,导致美国汽车工业出现持续衰退。同时,在消费电子、摩托车等其他行业,日本企业也开始反超美国企业。于是,美国企业开始思考日本企业到底是如何抢占先机、占据领先地位的。

美国企业需要找到一种系统地收集和分析信息的工具,以便找到自身的不足,从而改进自己的产品和服务。

6.9.1 标杆的激励

标杆管理法是其中一种重要的工具。所谓标杆管理,就是将一家企业的业绩与另一家企业的业绩或行业平均水平进行比较。实行标杆管理的企业需要仔细研究各部门、各经营活动相较于其他地方的业绩表现,包括生产力水平、产品质量、创造的价值等。

标杆管理(有时也称为最佳实践标杆管理)背后的理念其实非常简单。如果你想改进公司某一项经营活动,或者想改善公司提供的某一项服务,你会寻找该项经营活动或服务表现出色的其他公司,以它们作为标杆,努力向标杆看齐,从而达到提升自己的目的。也就是说,标杆管理是一个帮助企业自力更生、提高业绩水平的管理方法。

实行标杆管理要建立一个相关绩效指标的数据库,一般是从公司内部其他部门单位和其他公司收集同类经营活动的业绩表现数据,然后以此作为绩效考核指标标杆,与被评估部门的各项业绩逐一比较。例如,如果一家制造公司要提高物流配送部门的业绩，那该公司可以使用公司其他业务部门的业绩和其他专业运输企业（如快递公司）的业绩作为绩效考核指标标杆。

6.9.2　模仿标杆

与其他很多管理创新一样，类似标杆管理的管理方法其实早就已经存在，只是没有被正式命名。标杆管理这一术语首次出现在管理文献中的时间应该是20世纪80年代初，而且跟施乐公司密切相关。1984年，两名施乐公司员工撰写的文章发表在《培训与发展》杂志上。文章说："在过去的两年里，施乐公司要重点实现两个目标：员工参与和竞争标杆管理。"

根据施乐公司的定义，标杆管理"就是参照最强劲竞争对手的做法来衡量本公司的产品、服务和经营情况，并且尽可能地吸取每一个竞争对手的经验和教训"。

1987年《哈佛商业评论》发布了一篇文章《如何行动：对标最好的企业》(*Ideas for action: How to measure yourself against the best*)。据文章作者介绍，施乐公司从1979年开始使用标杆管理法，主要是用来分析产品的单位生产成本。当时，日本复印机厂商的普通纸复印机价格相对较低，施乐公司要确定它们的相对成本是否也一样低。

于是，施乐公司的员工仔细地比较了复印机的操作方式和功能，还把机器拆开，逐一检查所有零部件，发现美国的生产成本比日本的高得多。因此，施乐公司就以日本竞争对手的生产成本作为公司降低生产成本的目标。公司高层决定，施乐公司的所有业务部门和成本中心都应实行标杆管理。

6.9.3　寻找标杆

施乐公司发现，与竞争对手比较并非易事。但是，就算对标对象不是竞争对手，也很值得一试。例如，施乐公司曾经与户外用品零售品牌里昂比恩（L. L. Bean）合作。1980年至1981年初，施乐公司以里昂比恩公司为对标对象,对公司的业绩进行了比较和分析。对标的结果对施乐公司非常有用,而且对里昂比恩公司也一样有积极意义。里昂比恩公司对施乐公司的成功印象深刻,因此决定在战略计划中增加标杆管理的内容。

此后,《哈佛商业评论》等管理类刊物纷纷刊登介绍标杆管理的文章,其他企业也开始实行标杆管理。

在施乐公司,使用标杆管理法的分公司遍布世界各地,因此标杆管理的内涵也在不断地演变。例如,标杆管理法通常用于生产成本管理。但是在 1993 年底,位于英国马洛(Marlow)的兰克施乐集团(Rank Xerox)总部决定将收入也纳入标杆管理。

集团成立了项目组,由集团"首席"级别管理人员领衔,项目组成员包括欧洲、中东和非洲等分公司运营部门的员工。项目取得了巨大成功,例如,通过对标法国销售彩色复印机的最佳实践,瑞士的销售额增加了328%,荷兰增加了 300%,挪威增加了 152%。

6.9.4　风靡全球

标杆管理已经是一种全球性的管理方法,应用于各种组织和职能的管理。成立于 1994 年的全球标杆管理网络是一个由来自 22 个国家的 23 个标杆管理中心组成的联盟组织,会员包括 25 000 多家企业和政府机构。

现在,标杆管理法常用的管理技术主要有三种。首先是最佳示范实践(BDP),主要用于比较一个公司内部各单位的业绩,是过去 15 年里比较成功的管理技术。例如,在同一家连锁企业内,不同零售分店的每平方英尺销售额可以相互比较。

其次是相对成本状况分析法,具体而言就是将 X 公司每美元销售额的成本结构要素(如生产劳动力)逐一与竞争对手 Y 公司对标比较。最后是最佳相关实践,与最佳示范实践类似,但是最佳相关实践的对标对象是业务相关但通常不存在竞争关系的企业。因为不是直接竞争对手,彼此可以结为对标合作伙伴,直接收集和比较相关数据。

Giant
Steps
in
Management

第 7 章　信息效率

企业如何获取决策所需要的正确信息？如何根据已获得的信息做出最佳决策？信息效率管理的目标就是利用正式的技术工具和管理制度，提高企业获取信息的能力和使用信息的效率。

7.1　概述

信息处理是管理的核心任务之一。高效的管理者善于从不同的来源收集信息、理解信息，并在此基础上做出决策、采取行动。虽然某些类型的信息只能通过面对面接触的方式获得，但是企业建立信息编纂和分析系统对于管理人员来说仍有巨大的价值。

本章讨论的管理创新能够帮助企业高效地处理信息，尤其是处理可量化的信息。其中有些管理创新运用了统计技术或数学方法，但是大部分都得益于日益强大的计算机技术。实际上，本章讨论的管理创新处理的是管理决策的科学问题，而不是艺术问题（当然，有些人可能会说，除非你掌握了管理决策的艺术，否则你就无法做出有科学依据的决策）。

信息处理能力在过去的几十年里得到了大幅度提升，本章的撰写也因此比其他大多数章节要容易一些。例如，在某种程度上，人力资源管理方面的创新都是对早期人事管理思想的再创造，因为无论是过去还是现在，雇用员工的基本特征并没有发生太大的变化。但是，由于技术变革开辟了更多可能性，信息处理方面的管理创新往往是对以前创新的彻底颠覆。

基于信息处理的管理创新始于弗雷德里克·泰勒的科学管理，本书第1章对此有详细论述。泰勒是一位工程师，他在工厂车间测量工作流程的相关数据，收集有关工人工作的详细信息，使生产效率得到了巨大提升。

泰勒拿着秒表，仔细研究工人每一项操作的具体情况以及所需时间。例如，当时生铁搬运的人均产能是每天12.5吨，但是泰勒经过测算发现，一个叫施密特的生铁搬运工理论上每天可以搬47吨生铁。以此作为绩效标准，工人们就会知道自己该完成多少工作，管理者也清楚工厂应该达到多少产能。同时，工厂还可以制定更准确的计件工资制度，对工人的奖罚也更加有据可循。美国陆军的沃特敦兵工厂（Watertown Arsenal）采用了泰勒的管理思想后，制造马鞍模具的劳动力成本从1.17美元降至54美分。施密特将搬运的生铁量提高了400%，拿到的工资增加了60%。由此可见，信息的力量确实无比强大。

20世纪30年代，**运筹学**开始兴起，这是将定量技术用于企业管理的另一大进展。运筹学又称为管理科学，起源于英国皇家空军开发的创新分析技术，能够帮助分析人员针对复杂模糊的问题制定数学上的最佳解决方案，尤其可以用于解决管理领域的问题。运筹学使管理学（或至少是管理的一个方面）变成了应用数学领域内的一门学科。

20世纪50～60年代，运筹学的发展催生了一系列相关技术，如仿真方法。通过对生产流程或其他管理问题进行模拟和建模，管理者可以了解一项干预措施将如何改变整个系统。**收益管理**（Yield Management）是20世纪60年代出现的另一项管理创新。收益管理又称收入管理（Revenue Management），是一项用于确定货物的最佳价格的管理方法。美国航空公司（American Airlines）是第一家在航班预订中引入收益管理的航空公司，其目标是"以合适的价格将合适的座位卖给合适的客户"。

但是，只有当企业能够买得起计算机时，运筹学运用于管理领域的潜力才能充分发挥。因此，在 20 世纪 60 年代末至 70 年代，在大企业普遍开始采用大型计算机的同时，物料需求计划（MRP Ⅰ）和随后出现的制造资源计划（MRP Ⅱ）也开始流行起来。这些系统专门用于控制和管理材料和其他资源的流动，尤其可以用于制造行业。

20 世纪 70 年代末，个人电脑（PC）的广泛使用催生了另一波信息处理方面的管理创新。终端用户计算（EUC）将使用计算机的能力从企业的计算机中心转移到实际用户，其结果就是全世界数以百万计的办公人员每天都坐在计算机屏幕后面工作。终端用户计算对企业**管理**产生了巨大的影响。以前，"中层管理者"是一线员工和高层管理者之间的主要信息传达渠道。曾经有观察人士推测，终端用户计算的出现将会消除对"中层管理者"的需求。这虽然尚未成为现实，但是，由于企业内部信息上传下达更为便利，员工和管理者之间的关系也出现了巨大变化。

20 世纪 80 年代，大量的管理信息系统问世，其中最为著名的是专家系统。专家系统主要借助计算机的作用，通过编写一套模拟专家知识的决策规则来解决复杂的问题。虽然这类系统的有效性远远达不到其支持者的期待，但是对于解决一些条件明确的问题却非常有用。

到 20 世纪 80 年代中后期，信息系统创新的最前沿转向了组织间的系统。早期的例子包括美国航空公司的 Sabre 系统和美国医疗设备供应公司（American Hospital Supply）的 ASAP 系统。这些跨组织信息系统使组织之间能够实现有效沟通，并经常相互传输销售数据。

20 世纪 90 年代初，企业开始采用**企业资源计划**（ERP）。企业资源计划是一种处理和管理交易的信息系统，能够辅助企业对计划、生产和响应客户需求等活动进行全面、实时的监督管理。企业资源计划也逐渐发展成为一个跨组织信息系统。后来出现的客户关系管理（CRM）在很大程度上也借鉴了企业资源计划的方法和概念，本书第 5 章对此有过详细讨论。

从表面上看，信息管理似乎已经成为企业管理工作的根本任务。今天收集和管理信息的方法当然比 20 年前丰富得多。但是，挑战永远存在，应对挑战也并非易事。如何在最短的时间内以最低的成本高效收集信息，并以此为基础推动绩效提升，这就是企业一直以来想方设法要完成的挑战。

7.2 运筹学

20 世纪上半叶不仅是一个技术革新层出不穷的时期，也是一个军事冲突频发的时期。1934 年，英国皇家空军发现德国正在增强军事力量，由此推断两国之间必有一战，德国甚至可能会对英国发动空袭。为了防止德国空袭，英国有必要建立一个早期预警系统。1934 年 12 月，英国皇家空军启动了防空科学调查，其目标是"研究如何利用技术领域的最新进展改进目前防御敌机的方法"。

如何以最有效的方式动员和部署部队是任何一支军队都必须解决的问题。在第二次世界大战爆发之前的英国，这个问题比其他任何时候都更加严峻。第一次世界大战之后，英国已经建立了一支专业化军队，而且还拥有比以前更先进的技术装备，包括飞机、坦克、辅助设备、潜艇和其他军舰，但是如何分配这些稀缺资源仍然是一个问题。那么，最有效的资源分配方案是什么呢？

7.2.1 最优解

事实证明，上述问题可以通过作业研究（Operational Research）找到答案。后来，作业研究的概念传播到美国，被重新命名为运筹学（Operations Research）。作业研究利用科学分析方法来研究复杂的问题，而复杂的问题往往涉及由多个组成部分构成的系统。因此，以作业研究为依据得出的解决方案，远远胜过仅靠个人直觉和经验做出的主观决定。事实上，作业研究的目的就是要得出最优解，也就是基于现有的信息和决策参数可能产生的最佳结果。作业研究借鉴了各种数学和统计（概率）技术，包括仿真方法和线性规划。

经过防空科学调查委员会的调查之后，英国皇家空军开始尝试将雷达技术用于早期防空预警系统，并分别于1936年和1937年在比金山和鲍德西两地进行了试验。试验证明，要达到利用雷达技术实现防空预警的目标，必须对控制室和通信系统进行作业研究分析。1938年，雷达技术开发组织的负责人阿尔伯特·罗（Albert Rowe）首次开始使用作业研究这一术语。军事领域以前曾有过运用科学技术的先例，例如托马斯·爱迪生曾经利用统计学技术来研究如何躲避和摧毁潜艇，但是现在面临的问题更加复杂，需要找到一种新的方法。英国数学家帕特里克·布莱克特（Patrick Blackett）是1934年成立的防空科学调查委员会的成员，后来获得勋爵头衔并获得诺贝尔奖。1940年，布莱克特负责组建防空司令部研究小组。这是英国皇家空军建立的第一个作业研究小组，代号为"布莱克特马戏团"，大量的科学家响应号召加入小组，帮助解决作业研究问题。

作业研究小组成员要参加作战总部的全体会议，了解正常的决策方法和条件，然后将这些问题转化为作业研究问题。在1940年的不列颠之战中，英国空军之所以能成功击退德国空军，雷达系统发挥了极其重要的作用。因此，布莱克特在整个皇家空军和沿海指挥部推动使用作业研究技术。从1942年起，布莱克特开始担任海军作战研究部主任，将作业研究技术用于解决海军作战问题，特别是针对德国U型潜艇的作战思路，包括确定护卫舰的规模大小、反潜深水炸弹的有效设置、远程作战飞机的综合保障等。研究人员提出了有悖于直觉的解决方案，例如，大型护卫舰比小型护卫舰更好，因为使用大型护卫舰护航的效率更高。

7.2.2　赢得战争

美国被卷入战争后也立即使用了作业研究技术，使用的力度和广度甚至超过了英国。在美国，作业研究主要用于四个方面：调查武器装备的有效性，分析已经发生的军事行动，预测未来的军事行动，以及分析军事组织技术。到 1942 年底，作业研究已经成为美国海陆两军作战的重要组成部分，帮助盟军取得了第二次世界大战的最终胜利。

二战结束后，企业界一开始对作业研究的兴趣并不大。但是学术界对此较为关注，学术杂志《运筹学季刊》（Operational Research Quarterly）于 1950 年创刊。布莱克特在该杂志刊文指出，如果作业研究人员能够在"执行层面上发挥观察者和潜在批评者"的作用，那么作业研究就能够发挥最大的作用。布莱克特认为，他的战时经验可以直接复制到商业和其他民事应用中。但在民间社会，决策的集中度大大降低，而且比军队更难控制，所以布莱克特将运筹学研究作为关键决策机制的设想始终未能实现。尽管如此，作业研究还是传播到了各个领域，比如在运输业用于解决调度问题，在制造业用于解决最佳库存问题。作业研究在许多应用场景都具有使用价值。在 1960 年之前，运筹学研究技术大都已经基本成型。在 20 世纪 60～70 年代，很多企业都成立了独立的运筹学研究小组。然而，到了 20 世纪 70～80 年代，美国经济陷入衰退，运筹学研究小组也迅速解散了。

7.2.3 运筹学状况

不管是在商业、军事，还是学术领域，需要通过运筹学找到最优解的各种问题仍然存在，因此运筹学一直在发挥作用。这些问题的相关信息可以量化，决策参数也非常明确。例如，英国航空公司（British Airways）使用运筹学技术降低工程库存，帮助公司节省了 2100 万英镑，有些企业则将运筹学技术用于优化呼叫中心的运营。市场上还有专业的软件供应商和咨询顾问，专门向客户提供运筹学解决方案。但是，运筹学成为企业整体战略指导原则的想法在很早以前已经被放弃了。

7.3 收益管理

随着工业的发展，易耗品生产企业遇到了特殊的挑战。这些企业必须在有限的销售周期内尽快售完库存商品，同时又要保证自己获得最大收益。为此，企业需要了解消费者的行为，预测消费者的需求并迅速做出反应，采取最有效的方式匹配供应和需求。

例如，20 世纪 70 年代，航空公司面临着机票销售回报最大化的挑战，即如何根据库存（机票）进行收入管理。机票显然是一种易耗品，因为一旦航班起飞，机票就失去了价值。这是一个供求关系的匹配难题，可以通过实时差异化定价来解决。

客户可能希望购票时间离航班起飞时间越近，航班余票的售价就越低。然而，如果市场对少量余票有足够的需求，情况可能就会完全相反。同样，航空公司可能希望对"保证有座"收取溢价。但是，由于开票早期可能票量充足，供过于求，便宜一点的定价可能会更加合适。显然，航空公司需要进行一系列极其复杂的计算和决策。

7.3.1 最优收益率

20 世纪 70 年代出现的收益管理，或称实时定价（real-time pricing）就是专为应对上述挑战而开发的管理方法。收益管理本质上是一种确定产品或服务的最佳定价策略的管理技术，通过计算机实时建模和客户行为预测等方式来推断某一特定微分市场对产品或服务的需求。

收益管理不仅应用于单个产品或单项服务，还可以用于管理一组商品、单个市场或整个企业。收益管理系统的预测方法会考虑各种各样的信息，包括有关气候模式的细节、历史需求模式以及定价等竞争对手信息。

运气产生红利

创新往往是机遇和巧合的产物，收益管理也是如此。20 世纪 60 年代初，美国航空公司成立决策技术部，开始研究收益管理问题。

美国航空公司对收益管理的兴趣源自该公司总裁 C. R. 史密斯（C. R. Smith）与 IBM 公司高级销售代表 R. 布莱尔·史密斯（R. Blair Smith）的一次闲聊。

1953 年，在美国航空公司从洛杉矶飞往纽约的航班上，C. R. 史密斯遇到了跟自己同姓的 R. 布莱尔·史密斯。两位史密斯便聊了起来，聊的话题很快转向了旅游业。两人一致认为，如果可以创建一个数据处理系统，提供一个完善的航空公司座位预订解决方案，并且任何旅行社随时随地都可以通过电子设备访问该系统，那么无论对于乘客还是航空公司，事情都会简单得多。

不过，这个令人惊叹的遐想直到六年后才变成了现实。1960 年，当时的计算机巨头 IBM 公司和美国航空公司宣布，双方将共同开发一个航班电子预定系统——半自动业务搜索环境系统，简称 Sabre。

在 Sabre 系统的基础上，美国航空公司于 1988 年推出了自动收益管理系统——动态库存分配和维护优化系统，简称 DINAMO。正如美国航空公司 1987 年年报所说，DINAMO 系统的目标就是在合适的时间，"以合适的价格将合适的座位卖给合适的客户"。据估计，推出 DINAMO 系统后，美国航空公司在 1989 年至 1991 年三年里的增收高达 14 亿美元。

7.3.2 覆盖全国

1960 年，第一个 Sabre 订票系统在纽约布赖尔克利夫马诺安装完成，Sabre 订票网络正式启动。在接下来的四年里，Sabre 订票网络逐渐扩展到美国各地，从东海岸到西海岸，北至加拿大，南至墨西哥。到 1964 年建设完工时，Sabre 订票系统成为美国第二大实时数据处理系统，仅次于美国政府的 SAGE 系统⊖。

1976 年，旅行社开始安装 Sabre 系统。有了一个覆盖全国、连接各家旅行社的旅行预订系统，美国航空公司就能够获取有关旅行预订的实时信息。

⊖ 即半自动地面防空系统。——译者注

美国航空公司推出自动收益管理系统 DINAMO 有两个前提，首先是 Sabre 系统的推广，其次是 1979 年政府对航空业放开了管制，很多大型航空公司都采用差异化定价策略，如美国航空公司推出特级优惠机票，与低成本的廉价航空公司竞争。

人们很快发现，没有收益管理系统，航空公司将很难生存。未能迅速建立收益管理系统的航空公司已经倒闭了，美国人民捷运航空公司（People Express）就是其中之一。

美国人民捷运航空公司首席执行官唐纳德·伯尔（Donald Burr）评论道：

从 1981 年到 1985 年，我们公司生机勃勃，年年盈利，然后情况急转直下，我们到了每月亏损 5000 万美元的境地。……跟以前不同的是，现在美国航空公司能够在我们公司的每一个细分市场进行收益管理。我们公司从创建伊始就一直在盈利，直到美国航空公司推出特级优惠机票来跟我们竞争。我们的命运也只能到此为止了，因为竞争对手能够随意在暗中做到比我们更加廉价。

到了 90 年代中期，收益管理已经在全球航空业得到广泛应用。随后，美国和欧洲的其他行业也开始使用收益管理。

7.3.3　收益管理发展状况

写作本书时，收益管理已经广泛应用于各行各业，是一个不可或缺的竞争工具，尤其适用于解决易耗品库存定价问题。在酒店客房销售、机票预订和汽车租赁等业务领域，收益管理发挥了至关重要的作用。

后来，有人提出使用收益管理可能存在的伦理问题，引起较多争议的价格歧视就是其中之一。收益管理定价将个人信息考虑在内，可以预测顾客是否愿意支付溢价，然后利用可变定价机制向顾客收取比同时购买同一产品的其他顾客更高的费用。

7.4 物料需求计划和制造资源计划

在 20 世纪上半叶，制造过程的效率实现了跨越式提升。正如我们在本书第 1 章所说，大规模生产和精益生产等流程创新使众多制造业企业蓬勃发展。但是，到 20 世纪 60 年代，企业内部及企业之间货物和信息流动的管理方法仍然较为落后。像凯斯工程机械（J. I. Case）和 IBM 这样的企业往往采用生产库存控制方法，但是运用这种方法主要还是依靠直觉，而且很多工作需要人工处理。那么，企业应该如何提高货物和信息流动的处理效率呢？

7.4.1 闭环系统

上述问题的答案就是物料需求计划（MRP Ⅰ）。根据一系列逻辑相关的程序、决策规则和记录，企业制定主生产计划，然后根据主生产计划，确定每一具体时间段内的生产数量需求和所需要的组件材料库存计划。得益于第一代计算机的作用，大型企业纷纷采用物料需求计划，使物料和生产的管理效率得到了大幅度提升，不但降低了库存成本，提高了生产效率，而且使生产计划更加可靠，订单跟踪也更加准确。

制造资源计划（MRP Ⅱ）是物料需求计划（MRP Ⅰ）的改进版，是一个用于管理制造企业所有资源的闭环系统，包括物料和车间控制、需求计划、财务、营销、工程，甚至包括人事决策，如人员编制和工资总额等。有了制造资源计划，企业可以模拟各种不同决策带来的影响，从而帮助管理层做出最有效的决策。制造资源计划提出零库存的目标，因此可以与准时生产系统密切配合（见第 1 章）。制造资源计划还在其他方面对物料需求计划进行了完善，例如增加了控制和反馈回路，功能也更加强大。

7.4.2 哥白尼式革命

当然，企业对库存和生产计划的关注并非到 20 世纪 60 年代才开始。

例如，在20世纪40年代，飞机机架制造企业的控制部门就曾经使用过类似于物料需求计划的技术。随后，商业计算机的出现以及1956年美国生产与库存管理协会（APICS）的成立，为进一步的管理变革做好了准备。围绕物料清单开发计算机系统是一个逐步发展的过程，IBM公司的管理顾问约瑟夫·奥尔利茨基和奥利弗·怀特（Oliver Wight）是其中的关键人物。1961年，在威斯康星州的拉辛郡，奥尔利茨基为凯斯工程机械公司旗下的拖拉机工厂安装了一个物料清单系统，使用的计算机是IBM 305 RAMAC，最多可存储1500万个字符，配有专门编写的软件程序，能够自动或按需生成库存记录清单，每周生成一份库存情况概览。1966年，在美国生产与库存管理协会举办的一次会议上，奥尔利茨基第一次见到了怀特和另一位管理顾问乔治·普罗斯尔（George Plossl），发现他们也在开发同样的系统。于是他们一拍即合，组成了合作开发团队，共同推出了"物料需求计划"。奥尔利茨基将物料需求计划的问世视为一次"哥白尼式革命"，因为物料需求计划在商业领域是一种全新的企业物料管理模式。

但是，物料需求计划的局限性逐渐浮出水面，制造资源计划也就应运而生。以计算机为基础的管理系统往往是逐步发展起来的，因此很难确定物料需求计划在什么时刻演变为制造资源计划。不过，据说是奥利弗·怀特首次使用了"制造资源计划"一词，时间是1978年，当时他在自家客厅里举行会议。后来，他成立了自己的咨询公司。20世纪80年代初，美国制造企业面临着来自日本和其他海外竞争对手的巨大竞争压力，制造资源计划的发展到此时才开始真正突飞猛进。

7.4.3 工具和技术

美国生产与库存管理协会拥有庞大的成员网络，为物料需求计划在20世纪60年代末和70年代初在美国和全球的蓬勃发展提供了肥沃的土壤。但事实证明，物料需求计划的精确性和成功率明显低于预期。按照当时的标准，物料需求计划系统需要强大的计算能力，而且往往每个月只能运行一两次。情况是经常发生变化的，如果遇到故障或出现计划外的短缺问题，生产计划很快就会过时。1972年的一项估算结果显示，在实行物料需求计划的企业中，只有2%取得了成功。

事实证明，制造资源计划更适合大中型企业。正因为如此，制造资源计划比物料需求计划更为成功。Megatest是位于加利福尼亚州的一家公司，该公司的生产经理蒂姆·弗拉赫（Tim Vlach）说："光是库存减少就能为生产性投资腾出700万美元资金，而劳动力相关的效率提升又帮助公司增收150万美元。"对于一家销售额为4000万美元的公司来说，这是相当大的一笔收入。丰田汽车公司的管理人员也欢迎制造资源计划，因为他们发现，在向供应商订货时，制造资源计划的订货方法能帮助丰田公司更好地实行准时生产制度。因此，制造资源计划不仅适用于管理企业内部的货物流动，还具有改善整个供应链的潜力。

然而，制造资源计划也有其自身的局限性，这些局限性在20世纪80年代开始显现出来。其中最大的问题就是系统之间缺乏相互连接，一个制造工厂的制造资源计划系统往往无法与其他工厂的系统连接，由不同部门管理的物流或结算系统就更不用说了。而在这一时期，计算机处理能力的发展呈指数级上升，物料需求计划系统和制造资源计划系统很快就过时了。这就为另一项管理创新的出现创造了条件：企业资源计划（ERP）。

7.4.4 MRP发展状况

自20世纪80年代末至21世纪初，计算机处理能力得到了大幅提升，现在库存和生产管理已经变得更加精确，问题也比以前少了许多。而且，供应链基本上是全球性的，很多传统制造企业现在越来越注重提升服务。因此，现在物料需求计划和制造资源计划的主要作用就是为企业提供如何处理运营问题的历史经验和教训。物料需求计划和制造资源计划解决的问题在今天的企业仍然存在，不过解决方案已经非常标准化，在这方面几乎已经没有什么管理上的挑战。企业关注的重点已经转移到更高层次的问题上，比如企业如何从供应链中获得更多创新。

7.5 企业资源计划

在 20 世纪 70 年代实行物料需求计划和 80 年代初实行制造资源计划之后，企业有了计算机系统来管理库存和信息等资源的流动，但是这些系统远非完美。物料需求计划系统和制造资源计划系统通常都是独立的遗留系统，往往由企业的某一个部门负责开发，因此便产生了与外部供应商的系统兼容性问题。就算在同一家公司内部，子公司的系统也完全不同，如果遇到合并或重组，那就会引发更大的内部问题。虽然理论上各系统可以实现相互连接，但是实际上非常有限。此外，物料需求计划系统和制造资源计划系统的使用体验并不友好，两个系统产生的能够用于实际管理决策的信息量也十分有限。那么，如何才能突破这两个系统的种种局限呢？

7.5.1 ERP 意味着整合

以上问题的解决方案称为企业资源计划（ERP）。顾名思义，企业资源计划系统是为整个企业服务的：企业资源计划使用计算机来处理和管理交易，实时地协调和推进计划、生产、响应客户需求等活动。企业资源计划系统还可以生成履行客户订单和开具发票所需要的所有会计信息。

企业资源计划系统的最大优势在于强大的信息流整合能力。通过专业化模块操作，能够实现"端到端"连接，而且各职能部门和各组织单位之间能够做到信息共享。供应商的企业资源计划系统与客户的企业资源计划系统也可以连接起来，这有利于整合供应链节点企业的信息流。企业资源计划系统的应用已经标准化，这就使得不兼容问题大幅度减少。

7.5.2 ERP 的诞生

高德纳集团（Gartner Group）向使用制造资源计划系统的制造业企业提供咨询服务，多年来一直在分析制造资源计划解决方案的市场问题。到了 20 世纪 80 年代末，现有解决方案的局限性越来越明显，客户的抱怨和不满也越来越多。高德纳集团在寻找新技术和新供应商的过程中，提出了新的系统，即企业资源计划系统，并将这个系统定义为一个集成制造应用软件套装。从此以后，"企业资源计划"一词开始广泛使用，但是其内涵与高德纳集团提出的理想系统相差甚远。随后，很多公司开始将自己开发的系统作为企业资源计划系统进行推广，其中最著名的包括思爱普软件公司（SAP）、博安软件公司（Baan）、甲骨文公司，J. D. 爱德华兹软件公司（J. D. Edwards）和仁科软件公司（Peoplesoft）。到 20 世纪 90 年代初，德国的思爱普软件公司已经成为企业资源计划系统的市场领导者。思爱普软件公司之所以脱颖而出，首先是因为其软件的技术质量较高，其次是因为该公司既能与硬件制造商合作，又能与管理顾问合作（为客户安装或者量身定制软件）。

新版本

1992 年，思爱普软件公司正式推出第三代企业资源计划系统，即 R/3 系统（Release 3），而且从 90 年代中期开始主导企业资源计划系统市场，至少大企业采用的企业资源计划系统都是思爱普软件公司的产品。但是，人们很快发现，不管是 R/3 系统，还是竞争对手的产品，要在企业全面实施企业资源计划并不是那么简单的事情。很多大型企业花了三年的时间才完全实施企业资源计划系统，还要投入相当一笔钱聘请顾问，并针对企业自身需要定制和安装相应的软件。当然，使用企业资源计划的好处也很多，例如可以直接节约不少成本，而且企业资源计划系统要求大企业内部不同职能、部门和业务协调运作，有利于提高企业的整体效率。到 20 世纪 90 年代中期，几乎没有什么大企业敢拒绝企业资源计划系统，而思爱普软件公司的 R/3 系统通常是最稳妥的选择。

7.5.3 ERP 发展状况

企业资源计划系统经历过多次更名，但是那些更有现代感的新名字一个也没能流传下来。至本书成书之时，几乎所有的大企业都在使用企业资源计划系统。当然，在此之前的 10~15 年里，企业资源计划系统的功能变得更加强大，不但能够连接互联网，而且决策信息也更加先进。但是，从本质上说，系统的底层结构仍然是思爱普软件公司的 R/3 系统。由于组织之间的连接方式已经标准化，再加上企业已经从过去昂贵的教训中吸取了经验，企业资源计划系统的实施成本已经降低。思爱普软件公司及其竞争对手开始投入更多资源开发面向中小型公司的系统。同时，企业资源计划的地位也有所下降，不再像 20 世纪 90 年代中期那样烜赫。但无论如何，企业资源计划仍然是企业管理信息流的核心系统。

Giant
Steps
in
Management

总结　管理创新议程

概述

本书介绍了50项管理创新的发展历程。那么，在这50项管理创新的故事里，有哪些反复出现的共同因素？这个问题就像罗夏测验，读者很可能会给出符合自己既有观念体系的答案。心理学家可能会认为，创新关键人物的性格和背景非常重要；重视建制的历史学家可能会强调当时社会或政治环境对创新的支持作用。我们的观点则更注重实用性，我们更关心的是：各个创新关键人物采取了哪些具体步骤，他们如何提出新的想法，以及如何争取得到所在组织的支持。

在本书的开篇，我们提到管理实践者向我们提出的两个问题，并承诺要找到问题的答案。首先，在过去150年里产生了哪些重大管理创新？对此，我们已经详细介绍了各管理领域的50项创新。同时，我们还深入讨论了每一项管理创新对当今管理实践的影响以及存在哪些有待未来管理创新解决的局限性。其次，管理创新是如何发生的？在本书的总结部分，我们将对管理创新的过程进行总结，作为第二个问题的答案。具体而言，我们认为管理创新的过程分为五个阶段：

- ▶ 明显不满于现状
- ▶ 从外部得到灵感
- ▶ 取得概念性突破
- ▶ 内部推广和认可
- ▶ 外部推广和认可

明显不满于现状

管理创新的缘起似乎总是一个人人都能理解的难题或挑战。20世纪20年代中期，阿尔弗雷德·斯隆试图将5个汽车品牌的运营整合起来。每个人都知道，这是一个极其复杂的挑战。再举一个例子，瑞银财富管理公司（UBS Wealth Management）是瑞士银行业巨头瑞银集团旗下的私人银行部门。2003年，熬过几年削减成本的阵痛之后，瑞银财富管理公司期望取得快速增长。公司高管开始研究妨碍增长步伐的因素，他们发现，预算编制过程存在很大的问题。首席财务官托尼·施塔德尔曼（Toni Stadelmann）当时指出："预算编制包含一种强烈的防御思维，而且程序烦琐，本质上就**不利于增长**。相关人员在编制过程中总是讨价还价，设法降低公司总部提出的增长目标，导致人们只关注数字，而不是关注客户需求和市场机会。"因此，公司彻底改变了个人客户顾问的工作思路，并取消了传统的预算编制流程。从此以后，瑞银财富管理公司便迎来了高速增长。

从外部得到灵感

管理创新需要灵感，比如其他领域的成功案例，不同社会系统的类似做法，或者未经证实的奇思妙想。例如，迪伊·霍克创立了VISA公司，其独特的合作组织模式参考的是杰斐逊的民主思想，而不是传统的等级制思维。还有孔林德（Lars Kolind）根据自己领导童子军组织的经验，为丹麦助听器公司奥迪康提出了"面条式组织"的概念，创造出一种以任务为导向的协作工作模式。

取得概念性突破

人们普遍认为，创新都有一个"灵光闪现"的时刻——只要发明者取得重要的概念性突破或提出最关键的构想，其他一切问题都会迎刃而解。撕贴式便利贴是3M公司员工阿特·弗赖伊（Art Fry）发明的。他的灵感来自当地教堂唱诗班，当时他要寻找一种既不会掉落也不会损害赞美诗的书签，撕贴式便利贴便由此诞生。但是，这种灵光一现的时刻是罕见的。发明是一个过程，在这个过程中，发明者需要充分认识问题的各种要素（对现状的不满）与解决方案的各种要素（包括来自外部的灵感和对内部情况和背景的清晰理解），并且将所有要素融会贯通，但是融会贯通并非一蹴而就，需要反复地整理和思考，使整体脉络逐渐变得清晰。

例如，宝洁公司提出"联系与开发"这一激进模式，在公司外部建立一个全球性的科学家网络，为内部研发打造一个"涡轮增压"发动机。这是宝洁公司的一次重大组织创新，总共花了将近10年的时间才得以完成。拉里·休斯顿（Larry Huston）是该模式的总设计师，他说：

早在20世纪90年代中期，我就想开发一种新的组织形式。在这种组织形式中，人才将是流动的，可以组织起来为好的项目工作，同时又不会影响到公司的基础业务。我们花了很多时间思考完整、具体的组织设计，我还做了一个概念视频。然后在2000年，我的上司让我打造一种全新的创新商业模式。于是，在个人早期工作的基础上，我开始为联系与开发模式设计概念定位。很多东西一开始都是试验性的，我得像设计产品一样提出概念、制作故事板和视频。很多人都认为我干的这个活肯定会失败，但他们没有意识到，那些已经成功的管理系统也是逐步建立的。当然，要成功建立，需要用到很多技巧。

内部推广和认可

就像其他创新一样，管理创新要求做出改变，而改变又会带来不确定性。因此，那些不理解或不重视管理创新的员工就会成为推行管理创新的阻力。而且，企业不可能准确预测一项管理创新带来的收益是否会超过成本。因此，管理创新者要想方设法得到内部支持者对创新管理实践的认可。例如，作为一种比较激进的组织变革，奥迪康公司的"面条式组织"是一个围绕自组织项目团队建立的资源分配系统，组织内部不存在正式的等级汇报关系，其物理布局也是完全开放的。在新的组织形式下，从20世纪90年代初至90年代末，奥迪康的利润率出现了持续大幅增长。为了推行新的组织形式，首席执行官孔林德先是说服了公司的所有者，让他们相信，只有进行彻底的变革才能应对西门子和飞利浦等竞争巨头带来的挑战。得到公司所有者的支持后，他马上大张旗鼓地开始进行内部宣传和推广，向全体员工解释这项变革的性质。他提出了一些响亮的口号，例如"敢想别人所未想"，还使用了一些具有视觉冲击力的道具符号，比如在大楼中间安装一个巨大的透明滑道。

外部推广和认可

学术界、咨询公司或媒体等独立观察者的认可会对管理创新的发展带来极大的推动作用。这种外部的"认可"是非常重要的，因为大多数管理创新都具有不确定性和模糊性。一项管理创新是否有效，暂时还缺乏确凿的数据。换言之，企业要提高一项管理创新在内部的接受程度，往往需要借助外部的认可。外部认可的过程通常会让竞争对手或其他行业企业更加了解这项管理创新，结果也会使创新得到进一步加强。

管理创新是一种自觉行动吗

从以上五个阶段，我们可以看到，管理创新的产生需要机缘巧合，很多条件缺一不可。那么，企业是否可以主动创造这些条件，从而加快管理创新的进程，或者我们只能把一切留给运气，还是可以像温室培育一样，通过创造适宜的土壤、光照和湿度等条件，让管理创新的种子更快地生根发芽、茁壮成长？

我们相信，培育管理创新的"温室模式"具有真正的价值，这也可以说是我们自己的管理创新。在撰写本书之时，我们已经将"温室模式"付诸实践，创立了"管理创新实验室"（MLab）。管理创新实验室以加速管理实践和理论的发展为使命，与具有前瞻性的企业和杰出的学者一起合作，致力于研究和发明一流的管理流程和实践，为企业在21世纪赢得竞争奠定基础。我们研究管理创新的跃迁，不仅要审视管理创新的历史与现在，更要思考管理创新的未来。

参考资料

科学管理

Stewart, T.A., Taylor, A., Petre, P. and Schlender, B. (1999) The businessman of the century. *Fortune*, 22 November.

Taylor, F.W. (1903) *Shop management*. Harper & Row, New York.

Taylor, F.W. (1911) *The principles of scientific management*. Harper & Row, New York.

移动装配线

Hounshell, D.A. (1984) *From the American system to mass production, 1800–1932: The development of manufacturing technology in the United States*. The Johns Hopkins University Press, Baltimore, MD.

Lacey, R. (1986) *Ford: The men and the machine*. Heinemann, London.

Williams, K., Haslam, C. and Williams, J. (1993) The myth of the line: Ford's production of the Model T at Highland Park, 1909–16. *Business History*, 35(3), 66–87.

精益生产

Ohno, T. (1988) *Toyota production system*. Productivity Press, University Park, IL.

Udagawa, M. (1995) The development of production management at the Toyota Motor Corporation. *Business History*, 37(2), 107–119.

Womack, J. and Jones, D.T. (1996) *Lean thinking*. Simon & Schuster, New York.

全面质量管理

Deming, W.E. (1982) *Out of the crisis*. MIT Center for Advanced Engineering Study, Cambridge, MA.

Feigenbaum, A.V. (1983) *Total quality control*. McGraw-Hill, New York.

Juran, J.M. (ed.) (1995) *A history of managing for quality: The evolution, trends, and future directions of managing for quality*. ASQC Quality Press, Milwaukee, WI.

单元制造

Berggren, C. (1994) NUMMI vs. Uddevalla. *Sloan Management Review,* 35(2), 37–49.

Miyake, D.I. (2006) *The shift from belt conveyor line to work-cell based assembly systems to cope with increasing demand variation and fluctuation in the Japanese electro*. CIRJE F-Series CIRJE-F-397, CIRJE, Faculty of Economics, University of Tokyo.

大规模定制

Da Silveira, G., Borenstein, D. and Fogliatto, F.S. (2001) Mass customization: Literature review and research directions. *International Journal of Production Economics*, 72(1), 1–13.

Pine, B.J. (1993) *Mass customization: The new frontier in business competition*. Harvard Business School Press, Boston, MA.

业务流程再造

Hammer, M. (1990) Reengineering work: Don't automate, obliterate. *Harvard Business Review,* 68(4), 104–112.

Hammer, M. and Champy, J. (1993) *Reengineering the corporation: A manifesto for business revolution*. Nicholas Brealey Publishing, London.

Hammer, M. and Stanton, S. (1999) How process enterprises really work. *Harvard Business Review,* 77(6), 108–118.

供应链管理

Christopher, M. (1992) *Logistics and supply chain management.* Financial Times/Pitman, London.

Macbeth, D.K. and Ferguson, N. (1994) *Partnership sourcing: An integrated supply chain approach.* Financial Times/Pitman, London.

Schonberger, R.J. (1990) *Building a chain of customers.* The Free Press, New York.

六西格玛

Harry, M. and Schroeder, R. (2000) *Six sigma: The breakthrough management strategy revolutionizing the world's top corporations.* Doubleday, New York.

Kumar, S. and Gupta, Y.P. (1993) Statistical process control at Motorola's Austin assembly plant. *Interfaces*, 23(2), 84–92.

Linderman, K., Schroeder, R.G., Zaheer, S. and Choo, A.S (2003) Six sigma: A goal-theoretic perspective. *Journal of Operations Management*, 21, 193–203.

www.mikeljharry.com/story.php?cid=4

成本会计

Cooper, R. and Kaplan, R.S. (1998) *Cost & effect: Using integrated cost systems to drive profitability and performance.* Harvard Business School Press, Boston, MA.

Kranowski, N. (1977) The historical development of standard costing systems until 1920. *Journal of Accountancy*, 144(6), 66–73.

投资回报率

Fiedlob, G.T. and Plewa, F.J. (1996) *Understanding return on investment.* John Wiley, New York.

Henrici, S.B. (1968) Eyeing the ROI: A fresh look at what qualitative techniques, backed by judgement, can do. *Harvard Business Review*, 46(3), 88–97.

Johnson, H.T. and Kaplan, R.S. (1987) *Relevance lost: The rise and fall of management accounting.* Harvard Business School Press, Boston, MA.

现金流折现

Dulman, S.P. (1989) The development of discounted cash flow techniques in US industry. *Business History Review*, 63(3), 555–587.

Pezet, A. (1997) The development of discounted cash flow and profitability of investment in France in the 1960s. *Accounting, Business and Financial History*, 7, 367–380.

Wright, M.G. (1990) *Using discounted cash flow in investment appraisal*. McGraw-Hill, New York.

超越预算

Hope, J. and Fraser, R. (2003) *Beyond budgeting: How managers can break free from the annual performance trap*. Harvard Business School Press, Boston, MA.

Hope. J. and Fraser, R. (2003) Who needs budgets? *Harvard Business Review*, 81(2), 108–115.

Lindsay, R.M. and Libby, R. (2003) Svenska Handelsbanken: Accomplishing radical decentralization through 'beyond budgeting'. Case study available at www.ssrn.com/abstract=9214784.

作业成本法

Anderson, S.W. and Young, S.M. (2001) *Implementing management innovations: Lessons learned from activity based costing in the US automobile industry*. Kluwer Academic Publishers, Dordrecht.

Cooper, R. and Kaplan, R.S. (1988) Measure costs right: Make the right decisions. *Harvard Business Review*, 66(5), 96–103.

Cooper, R. and Kaplan, R.S. (1998) *Cost & effect: Using integrated cost systems to drive profitability and performance*. Harvard Business School Press, Boston, MA.

平衡计分卡

Kaplan, R.S. and Cooper, R. (1998) *Cost & effect: Using integrated cost systems to drive profitability and performance*. Harvard Business School Press, Boston, MA.

Kaplan, R.S. and Norton, D.P. (1996) *The balanced scorecard: Translating strategy into action.* Harvard Business School Press, Boston, MA.

Stata, R. (1989) Organizational learning – the key to management innovation. *Sloan Management Review,* 30(3), 63–74.

www.schneiderman.com

经济增加值

Black, A., Wright, P., Bachman, J.E., Davies, J., Maskall, M. and Wright, P. (1998) *In search of shareholder value: Managing the drivers of performance.* Financial Times Management, London.

Knight, J.A. (1997) *Value-based management: Developing a systematic approach to creating shareholder value.* McGraw-Hill, New York.

Stewart, G.B. (1991) *The quest for value: The EVA management guide.* Harper Business, New York.

www.sternstewart.com

企业福利制度

McCreary, E.C. (1968) Social welfare and business: The Krupp welfare program, 1860–1914. *Business History Review,* 42(1), 24–49.

Nelson, D. and Campbell, S. (1972) Taylorism versus welfare work in American industry: H. L. Gantt and the Bancrofts. *Business History Review,* 46(1), 1–16.

Zahavi, G. (1988) *Workers, managers, and welfare capitalism: The shoeworkers and tanners of Endicott Johnson, 1890–1950.* University of Illinois Press, Chicago.

职业经理人

Gourvish, T.R. (1970) Captain Mark Huish: A pioneer in the development of railway management. *Business History,* 12(1), 46–58.

Micklethwait, J. and Wooldridge, A. (2003) *The company: A short history of a revolutionary idea.* Modern Library, New York.

Mintzberg, H. (1971) Managerial work: Analysis from observation. *Management Science,* 18 (2), 97–110.

商务教育

Copeland, M.T. (1958) *And mark an era: The story of the Harvard Business School*. Little, Brown & Company, Boston, MA.

Crainer, S. and Dearlove, D. (1999) *Gravy training: Inside the business of business schools*. Jossey-Bass, San Francisco, CA.

Micklethwait, J. and Wooldridge, A. (2003) *The company: A short history of a revolutionary idea*. Modern Library, New York.

www.aacsb.edu/ The Association to Advance Collegiate Schools of Business.

绩效工资制度

Brown, M., Heywood, J.S. and Sharpe, M.E. (eds) (2002) *Paying for performance: An international comparison*. M.E. Sharpe, New York.

Lesieur, F. (1958) *The Scanlon Plan: A frontier in labour–management cooperation*. MIT Press, Cambridge, MA.

McGregor, D. (1961) *The human side of enterprise*. McGraw-Hill, New York.

Meyer, H.H. (1975) The pay-for-performance dilemma. *Organizational Dynamics*, 3(3), 39–50.

评价中心

Keil, E. C. (1981) *Assessment centers: A guide for human resource management*. Addison-Wesley Longman, Reading, MA.

Riggio, R.E. and Mayes, B.T. (1997) Assessment centers: Research and applications. *Journal of Social Behavior and Personality*, Special Issue 12(5), 85–108.

www.assessmentcenters.org/ International Congress on Assessment Centre Methods

T 小组训练法

Argyris, C. (1964) T-groups for organizational effectiveness. *Harvard Business Review*, 42(2), 60–74.

Bennis, W. (1993) *An invented life*. Addison-Wesley, Wokingham.

Kleiner, A. (1996) *The age of heretics.* Nicholas Brealey, London.

Lundberg, C.C. and Bowen, D.D. (1993) Iphigenia, or on the fate of T-groups. *Journal of Organizational Change Management,* 6(5), 7–14.

工作生活质量

Kleiner, A. (1996) *The age of heretics.* Nicholas Brealey, London.

Trist, E. and Murray, H. (1993) *The social engagement of social science: Volume II.* University of Pennsylvania Press, Philadelphia, PA.

www.moderntimesworkplace.com/archives/archives.html

导师制和高管教练

Collins, E. G. and Scott, P. (1978) Everyone who makes it has a mentor. *Harvard Business Review,* 56(4), 89–101.

Douglas, C. A. (1997) *Formal mentoring programs in organizations: An annotated bibliography.* CCL Press, Greensboro, NC.

Zey, M. (1991) *The mentor connection: Strategic alliances in corporate life.* Transaction Publishers, New Brunswick, NJ.

360度反馈评价

Edwards, M. and Ewen, A.J. (1996) *360-degree feedback.* AMACOM, New York.

Handy, L., Devine, M. and Heath, L. (1996) *360-degree feedback: Unguided missile or powerful weapon?* Ashridge Management Research Group, London.

Lepsinger, R. and Lucia, A.D. (1997) *The art and science of 360-degree feedback.* Jossey-Bass, San Francisco, CA.

事业部结构

Chandler, Jr. A.D. (1962) *Strategy and structure: Chapters in the history of the industrial enterprise.* MIT Press, Cambridge, MA.

Fligstein, N. (1985) The spread of the multidivisional form among large firms, 1919–1979. *American Sociological Review*, 50, 377–391.

Sloan, A.P. (1963) *My years with General Motors*. Doubleday, New York.

战略经营单位

Hall, W.K. (1978) SBUs: Hot new topic in the management of diversification. *Business*, 21(1), 17–25.

Mintzberg, H. (1994) *The rise and fall of strategic planning* (2nd edn). Prentice Hall, Hemel Hempstead.

矩阵组织

Barham, K. and Heimer, C. (1998) *ABB: The dancing giant*. Financial Times/Pitman, London.

Campbell, A., Goold, M. and Alexander, M. (1994) *Corporate-level strategy*. John Wiley, New York.

Davis, S. and Lawrence, P. (1977) *Matrix*. Addison-Wesley, Reading, MA.

Galbraith, J. (1977) *Organization design*. Addison-Wesley, Reading, MA.

Sy, T. and D'Annunzio, L.S. (2005) Challenges and strategies of matrix organizations: Top-level and mid-level managers' perspectives. *Human Resource Planning*, 28(1), 39–48.

群策群力团队

Byrne, J. (1998) How Jack Welch runs GE. *Business Week*, 8 June.

Lowe, J. (1998) *Jack Welch speaks*. John Wiley, New York.

Vicere, A. and Fulmer, R. (1998) *Leadership by design*. Harvard Business School Press, Boston, MA.

实践社群

Brown, J. Seely, and Duguid, P. (1991) Organizational learning and communities-of-practice: Toward a unified view of working, learning, and innovating. *Organization Science*, 2(1), 40–57.

Lave, J. and Wenger, E. (1991) *Situated learning: Legitimate peripheral participation*. Cambridge University Press, Cambridge.

Wenger, E., McDermott, R. and Snyder, W. (2002) *Cultivating communities of practice*. Harvard Business School Press, Boston, MA.

Wenger, E.C. and Snyder, W.M. (2000) Communities of practice: The organizational frontier. *Harvard Business Review*, 78(1), 139–145.

特许经营

Dicke, T.S. (1992) *Franchising in America – The development of a business method 1840–1980*. University of North Carolina Press, Chapel Hill, NC.

Hall, W.P. (1964) Franchising – New scope for an old technique. *Harvard Business Review*, 42(1), 60–72.

Spinelli, J.R., Rosenberg, R., Birley, S. and Spinelli, S. (2003) *Franchising: Pathway to wealth creation*. Financial Times/Prentice Hall, London.

直接营销

McCorkell, G. (1997) *Direct and database marketing*. Kogan Page, London.

Nash, E.L. (2000) *Direct marketing: Strategy, planning, execution* (4th edn). McGraw-Hill, New York.

市场细分

Chandler, Jr. A.D. (1962) *Strategy and structure: Chapters in the history of the industrial enterprise*. MIT Press, Cambridge, MA.

Smith, W.R. (1956) Product differentiation and market segmentation as alternative marketing strategies. *Journal of Marketing*, 21(1), 3–8.

Tedlow, R.S. (1990) *New and improved: The story of mass marketing in America*. Basic Books, New York.

品牌管理

Dyer, D., Dalzell, F. and Olegario, R. (2004) *Rising tide: Lessons from 165 years of brand building at Procter & Gamble*. Harvard Business School Press,

Boston, MA.

Low, G.S. and Fullerton, R.A. (1994) Brands, brand management, and the brand manager system: A critical-historical evaluation. *Journal of Marketing Research*, 31(2), 173–190.

Schisgall, O. (1981) *Eyes on tomorrow: The evolution of Procter & Gamble.* Doubleday, New York.

客户关系管理

Agarwal, A., Harding, D. and Schumacher, J. (2004) Organizing for CRM. *McKinsey Quarterly*, 3, 80–91.

Peppers, D. and Rogers, M. (1993) *The one-to-one future.* Currency Doubleday, New York.

Peppers, D., Rogers, M. and Dorf, B. (1999) Is your company ready for one-to-one marketing? *Harvard Business Review*, 77(1), 151–160.

纵向一体化

Livesay, H.C. and Porter, P.G. (1969) Vertical integration in American manufacturing, 1899–1948. *Journal of Economic History*, 29(3), 494–500.

Ruhnke, H.O. (1984) Vertical integration: Trend for the future? *SAM Advanced Management Journal*, 31(1), 69–73.

外包

Harvard Business School Publishing (1991) *Eastman Kodak Co.: Managing information systems through strategic alliances.* Harvard Business School Press, Boston, MA.

Loh, L. and Venkatraman, N. (1992) Diffusion of information technology outsourcing: Influence sources and the Kodak effect. *Information Systems Research*, 3(4), 334–358.

Mol, M.J. (2007) *Outsourcing: Design, process, and performance.* Cambridge University Press, Cambridge.

Venkatesan, R. (1992) Strategic sourcing: To make or not to make. *Harvard Business Review*, 70(6), 98–107.

联合体与联盟

Doz, Y.L. and Hamel, G. (1998) *Alliance advantage: The art of creating value through partnering*. Harvard Business School Press, Boston, MA.

Hock, D.W. (1998) An epidemic of institutional failure. Keynote address, Organisation Development Network Annual Conference, New Orleans, LA, 16 November. Available at www.hackvan.com/pub/stig/etext/deehock—epidemic-of-institutional-failure.html

Hock, D.W. (1999) *Birth of the chaordic age*. Berrett-Koehler Publishers, San Francisco, CA.

von Clemm, M. (1971) The rise of consortium banking. *Harvard Business Review*, 49(3), 125–141.

www.chaordic.org

工业研究实验室

Hargadon, A. (2003) *How breakthroughs happen: The surprising truth about how companies innovate*. Harvard Business School Press, Boston, MA.

Meyer-Thurow, G. (1982) The industrialization of invention: A case study from the German chemical industry. *Isis*, 73(3), 363–381.

Reich, L. S. (1985) *The making of American industrial research: Science and business at GE and Bell, 1876–1926*. Cambridge University Press, Cambridge.

臭鼬工厂

Gwynne, P. (1997) Skunk works, 1990's style. *Research Technology Management*, 40(4), 18–23.

Rich, B. (1995) *Biographical memoirs, Clarence Leonard (Kelly) Johnson, Volume 67*. www.nap.edu/readingroom/books/biomems/cjohnson.html.

Single, A. W. and Spurgeon, W. M. (1996) Creating and commercializing innovation inside a skunk works. *Research Technology Management*, 39(1), 38–41.

公司风险投资

Block, Z. and MacMillan, I. (1993) *Corporate venturing*. Harvard Business School Press, Boston, MA.

Buckland, W., Hatcher, A. and Birkinshaw, J.M. (2003) *Inventuring*. McGraw-Hill, New York.

Pinchot, G. (1985) *Intrapreneuring: Why you don't have to leave the corporation to become an entrepreneur*. Harper & Row, New York.

Pinchot, G. and Pellman, R. (1999) *Intrapreneuring in action: A handbook for business innovation*. Berrett-Koehler Publishers, San Francisco, CA.

开放式创新

Chesbrough, H. (2003) *Open innovation: The new imperative for creating and profiting from technology*. Harvard Business School Press, Boston, MA.

Huston, L. and Sakkab, N. (2006) Connect and develop. *Harvard Business Review*, 84(3), 58–66.

Rigby, D. and Zook, C. (2002) Open-market innovation. *Harvard Business Review*, 80(10), 80–89.

目标管理

Carroll, S. and Tosi, H. (1973) *Management by objectives: Applications and research*. MacMillan, New York.

Drucker, P.F. (1946) *The concept of the corporation*. John Day, New York.

Drucker, P.F. (1954) *The practice of management*. Harper Collins, New York.

Greenwood, R.C. (1981) Management by objectives: As developed by Peter Drucker, assisted by Harold Smiddy. *Academy of Management Review*, 6(2), 225–230.

战略规划

Bracker, J. (1980) The historical development of the strategic management concept. *Academy of Management Review*, 5(2), 219–224.

Gerstner, L.V. (1972) Can strategic planning pay off? *Business Horizons*, 15(6), 5–16.

Linstone, H.A. (2002) Corporate planning, forecasting, and the long wave. *Futures*, 34(3), 317–336.

Mintzberg, H. (1993). *The rise and fall of strategic planning*. Prentice Hall, London.

情景规划

De Geus, A. (1997) *The living company*. Harvard Business School Press, Boston, MA.

Schwartz, P. (1991) *The art of the long view*. Doubleday, New York.

Van der Heijden, K. (1996) *Scenarios: The art of strategic conversations*. Wiley, Chichester.

Wack, P. (1985) Scenarios: Uncharted waters ahead. *Harvard Business Review*, 63(5), 73–89.

标杆管理

Bendell, T., Boulter, L. and Goodstadt, P. (1997) *Benchmarking for competitive advantage*. Pitman, London.

Boxwell, R.J. (1994) *Benchmarking for competitive advantage*. McGraw-Hill, New York.

Camp, R.C. (1989) *Benchmarking: The search for industry best practices that lead to superior performance*. ASQC Quality Press, New York.

运筹学

Kirby, M. W. (2003) *Operational research in war and peace: The British experience from the 1930s to 1970*. Imperial College Press, London.

Slack, N., Lewis, M. and Bates, H. (2004) The two worlds of operations management research and practice: Can they meet, should they meet? *International Journal of Operations & Production Management*, 24(3/4), 372–387.

www.theorsociety.com

收益管理

Ingold, A., Yeoman, I. and McMahon, U. (2000) *Yield management: Strategies for the service industries* (2nd edn). Cassell, London.

McGill, J.I. and Van Ryzin, G. J. (1999) Revenue management: Research overview and prospects. *Transportation Science*, 33(2), 233–256.

Smith, B.C., Leimkuhler, J.F. and Darrow, R.M. (1992) Yield management at American Airlines. *Interfaces*, 22(1), 8–31.

物料需求计划和制造资源计划

Karmarkar, U. (1989) Getting control of just-in-time. *Harvard Business Review*, 89(5), 122–130.

McKay, K. N. (2003) Historical survey of manufacturing control practices from a production research perspective. *International Journal of Production Research*, 41(3), 411–426.

Plossl, G. (1994) *Orlicky's material requirements planning* (2nd edn). McGraw-Hill, New York.

Wight, O. W. (1983) *The executive's guide to successful MRP II*. John Wiley, New York.

企业资源计划

Davenport, T. H. (1998) Putting the enterprise into the enterprise system. *Harvard Business Review*, 76(4), 121–131.

O'Leary, D. E. (2000) *Enterprise resource planning systems: Systems, life cycle, electronic commerce, and risk*. Cambridge University Press, Cambridge.

Ptak, C. A. and Schragenheim, E. (2000) *ERP: Tools, techniques, and applications for integrating the supply chain*. St. Lucie Press/APICS, New York.

管理创新实验室（MLab）

www.managementinnovationlab.com

Julian Birkinshaw, Co-founder and Research Director
M +44 (0)7966 908 718
jbirkinshaw@london.edu

Gary Hamel, Co-founder and Managing Director
T +1 650 851 2095
ghamel@woodsideinstitute.com

Alan Matcham, Executive Director
T +44 (0)20 7000 8755
M +44 (0)7966 908755
amatcham@london.edu

Michael J. Mol, Visiting Researcher
mmol@london.edu

Fran Husson, Operations Manager
T +44 (0)20 7000 8818
fhusson@london.edu

彼得·德鲁克全集

序号	书名	序号	书名
1	工业人的未来 The Future of Industrial Man	21 ☆	迈向经济新纪元 Toward the Next Economics and Other Essays
2	公司的概念 Concept of the Corporation	22 ☆	时代变局中的管理者 The Changing World of the Executive
3	新社会 The New Society：The Anatomy of Industrial Order	23	最后的完美世界 The Last of All Possible Worlds
4	管理的实践 The Practice of Management	24	行善的诱惑 The Temptation to Do Good
5	已经发生的未来 Landmarks of Tomorrow：A Report on the New "Post-Modern" World	25	创新与企业家精神 Innovation and Entrepreneurship
6	为成果而管理 Managing for Results	26	管理前沿 The Frontiers of Management
7	卓有成效的管理者 The Effective Executive	27	管理新现实 The New Realities
8 ☆	不连续的时代 The Age of Discontinuity	28	非营利组织的管理 Managing the Non-Profit Organization
9 ☆	面向未来的管理者 Preparing Tomorrow's Business Leaders Today	29	管理未来 Managing for the Future
10 ☆	技术与管理 Technology，Management and Society	30 ☆	生态愿景 The Ecological Vision
11 ☆	人与商业 Men，Ideas，and Politics	31 ☆	知识社会 Post-Capitalist Society
12	管理：使命、责任、实践（实践篇）	32	巨变时代的管理 Managing in a Time of Great Change
13	管理：使命、责任、实践（使命篇）	33	德鲁克看中国与日本：德鲁克对话"日本商业圣手"中内功 Drucker on Asia
14	管理：使命、责任、实践（责任篇）Management: Tasks, Responsibilities, Practices	34	德鲁克论管理 Peter Drucker on the Profession of Management
15	养老金革命 The Pension Fund Revolution"	35	21世纪的管理挑战 Management Challenges for the 21st Century
16	人与绩效：德鲁克论管理精华 People and Performance	36	德鲁克管理思想精要 The Essential Drucker
17 ☆	认识管理 An Introductory View of Management	37	下一个社会的管理 Managing in the Next Society
18	德鲁克经典管理案例解析（纪念版）Management Cases(Revised Edition)	38	功能社会：德鲁克自选集 A Functioning society
19	旁观者：管理大师德鲁克回忆录 Adventures of a Bystander	39 ☆	德鲁克演讲实录 The Drucker Lectures
20	动荡时代的管理 Managing in Turbulent Times	40	管理（原书修订版）Management(Revised Edition)
注：序号有标记的书是新增引进翻译出版的作品		41	卓有成效管理者的实践（纪念版）The Effective Executive in Action

欧洲管理经典 全套精装

欧洲最有影响的管理大师
（奥）弗雷德蒙德·马利克 著

超越极限
如何通过正确的管理方式和良好的自我管理超越个人极限，敢于去尝试一些看似不可能完成的事。

转变：应对复杂新世界的思维方式
在这个巨变的时代，不学会转变，错将是你的常态，这个世界将会残酷惩罚不转变的人。

管理成就生活（原书第2版）
写给那些希望做好管理的人、希望过上高品质的生活的人。不管处在什么职位，人人都要讲管理，出效率，过好生活。

管理：技艺之精髓
帮助管理者和普通员工更加专业、更有成效地完成其职业生涯中各种极具挑战性的任务。

战略：应对复杂新世界的导航仪
制定和实施战略的系统工具，有效帮助组织明确发展方向。

公司策略与公司治理：如何进行自我管理
公司治理的工具箱，帮助企业创建自我管理的良好生态系统。

正确的公司治理:发挥公司监事会的效率应对复杂情况
基于30年的实践与研究，指导企业避免短期行为，打造后劲十足的健康企业。

读者交流QQ群：84565875